汉语国际传播基础理论与实践研究丛书

汉语作为第二语言习得研究

HANYU ZUOWEI DI'ER YUYAN XIDE YANJIU

主　编　朱志平　冯丽萍

作　者　冯丽萍　朱志平　黄晓琴　尚　平　徐彩华

北京师范大学出版集团

BEIJING NORMAL UNIVERSITY PUBLISHING GROUP

北京师范大学出版社

图书在版编目(CIP)数据

汉语作为第二语言习得研究 /朱志平,冯丽萍主编.—北京:北京师范大学出版社,2014.11(2020.7重印)
(汉语国际传播基础理论与实践研究丛书)
ISBN 978-7-303-17622-9

Ⅰ.①汉… Ⅱ.①朱… ②冯… Ⅲ.①汉语－对外汉语教学－教学研究 Ⅳ.①H195

中国版本图书馆 CIP 数据核字(2014)第 140997 号

营 销 中 心 电 话 010-58802181 58805532
北师大出版社高等教育分社网 http://gaojiao.bnup.com
电 子 信 箱 gaojiao@bnupg.com

出版发行:北京师范大学出版社 www.bnup.com
　　　　　北京市西城区新街口外大街12-3号
　　　　　邮政编码: 100088
印　　刷:保定市中画美凯印刷有限公司
经　　销:全国新华书店
开　　本:170 mm×230 mm
印　　张:19.5
字　　数:280 千字
版　　次:2014 年 11 月第 1 版
印　　次:2020 年 7 月第 2 次印刷
定　　价:59.00 元

策划编辑:杨　帆　　　　责任编辑:杨　帆
美术编辑:焦　丽　　　　装帧设计:吴乾文
责任校对:李　菡　　　　责任印制:马　洁

开展学术研究是推动我们学科发展的利器

（代序）

"汉语国际传播基础理论与实践研究丛书"自 2008 年筹划，2009 年立项，迄今已历时 5 年有余。碍于作者人数众多，加之我催稿力度不够等原因，致使出版时间一拖再拖。正因为如此，当责任编辑告知丛书付梓在即，嘱我为丛书作序时，我一时竟不知从何说起。

本丛书凡五册，包括《面向第二语言教学的汉语本体研究》《汉语作为外语教学研究》《汉语作为第二语言习得研究》《面向第二语言教学的中华文化与跨文化传播研究》和《第二语言教学研究中的前沿问题》。丛书的内容、体例、审定由编委会统筹，各册则由主编负责组稿。

这套丛书可以看作北京师范大学对外汉语教学研究的一个标志性成果，其得以问世，要感谢几位主编的尽心尽力，感谢全体编著者的辛勤劳动，感谢北京师范大学出版社的大力协助，特别要感谢学校的重视以及"211"经费的支持。

由于特定的历史原因，新中国的对外汉语教学从 20 世纪 50 年代开始就植根于高校，这一点与其他国家把母语作为二语教学的主体放在语言学校有很大的不同。高校是教学、科研并重的。一个只专注于教学而不重视研究的院系，在高校就没有学科地位，也鲜有发展空间，甚至没有生存空间，这是对外汉语教学发展几十年来的经验之谈。

汉语作为第二语言教学在国内形成独立的学科，是 20 世纪 80 年代初的事，迄今才及"而立之年"，实实在在是个年轻的学科。年轻的好处是充满朝气，但缺乏学术积淀的不足也显而易见。放眼全国高校，对外汉语教学单位大多是学术研究的"弱势群体"。时至今日，没有哪个综合性大学会把对外汉语教学当作自己要重点发展的学科。坦率地说，对外汉语教学也不该是一所综合性大学的"招牌学科"。但我们也应当看到，一所大学要在21世纪跻身世界知名、国内一流的行列，大概无法忽视对外汉语教学这个业已存在的学科，因为在今后相当长一段时间，对外汉语教学还将是国内高校展示国际化办学的重要窗口，是中外大学校际交流的重要纽带。更何况，在当前汉语国际教育的大背景下，这个学科紧密地服务于国家的和平发展战略。我们有足够的理由把我们的学科做大做强，而开展学术研究是推动我们学科发展的利器。如果中国的汉语国际教育研究能够引领世界第二语言教学的学科发展，谁人还敢小觑？

作为一个年轻的学科，我们需要学校的扶持，包括某些政策的倾斜，但毫无疑问，我们更需要的是学界内部的殚精竭虑、自强不息。我不敢高估本套丛书的学术水平，但我敢说，我们已经在努力，而且还会一直努力。

拉拉杂杂，凑成"千字文"，权且算作本丛书的"代序"。

张和生
甲午年小暑

前　言

　　这不是一本普通的教材，也不是一本个人专著，更不是一本论文集，而是从事汉语第二语言教学的一线教师在教学中对汉语第二语言习得问题思考与研究的成果与结晶。

　　作为"211"项目的子项目之一，本书主要研究了六个方面的问题，分别在第一章至第六章中讨论：第一章总论汉语作为第二语言习得的研究方法；第二章讨论汉字的认知与习得；第三章讨论汉语词汇的认知与习得；第四章讨论汉语句法的习得及其发展；第五章讨论汉语语用习得的问题；第六章讨论社会文化因素在汉语习得中的作用。

　　仅看各章题目，这本书似乎囊括了汉语二语习得的全部问题，从研究方法到研究过程，从汉字到汉语词汇乃至句法，从语义到语用乃至文化。这在一定程度上表明一线教师对汉语二语习得各个方面的关注。细看各节内容，读者又会发现，每一章的内容都侧重于某方面的某些内容，而不是面面俱到，这既体现了本书作者们在某些方面的深入研究与独到见解，也说明了在本书各章节中还有很多内容未涉及，还有很大的研究空间，有待同行共同继续努力。从这个角度讲，本书一方面要献给读者一批相对全面的汉语二语习得研究成果，另一方面它也属于几个作者的"一家之言"，希望读者批判借鉴。

　　本书的研究内容从来源上可以分为三类：第一类由本书的几位作者专门为完善本书框架而撰写，比如第一章、第五章与第六章；第二类是本书作者以往研究成果的重新整合，比如第二、三、四章的部分内容；第三类是本书作者所指导的硕博士生在学期间学术论文或学位论文中的一些数据或成果，由于它们属于导师们研究课题的范围，又是在导师指导下完成的，也被纳入本书的一些章节中。这些具体的引用既征得了硕博士生们的同意，请他们签署了出版授权书，也在相应章节中分别注明了这些作者的姓名以及他们对本研究的贡献。

　　本书撰写分工主要如下：第一章由冯丽萍完成；第二章第一、二节由徐彩华完成，第三节由朱志平完成；第三章第一节由冯丽萍完成，第二、三节由朱志平完成；第四章第一、二、三节由冯丽萍完成，第四节由尚平完成；第五章由黄晓琴完成；第六章由朱志平完成。作者排名先后根据每位作者撰写的字数而定。

朱志平、冯丽萍

2013 年 7 月 8 日

目 录

第一章　第二语言习得的研究方法 ……………………………………… 1
　第一节　汉语认知与习得研究的常用方法 ……………………… 3
　第二节　第二语言习得发展研究中常用的语言样本收集与分析方法 … 21
　第三节　汉语句法习得发展的研究方法（以主谓谓语句为例）……… 30

第二章　汉字的认知与习得 …………………………………………… 38
　第一节　外国留学生汉字字形学习特点的研究 ………………… 39
　第二节　外国留学生形声字学习特点的研究 …………………… 56
　第三节　外国学生的汉字正字法习得研究 ……………………… 66

第三章　汉语词汇的认知与习得 ……………………………………… 84
　第一节　外国学生对汉语词素的形音义加工方式研究 ………… 85
　第二节　外国学生的汉语词素意识发展研究 …………………… 98
　第三节　外国学生汉语词汇学习策略研究 ……………………… 111

第四章　汉语句法习得与发展 ………………………………………… 130
　第一节　外国学生汉语转折性关联词语习得研究 ……………… 132

第二节　韩国学生汉语主谓谓语句习得研究 ……………………… 150

第三节　韩国学生的汉语存现句习得研究 …………………………… 168

第四节　美国学生汉语"比"字句习得研究 ………………………… 179

第五章　语用学与汉语语用习得 ………………………………………… 205

第一节　语用学及语用习得的基本概念 …………………………… 206

第二节　第二语言语用习得研究综述 ……………………………… 210

第三节　外国学生语用失误分析与解决对策 ……………………… 212

第四节　外国学生汉语语用要则 …………………………………… 239

第六章　社会文化因素在汉语习得中的作用 ………………………… 255

第一节　社会文化因素与第二语言习得的相关性 ………………… 257

第二节　有关社会文化因素与第二语言习得关系的研究 ………… 265

第三节　多元文化并存的目的语课堂与学习者汉语习得的关系 …… 279

第一章 第二语言习得的研究方法

工欲善其事，必先利其器，正确的研究方法不仅是获得可靠研究结果的必要前提，同时也是保证汉语习得研究科学、持续、深入发展的重要条件。

自第二语言习得研究于 20 世纪六七十年代兴起，欧美的研究者们就开始了对语言习得研究方法的关注和探讨。在第二语言习得研究之初，以英语语素习得顺序为主要研究内容的时期，Larsen-Freeman（1975）就对口语模仿和书写两种任务与语素习得顺序研究结果的关系进行了探讨；Rosansky（1976）的研究也发现：在口语与书写任务中被试所表现出的习得顺序有所不同；Krashen 等（1976）比较了被试在限定时间的快速写作（fast writing）和不限定时间的精细写作（careful writing）两种条件下所表现出的语素习得顺序。到 20 世纪八九十年代，随着第二语言习得研究的深入，研究者们又对不同研究方法的适用条件进行了专题研究，例如 Torane（1982）探讨了依据口语材料分析第二语言习得时学习者语言风格的重要作用；Gass（1994）对普遍使用的句法判断测验（GJT）的信度与效度进行了分析。进入 21 世纪，随着第二语言习得研究的多元化趋势，不同角度的研究成果不断涌现，学者们也纷纷从不同角度对各种研究方法进行总结与论证，例如 Goldschneider & DeKeyser（2001）对 1973—1996 年间发表的 12 个与口语产生相关的研究方法进行了元分析（meta-analysis）；Ellis（2005）探讨了第二语言习得研究中内隐知识与外显知识的测定；Pallotti（2007）对习得研究中习得标准的操作定义进行了重新论证；Jansen（2008）讨论了习得顺序研究中常用的蕴含量表的使用方法。同时，在各个阶段，也都有一些关于语言习得研究方法的专著出版，如 Hatch & Faraday（1982）对应用语言学研究中研究设计与统计方法的论述在很大篇幅上涉及了第二语言习得研究；Ellis & Barkhuizen（2005）对第二语言习得研究中收集与分析语言样本的讨论则是一部专门指导第二语言习得研究的方法论著作。上述所列的文献与专著只是诸多研究中的例证，其丰富的研究成果不仅体现了研究者们对研究方法的重视，同时也是保证其研究结果的可靠性与系统性的重要条件。

关于汉语作为第二语言习得的研究，在近 30 年里也有了很大的发展，该领域的研究者众多，研究成果丰富，极大地推动了理论研究和教学实践的发展。随着成果的积累，研究方法也得到了国内学者的重视，例如江新（1999）、王建勤（2000）、张燕吟（2003）、冯丽萍与孙红娟（2010）等都探讨了汉语作为第二语言习得研究中的方法论问题。然而，总体来说，汉语习得研究在方法上仍然存在不少问题，理论基础的选择、数据收集、数据分析、结果解释等环节上方法的多样性，都削弱了不同研究成果之间的可比性。同时，由于汉语自身的性质，其研究方法也有不同于西方语言研究的特殊之处。因此，作为本书的第一章，我们将首先对第二语言习得与认知的研究方法进行介绍。

本章的内容分为三节：第一节介绍了汉语认知与习得研究中的常用方法，包括字词形音义识别、阅读理解、言语产生研究中常用的实验方法，以及调查法、观察法、个案研究、语料库研究等非实验研究方法的主要特点与使用；第二节介绍了第二语言习得发展研究中常用的语料收集与数据分析方法，探讨了习得标准的确定依据，并对不同时期语言习得发展研究中的主要方法进行了评价；第三节以汉语主谓谓语句习得为例论述了汉语作为第二语言习得发展研究中方法的选择和使用，提出了利用语言样本进行第二语言习得研究时应着重关注的问题。通过上述从研究方法的概况介绍到习得发展研究中重要环节的方法论证，以及最后的举例分析，希望不仅能使读者了解汉语作为第二语言习得的主要研究方法，更重要的是引起大家对研究方法的重视与探索，并更好地应用于研究实践，从而促进汉语作为第二语言习得研究的科学发展。

第一节　汉语认知与习得研究的常用方法

一、实验研究

总体来说，语言认知与习得研究可分为实验研究和非实验研究两类。实验研究是指经过严格的设计、运用实验手段或设备对研究对象进行观察或测量的过程。

实验中有三种变量，即自变量（independent variable）、因变量（dependent variable）和无关变量（extraneous variable）。研究者应该通过操纵自变量和控制无关变量来观察或测量因变量。实验实施之前要进行严格的实验设计，其主要任务是确定因变量的指标和观测方法，操纵自变量和控制无关变量，使得因变量能随着自变量的变化而变化，以揭示研究对象内在变化的因果关系。

自变量是研究者在实验中要特别操作的影响被试反应的因素。在实验中被操作的自变量的每个特定值叫自变量的水平（level），实验中的自变量至少要有两个水平。例如要考察词汇识别速度与词频的关系，就可以把词频作为自变量，分为高频和低频两个水平。要考察生词性质和生词位置与学习者听力理解的关系，那么生词性质和位置就是自变量，可以依据研究目的将生词性质分为名词、动词、形容词等不同水平，将生词位置分为句首、句中、句尾或主语、谓语、宾语等不同水平。自变量水平的确定主要依据研究者所要探讨的自变量与因变量的因果关系。在实验中被试特征也可以作为自变量，如年龄、性别、智力、身高、家庭背景、受教育程度等。第二语言习得研究中常用的被试的母语背景、第二语言水平、学习动机等就是将被试特征作为自变量。对被试特征因素进行分类必须遵循一定的标准，如性别只有男女，智力则可以按实验者的要求分为若干等级，而有些难以界定的特征可能就不适合作为自变量，或者需要依据理论定义确定操作定义。

因变量是实验中研究者要观测的量，即被试的反应变量，它是随自变量的变化而改变的被试的行为变量。它的基本特点是能够通过一定的方式直接或间接地被观察到,而且能够以数据的方式表现出来。在反应时实验中,被试的反应时间与反应的正确率常常作为因变量;而纸笔测验中,被试的测验成绩就可以作为因变量。实验研究中因变量的选择要根据实验目的和手段而定,实验前应考虑因变量的各种指标、观测的方法及其可行性。

无关变量是客观存在于实验过程并且可能不同程度地影响因变量,但是又不在研究者观测范围之内的因素。无关变量的来源非常广泛,与因变量的关系也非常复杂。对这种因素要加以控制,使之对因变量的影响降低到最小的程度。控制无关变量的方法很多,可根据具体的实验目的和条件来选择。例如在研究生词性质和位置对学习者听力理解影响的实验中,生词位置和性质是要操纵的自变量,但听力材料的难度水平、句子长度、句式结构等都是可能影响听力理解效果的潜在变量,那么在实验设计中就要对它们加以控制或平衡。如果不能保证是否有其他变量影响反应结果,就不能肯定引起该结果的真正原因是什么。

实验研究的重要特点是对研究条件进行控制。实验中,自变量对于因变量的作用必须是敏感的,因变量的指标也应当是具体的和可观测的。同时,被试和实验材料必须具备实验的同质性,才能使实验结果具有真实性和代表性。在实验条件下,实验者必须以相同的刺激和相同的条件使被试进行反应,因此所得到的实验结果一般是比较恒定的,而且这种结果应该是可以在相同的条件下重复出来的,也就是说,只要具备相同的实验条件,就会出现相同的结果。可重复性是实验研究的一大特点。但是实验研究也有其局限性。一方面,有些自然现象和人类行为是无法进行实验控制的;另一方面,实验中所设计的条件无论多么真实,和现实的自然条件之间总是存在一定的差异,因此对实验结果的解释和推广应该考虑这种差异。

就具体的实验手段而言,又可分为利用实验设备进行的实时实验技术和利用纸笔手段进行的测验技术。

（一）实时（on-line）实验研究方法

1879 年冯特在德国莱比锡大学创立心理学实验室，标志着实验心理学的开始（张学民、舒华，2004）。在心理学的发展中，运用实验方式取得了令人瞩目的成就。尤其是随着各种实验方法的创立和不断完善，实验心理学也日趋成熟。在语言认知研究中，反应时记录法是最为常用的一种方法。

反应时实际上是认知加工速度的一个测量指标。加工速度是一个抽象的概念，在实验中必须采用可操作的标准作为度量指标，因此在研究中必须使加工速度这一概念可操作化。一般认为加工速度具体体现在三个层次：首先是感觉运动速度（sensorimotor speed），其次是知觉速度（perceptual speed），最后是认知速度（recognition speed）。显然，第一个层次是最基础的，类似于基本的神经传导速度，反映了对刺激迅速做出简单反应的能力。第二个层次则反映了对刺激迅速做出简单的知觉判断等反应的能力，例如判断两串数字是否相同。第三个层次涉及高级的认知活动，例如回忆、联想、推理、判断等。由于这些高级认知活动的速度和成绩大多都受到经验、策略等多方面因素的影响，所以加工速度在这一层次上的作用比较难于把握。由于反应速度的上述复杂特点，在选择测量指标时，应当尽可能考虑以下三个方面的要求：第一，任务应该相对简单，以保证能直接反映加工速度的作用，同时尽量减少其他方面（如策略）的影响；第二，任务不能仅仅反映神经反应的速度，必须体现出它参与认知功能的能力；第三，具有普遍性，尽量排除由于特定任务要求所产生的差异，突出对大多数认知功能的影响。（罗婷、焦书兰，2002）在不同的实验设计中选择恰当的测量指标是确保实验能够顺利进行所应注意的。同时，适当地采用先进的统计手段能够使实验数据得到充分利用，更深入地挖掘数据中蕴含的信息，提高研究的精确性。

同样是以反应时为指标，但在不同的研究领域，针对不同的研究目的，也有各自经常使用的方法。

1. 字词识别研究常用的实验方法

（1）命名法（naming task）

其基本方法是让被试大声读出一个字、词的读音，从刺激呈现到被试发出声音的时间为命名的潜伏期。通过命名，可以测定识别一个字词语音所需的时间，并通过数据分析探讨影响字词语音识别的多种因素。在研究字词的语音提取，如形声字的读音加工时，这种方法的使用非常普遍。从许多研究的结果来看，英文字词的平均命名时间为 400 毫秒左右，汉字的平均命名时间为 600 毫秒左右。（彭聃龄，1997）但是命名法也有一些局限。用命名法所测定的时间，实际上是被试对字词做出反应的全部时间，即被试选择反应方式的时间、提取动作程序的时间、执行动作程序和发音器官做出动作反应的时间总和，而不仅仅是大脑中枢确认字词读音的时间。因此一个影响字词命名的变量，既可影响字词读音的确认过程，也可影响确认以后和反应输出的过程。另一方面，用命名法不能保证识别字词的意义，人们在命名一个字词的时候，可能出现语音与语义分离的现象，即只读出一个字词的语音，却不知道它的意义。

（2）词汇判断法（lexical decision task）

使用这种方法的一个典型步骤是：给被试呈现一串字符，包括真词与假词，要求他们尽快地准确判断它是不是语言中实际存在的一个词，如果是，按一个键，如果不是，按另一个键。实验程序可自动记录反应时与正确率，将其作为两个基本指标，用来测定不同因素对词语识别的影响。在汉语认知研究中，实验材料可以是词，包括真词（如"春秋"）、假词（如"冬春"，符合汉语构词规律，但汉语中不存在）、非词（如"但冬"，汉语中不存在，也不符合汉语构词规律）；也可以是字，包括真字（如"涤"）、假字（如"洞"，由汉字部件按汉字正字法规则构成，但汉语中不存在）、非字（如"刁亻"，违反汉字结构规律，汉字中"亻"不会出现在右部件位置）。当实验材料为汉字时，该任务一般称为"真假字判断"。

词汇判断法要求被试处理字词的视觉信息、语音信息，并且在心理词典中进行搜索，以确定输入的刺激是不是一个字或词，因而对探索词汇通达的过程有重要作用。在研究词语的视觉特征、语音特征等对词语识别的影响时，经常使用这种方法。但是该方法也有缺陷：词汇判断不同于正常阅读，阅读时，人们不需要进行真假词的判断；判断词的真假，也不一定以理解词的意义为基础，被试可能在释义之前，根据别的线索来判断词的真假；而且在词汇判断作业中，有时难以排除策略因素的作用。

张钦、张必隐（1999）的实验探讨了中文词汇判断任务中的某些策略。其实验材料包括真词和非词，而后者又有三种形式：由假字构成的非词、由非字构成的非词、由真字构成的非词。实验任务为词汇判断。实验结果表明：使用不同非词材料时，被试对真词的反应存在显著差异。使用非字非词时反应最快，使用假字非词时次之，使用真字非词时最慢。这说明被试对真词的反应采用了不同的判断策略。当非词由非字组成时，由于非字不符合汉字的正字法规则，使得非词与真词在正字法上存在很大差异，所以被试只需对输入的信息进行初步的视觉加工，利用视觉加工获得的正字法规则即可完成词汇判断任务，因此，使用非字非词时对真的反应最快。当非词由假字组成时，因为假字是符合正字法规则的，所以无法在正字法规则信息的基础上区分真词与非词。但是，在心理词典中并无假字的表征，因此被试可以依据是否能通达每个字符的表征来对刺激做出判断，因此使用假字非词时的词汇判断任务比使用非字非词时慢。当非词由真字构成时，通达这个词的意义并据此做出词汇判断成为必要，被试进行词汇判断反应所需的心理过程更加复杂，反应时间也更长。这一结果不仅说明在中文视觉词汇识别中，词形因素起重要作用，而且也提示我们在实验设计中采取相应的措施防止被试形成反应策略是非常必要的。

（3）语义分类法（semantic categorization task）

这种方法要求被试对所呈现的刺激做出语义判断，即判断一个词是不是属于某个语义范畴，如"是否属于动物""是否有生命"等。这种方法的优点很明显，被试的反应必须以词义的理解为前提，因而有助于研究词义的通达过程。但是这种方法也有不足：语义分类不仅要求被试理解词义，而且要在不同类别中做出选择，因此被试的反应可能发生在词汇通达之后。在英文研究中，语义分类的平均时间为 700 毫秒，比命名反应的时间长得多，说明它是一种比较复杂的作业。（彭聃龄，1997）在语义分类作业中，目标词的典型性是一个重要影响因素。如判断"是否属于动物"的任务中，目标词"珊瑚"与"山羊"的反应时会有较大差异，这种差异除了来自字频、词频等词汇因素以外，词条所代表的概念在所属类别中的典型性也是一个重要因素。

（4）同一性判断法（identity judgement task）

这种方法要求被试判断同时呈现或相继呈现的两个词是否相同，同一性判断任务可以包括形音义三个方面，即判断所呈现的词是否形同、音同、义同。其优点是容易操作，接近于正常阅读，但不便于探讨在词汇语义通达中形音的作用，因为形、音同一性判断可以是相对独立的过程，不必以意义的通达为前提，因此采用该任务时对结果的解释要非常慎重。

（5）Stroop 效应实验（stroop effect experiment）

这是一种典型的反应时实验，由心理学家 Stroop（1935）首创。最经典的实验是要求被试对书写颜色词的不同颜色进行命名，如"红"字用蓝色书写，被试在看到这个字之后要立即说出"蓝"。实验发现：当颜色词的意义和书写它的颜色一致时命名速度快，不一致时命名速度慢。Stroop 效应说明视觉词汇加工过程中语义是自动激活的，当我们看到颜色词时，虽然不要求对颜色词本身的意义进行加工，但是知觉无法拒绝这个颜色词的语义通达进程，其语义会自动激活。在后来认知心理学的研究中，对 stroop 实验范式又有许多扩展，尤其是在双语实验中，该范式被广泛使用。如用中文呈现汉字"十"字，旁边用英语"five"作干扰词，该范式可检验双语词汇加工中的语义激活机制。

2. 双语词汇加工的研究方法

除了上述认知心理学中普遍使用的方法外，在双语词汇加工研究方面还有一些常用的方法：

（1）词汇联想：它又分为单一联想和连续联想，前者是给被试呈现一个刺激词，要求被试说出由该刺激词所想到的第一个词；后者则要求被试在一定时间内说出尽可能多的词。联想的基础是记忆，因此这种方式主要用来探讨双语词汇记忆的内在结构。

（2）词汇回忆或再认：首先向被试呈现一个由母语和外语词汇构成的学习词表，然后要求被试回忆这些词语或者判断一个新的词表中哪些词在原来的词表中出现过。通过比较和分析回忆结果，可以考察被试对不同语言词汇的记忆和学习方式。

（3）图片命名和词汇翻译：呈现图片要求被试以外语命名或者呈现词语要求被试翻译。这两种任务所反映的双语词汇加工通路是不一样的，图片命名是从概念到词汇，词汇翻译则是从母语词汇经过概念中介再到目的语词汇。通过比较这两种任务的加工结果可以考察初学者和熟练双语者双语词汇加工方式的异同。

（4）跨语言启动：启动实验范式是词汇加工研究中常用的方法，当在目标词之前首先呈现一个与它相关的启动词时，该启动词被激活的形音义信息会对目标词识别产生促进或干扰作用，如以"医生"为启动词时，它可以对目标词"护士"的识别产生促进作用。通过改变启动词的呈现时间及其与目标词的关系，可以研究词汇加工的时间进程及其形音义的激活方式。这种范式也广泛地使用于双语词汇的加工中，用跨语言的词汇启动来研究双语词汇加工方式。

3. 阅读理解研究常用的实验方法

在心理学研究中，对阅读时间的解释主要基于 Just & Carpenter（1980）提出的两种理论。（阎国利，1997）第一个是即时加工假说，认为读者阅读到一个词时，开始对它进行加工，并在阅读下一个词之前完成对它的加工。只有在对所注视的词进行所有加工后眼睛才可以移动，进行下一步阅读。第二个是眼脑一致假设，认为被试对一个词的注视和对它的心理加工是同时进行的，所以对该词的注视时间就是对它的加工时间。Just & Carpenter 所强调的实时技术为阅读理解的研究做出了重要贡献。在实时研究阅读过程中，研究者主要使用两种模式：（阎国利，1997；贺荟中、贺利中，2005）

第一种模式是不打断文章阅读的过程，只是测量读者加工文章中某个目标项目的时间，当采取适当的控制策略排除其他可能时，句子阅读时间的变化可以视为理解句子的相对难度。这类模式中最精确的方法是控制眼动轨迹技术，它能保证对阅读行为相当细致的测量，包括注视点以及词语的注视时间、眼动的方向等。

第二种模式是探测技术（probe technique）。运用探测技术，在阅读中某一关键的地方呈现一个词、短语或句子打断被试的阅读，要求读者做出反应，大声读出来，或进行词汇判断，或判别该词是否在前文中出现过。探测模式为检验阅读过程中特定信息的加工方式提供了更为精确的方法。其典型的实验情境是：在被试阅读一个句子后，呈现一个探测词，要求被试尽快确定该探测词是否在句中出现过。例如，在句子"清洁工在教室里扫地"之后呈现探测词"扫帚"，若"清洁工用扫帚来扫地"的推理得到编码，那么就会产生一个快速的促进反应。这种技术的优点是实验过程中不要求被试去编码特定类型的信息，不受策略的控制，因此其阅读后的反应结果可以反映阅读期间编码的信息，而不是在测试时由于运用策略所生成的推理。

具体地说，阅读研究中常用的技术与方法有以下几种：

第一种，眼动记录（eye-movement recording）法。这种技术常用的是用眼动仪记录阅读时眼动的轨迹，分析眼动的类型、眼停（注视）次数、注视持续时间与材料性质的关系。其基本方法是：在计算机屏幕上呈现刺激材料，要求被试阅读材料，保持头的位置不动，有一束红外光线照射在被试一只眼睛的角膜上，光线被反射回来，并由一个摄像机记录下来，经过眼动仪对有关信号的处理，获得可供分析的数据。眼动研究中有多项测量指标：眼动轨迹（eye movement，即眼跳动眼睛从一个注视点到另一注视点快速移动的过程。读者通过一系列离散的眼跳动来搜寻视觉信息）、注视时间（fixation，在每次眼动后，眼睛保持相对稳定，在某一位置的短暂停留，即注视并同时获取有用的信息）、注视位置、注视次数、眼跳距离、注视概率（probability of fixation）以及回视（regression，自后向前的眼跳，也称作回扫，反映了某个区域需要再分析）。

眼动技术可以用于研究字词到课文等不同水平的问题。与其他方法相比，眼动技术提供了一种实时（on-line）的研究技术，它可以将阅读进程中信息加工的特点有效地显示出来，为分析阅读进程提供了外部的行为指标，因此它为研究阅读心理提供了一种相对自然的实时测量方法，特别是在揭示阅读中即时加工问题上是一种很好的方法。但是，眼动记录不能直接揭示阅读过程的内部机制，例如人脑在加工不同词语时需要不同的注视停顿时间，这从眼动记录中并不能得到直接的说明，而且对于所获得数据的解释也是一项非常复杂的工作。

第二种，开窗法。将文章呈现在计算机显示屏的一个窗口上，窗口的大小由实验者设置，当读者按键时，后续部分就会在窗口中呈现，两次按键之间的间隔就是阅读时间。窗口中可呈现一篇文章或几个句子、短语或单词。按照窗口的呈现位置和字词的呈现方法，又可分为下面几种：

（1）移动窗口法：计算机屏幕上呈现一篇文章，除了窗口中的词语是正常呈现以外，窗口外文章的字词都由同一方式隐蔽，字间距仍然保留，被试可以通过按键来使窗口移动到下面的字词，这样屏幕看上去就像一个移动的窗口。每按一次键，先前看过的词就被掩蔽掉，后面的新词出现，新词出现的速度由被试按键控制。通过记录各字词的阅读时间可以分析被试阅读文章的心理过程。由于按键费时，无法保证被试以正常的速度阅读句子，因此一些实验也尝试将这种方法加以改进。如陈煊之（1995）的实验中将原来的键盘控制改为与电脑相连的鼠标的横向移动来控制屏幕上的视窗，这不仅可以提高阅读速度，而且有助于提高测量的即时性和准确性。

移动窗口是阅读研究中使用较多的一种方法。舒华等（1996）的研究发现：移动窗口条件下读者阅读词的平均反应时间是 569.03 毫秒。但词的阅读时间受很多因素的影响，例如词频，文章中高频词的平均阅读时间为 539.00 毫秒，而低频词的平均阅读时间为 680.00 毫秒，随着文章中词频的降低，被试的阅读时间显著加长。词的构成字数效应也是显著的，多字词的阅读时间（644.18 毫秒）显著长于双字词（564.97 毫秒）和单字词（521.58 毫秒）。这些结果与一般字词识别研究中的发现基本一致。读者阅读中对一个词的注视时间反映了该词的加工难度，因此每个词的注视时间受其自身性质（如词频、词中字数）的影响。该研究还发现了非常显著的句子边界效应。对句中不同位置上词的阅读时间分别进行分析发现：与句子中间词的平均反应时间（545.27 毫秒）相比，在逗号前的词平均反应时为 673.41 毫秒，在句号前的词平均阅读时间为 724.71 毫秒，而在段尾的词平均阅读时间为 881.37 毫秒。这可能表明被试对句子逗号和句号处的词的反应时间还包含了额外的加工，即进行句子整合或篇章整合。从反应时的增加程度上看，读者在句尾比在逗号处进行了更高层次的加工，段尾则更长，说明被试需要在此处对全段的意思进行整合。

（2）固定窗口法：其基本逻辑与方法和移动窗口法相同，只是文章中的词语是在屏幕某一固定位置（窗口）上连续呈现。

（3）累积窗口技术：按键后，新的词语出现，但看过的词并不被掩蔽而是停留在屏幕上，该条件下被试可以回视。

（4）指定法：被试使用一个装置，如鼠标将光标移到屏幕的某一位置上，即可以看到这一位置上的词，其他词则部分地被掩蔽。之所以是部分地被掩蔽，是因为词的长度、形状信息仍然保留，被试可以根据自己的需要将光标移向后续内容，也可以指向看过的内容，所以在使用指定法时，被试可以回视。

开窗法是阅读研究中的一种重要方法，在一些阅读研究中，用开窗法采集的阅读时间模式与用眼动仪获得的数据基本是一致的，这种一致说明开窗法是有效的。该方法比眼动技术方便，而且可以在任何一台电脑上进行，所以在阅读研究中被广泛使用。但按照舒华等（1996）的观点，它也存在着不足：在自然阅读下，被试会跳过一些不重要的词，但在移动窗口技术下，被试必须阅读文章中的每一个词；正常阅读条件下，被试常常出现回视，而在有些开窗法中，被试常常不能回视；在开窗技术下，被试用按键启动下一个词来代替眼动，因此按键潜伏期包含了被试手动按键的时间，这些都可能导致开窗技术下被试对词的阅读时间加长。

应该说明的是，各种研究方法都有其适用条件，在使用任何一种方法时都要慎重选择。上述记录和分析阅读时间的方法反映了读者在阅读文章时加工负荷量的变化，但并不能直接揭示阅读的内部过程，因此在研究中需要多种方法的综合使用。

4. 言语产生研究常用的实验方法

对言语产生的研究有两个历史来源：一是对语误的分析，二是以图片命名为主要方法的实验室研究。语误分析法是言语产生研究中的基本方法之一，通过搜集人们实际言语交流中出现的口误材料，从不同的角度进行分析，可以揭示语言在大脑中的表征方式和言语产生的心理过程。1895 年，Meringer 和 Mayer 发表的关于德语语误的语料库及其理论分析，成为语误研究的开端。弗洛伊德（1901）的《日常生活中的精神病理学》是对语误的心理学研究的经典著作。1966 年，Brown 和 McNeill 找到诱导被试产生 TOT（the tip of the tongue，舌尖现象）状态的方法。20 世纪 70 年代以后出现了很多英语语料库，随后荷兰语、德语、西班牙语等都出现了各自的关于语误的语料库。（周晓林等，2001）语误分析对于探讨关于汉语特色的一些理论问题也具有重要意义，如沈家煊（1992）通过多方面的口误材料证明了声调在音节中的独立性。

图片命名法是言语产生研究中最常用的实验方法，因为它能够准确地反映言语产生从形成概念，激活相应词条的语义、语音信息，到控制发音器官发出声音的完整过程。在图片命名中，说话者必须先提取图片的意义，选择恰当的词条，然后才能激活相应的语音表征，并指挥发音器官执行发音程序，产生声音，从而完成言语表达过程。作为言语产生研究的常用方法，图片命名任务还可以和其他的实验设计结合使用，例如根据研究目的在呈现图片的同时加入相应的干扰词，可以考察言语产生过程的不同影响因素。

5. 使用反映时技术时应注意的问题

上述介绍的实验研究都是以反应时为主要指标分析语言的信息加工过程，作为一种常用的研究手段和分析指标，反应时技术在使用中应注意以下几点：

（1）反应时与正确率之间可能存在相互分离（trade-off）的关系。被试可能通过牺牲正确率来保证反应速度，因此在实验指导语中必须要求被试既快又准确地做出反应。在分析实验结果时，要全面分析反应时与正确率的关系，只有在正确率达到一定水平时，才可以单独分析反应时的结果。

（2）刺激的呈现时间对被试的反应有重要影响。在一些实验中，刺激的呈现时间是由主试预先设定的，而在某些实验中，刺激的呈现时间是由被试的反应来操作的。通过控制刺激的呈现时间，可以研究字词识别的时间进程（time course）。在不同的时间阶段，被试所加工的信息也有所不同，因此在分析反应时结果时应当注意时间进程与信息加工的关系。

（3）关于掩蔽（masking）技术。在快速呈现刺激时，由刺激引起的映象记忆可能影响字词的加工时间。为了消除映象记忆的作用，实验中常采用掩蔽技术，包括后掩蔽（backward mask）和前掩蔽（forward mask）。在刺激呈现之后，紧接着呈现一个掩蔽图形叫后掩蔽；在刺激呈现之前，加上一个掩蔽图形，也能起到掩蔽作用，叫前掩蔽。语言认知研究中常用的掩蔽物有"＊""＃"或人造的类似字形的符号等。

（二）纸笔测试方法

上述方法都是语言认知研究中常用的实时实验方法，这些方法的研究精确度高，可同时收集反应时与正确率两种观测指标。但是它们对实验设备、场所、程序设计等有特殊的要求，在某些条件下无法使用，因此也需要一些纸笔测试的方法来研究语言习得与认知。这些任务适用于对反应时没有特殊要求的实验，可以集体施测，简便易行，应用非常广泛。听写、注音、多重选择等都是在语言认知研究，尤其是儿童语言发展和第二语言习得研究中常用的方法。舒华等（1996，2000）使用注音任务研究了儿童汉字读音识别过程中的规则性效应和一致性效应，使用多重选择任务探讨了汉语儿童对形声字的形旁意识，使用听写任务发现了汉字字形输出过程中声旁与形旁的交互作用。要注意的是上述任务虽然都涉及汉字和词汇音、形、义的加工，但不同任务的侧重点有所不同。注音和命名是在字形的刺激下通达语音表征并提取语音的过程；多重选择是在音、形、义的共同作用下实现对字形的再认；听写任务是在语音和语义的输入刺激下激活相应字形表征的过程。这些任务考察的目的不同，其加工过程与难度也不尽相同，因此在实验中要根据研究目的来选择合适的任务类型。

孟祥芝、周晓林（2000）的研究曾对汉语儿童阅读发展研究中常用的五种任务及其关系进行了探讨。他们的研究采用听写、听后选择、注音、命名、组词等纸笔测验任务，五种任务使用相同的实验材料和同样的随机顺序。测验结果发现：在五种任务中，听写的正确率最低，听后选择任务的正确率最高，说明在汉字识别过程中汉字字形的输出最困难，而汉字字形的再认最容易。听写与选择都是在语音与语义的刺激下激活字形的过程，但这两种任务对字词表征精确性的要求不完全相同，听写接近回忆，选择属于再认，听写的正确率远远低于选择，表明能够正确再认的字不一定能够实现字形的完整输出。

该研究的另一个发现是语音输出的两种任务——注音与命名之间具有高度的一致性，二者的相关系数高达 0.92，而且通过错误类型以及阅读水平差异模式的比较分析发现，两种任务的模式非常接近。从形式看，两种任务的共同之处是它们都是在汉字字形的视觉刺激下提取汉字的语音。注音是以拼音的形式写出来的，命名是语音的直接输出。与命名任务相比，注音可以集体施测，简便易行，因此也许是可以替代命名的比较理想的研究语音加工的任务。

该研究结果提示我们，在实验研究中应根据各种任务的特点及其所反映的信息加工过程来选择实验任务，当条件不具备时，可选择具有同等效能的替代性任务，但是在结果分析和结论推广时应注意其适用范围。

二、非实验研究

(一) 调查研究

调查通常是为了了解某一群体对特定事件的态度、经验、认知方式和行为方式等所采用的一种研究手段。它采用标准化的资料收集方式研究大量被试的某些变量，通过对样本的研究来了解总体的特点。调查是一个标准化的程序，所有的被试都面临相同的问卷，有相同的指导语，在相同的条件下进行。一条有价值的调查信息必须来自于具有代表性的并且足够大的样本。

调查的实施可以有书面形式和口头形式。书面形式的调查也称为问卷（questionnaire），可以邮寄、书面发送或通过网络发送。口头调查也称为访谈（interview），可以面对面访谈或电话访谈。（江新，1999）

1. 问卷法

问卷调查时应根据研究目的编写调查工具。调查采用的问题可以有两种形式：一种是开放式问题，它允许被试用自己的语言来自由地做出书面回答，例如"请列出你认为有效的汉语学习方法"。另一种是封闭式问题，它要求被试从规定的几种反应中选择一种，可采用选择式、排序式、填表式或量表等方式进行。封闭式问题可以获得定量资料，容易整理、分析；开放式问题可以获得质性资料，有助于在被试的回答中发现新的变量。在编制调查工具的初期，开放式问题是非常有用的，研究者可以将开放式问题获得的信息综合到封闭式问题中。

下面是问卷中常用的项目设置方式举例：

（1）是否式：以是否或正误对问题做出回答。例如：

你认为用英语发音来帮助学习汉语拼音有效吗？（A. 有　B. 无）

（2）选择式：在数个备选答案中选择最符合自己想法的一个。常用的有称名式与等距式两种，前者如：

你认为你的老师的教学属于哪种风格？（A. 活泼　B. 严谨　C. 枯燥）
后者如：

我认为利用部件来记忆汉字这种方法。（1. 非常有效　2. 比较有效　3. 一般　4. 不太有效　5. 无效）

（3）排列式：按照重要性或时间等标准，对备选答案排出等级或序列。例如：

你认为什么样的听力课上课程序最有效？请用数字排出顺序：
学习生词（　）　讲解语法点（　）　听课文录音（　）　练习重要语法点（　）　训练听力技能（　）

（4）填空式：在列出的问题中填入自己的情况或看法。例如：

姓名_____ 性别_____ 国籍_____ 年龄_____ 学习汉语时间_____；我觉得最有意思的课是_____，最没有意思的课是_____。

（5）量表式：以心理量表方式让被试对问题做出反应，常用的有5点量表、7点量表和百分量表。5点量表如：

你与中国人谈话的机会多吗？（1. 很多 2. 常常 3. 有时 4. 很少 5. 从来不）

一个成功的调查研究具有很多优点。最主要的优点是比较客观统一，效率较高，不受时间和地点的制约，能够大规模而又快速地收集大量被试的许多信息，可以研究一个大样本。在有些研究中，由于问卷允许不记名，这就使得答卷人更加自由直接，可以真实地反映自己的观点和态度。但是，其不足之处在于它不够灵活，可能使答卷人不能充分说明自己的态度，有时会由于不回答许多项目而使问卷失效。同时，问卷回收率低，漏失数据，答卷时做随机反应等都是可能遇到的问题。

在调查研究中，问卷的信度和效度是两个重要的指标，因此在问卷设计和调查实施过程中必须采取相应措施来保证调查的一致性和有效性，而且在数据分析之前也要首先对问卷的信度和效度进行检验。

2. 访谈法

访谈是一种常用的调查方式。在访谈中，谈话双方的心理特征、态度、期望、动机、知觉和行为，访谈的情境、信息传递的方式等许多因素都影响着访谈的效果。尤其是在访谈方式上，有以下方面要注意：

（1）提问方式。如果问题的表达方式对谈话双方含义不同，就会造成"提问误差"。因此，了解并善于运用不同的提问方式是避免或减少这一问题的方法之一。比如，同样是询问对方对所上课程的看法和态度，就可以有不同的问法：①"你喜欢你的课吗?"这种问法带有感情色彩，而且限制了对方的回答；②"请介绍一下你所学的课程"，这种问法比较中性，而且从自由回答中可以分析对方的态度。

（2）探究方式。不适当的探究，也会造成误差，影响访谈结果。在被访人没有充分时间做出回答或不能充分说明自己的看法时，都会发生这种现象。它往往与访谈者的经验有关。

3. 观察法

观察法是研究者通过感官或录音录像设备，有目的、有计划、有系统地对被观察者的行为、语言、表情、动作等进行观察和描述，以了解某种语言现象、事件和被观察者的心理活动的一种研究方法。

观察法可分为结构式观察、非结构式观察与半结构式观察。结构式观察是指有明确的观察目标、问题、范围，有详细的观察计划和步骤。其优点是可获得较翔实的资料，数据统计与分析比较方便，其不足之处是对观察设计者和观察者的技术要求较高，观察过程不够灵活。非结构式观察是指对所研究问题的范围、目标采取弹性态度，对观察内容、目的、步骤等不预先确定，其优点是灵活、操作简单，不足之处是所得资料不系统，观察结果的统计分析复杂，该方法多用于探索性研究。介于二者之间的是半结构式观察，它一般有观察的基本内容与范围，但无具体的观察计划、步骤、记录方式。

在自然观察中，被试所处的环境必须是真实的，他的行为不能受任何人为的控制。观察法没有要操纵的变量，研究者在研究开始时并没有特定的假设，主要是分析和记录自然出现的现象，不对环境中的变量进行控制，在获得观察材料后进行总结分类。这种研究方法的优点是可以获取被试对某种刺激的真实反应，具有很强的现实性。它在自然环境中研究个体的行为，力图不干扰被试的行为、不改变情景，在很多情况下它具有实验研究所无法替代的功能。在研究的开始阶段，进行自然观察常常是很有用的。由于没有假设要检验，所以研究者观察的角度不受限制，有助于确认基本的行为类型以及可能与行为有关的变量，因此自然观察法研究常被看成是产生假设的研究。

但是自然观察法也有很大的局限。首先，资料收集可能存在观察者偏向。研究者进行观察之前对所要观察的行为类型了解很少或根本不了解，很难建立一个标准的观测方法，因此在对行为进行分类时，研究者很容易受预期和已有观察的影响，很难认识到预期之外的行为。其次，进行自然观察所需的时间很长。当观察的被试量不足或时间不够充分时，很难避免所观察的被试行为的偶然性与表面性。在语言学习研究中，研究者要获得语言学习和使用的自然资料，常常要花费很长时间，而且不一定能达到研究的目的，学习者可能并不使用研究者感兴趣的语言项目。此外，自然观察研究不能操纵自变量，不能控制额外变量，因此不能进行因果推论。同时，观察法所能分析的只是被观察者的表面行为，对其内部心理机制的探讨则需要辅以访谈、心理测验等研究方法。

4. 个案研究

个案研究是指对某一个别对象进行深入考察的研究方法。它主要研究一个个体，通常指处于自然环境中的个体。在语言学习研究中，个案常常指正在学习某种语言的一个人，例如一个学英语的中国儿童，一个学中文的美国成人。个案也可以是一位教师，一个课堂，一所学校，一个团体。研究者可以研究一个个体，也可以研究几个个体并对他们进行比较。个案研究最重要的是详细、全面地了解某个个体的特征。

个案研究是描述研究，研究中收集资料的方法是多种多样的，可以是自然观察法，也可以是访谈、出声思维等。个案研究在儿童语言发展和第二语言学习研究中是非常有价值的。但是，由于个案研究不像实验研究、调查研究等在研究方法上具有统一的标准，而且不同学习者之间往往存在着较大的个体差异，因此在使用和获得结论时要特别慎重。从推理的角度看，个案研究的最大缺点是不能将一个个案研究的结果推广到其他个案。我们很难从个别被试的行为中分辨出哪些特点是个体特有的，哪些是群体共有的。解决该问题的方法之一是做大量的个案研究，将个案研究的结果进行比较，以便找到共同的规律。

个案研究的方法在探索性研究或验证性研究中具有重要用途。一般而言，科学研究要通过大量的观察和实验才能得到一个具有推广价值的结论。但是，对于个别对象的小范围研究同样具有价值，尤其是当研究对象呈现出与普遍理论相违背或者出现既往的研究不曾发现的现象时，对个别案例的研究就显得尤为重要。另外，在大规模的定量研究之前，个案研究能为我们提供检验依据，因为通过对某个特殊对象的研究我们可以推测同类对象可能具有的本质。同时，个案研究在资料的连续性和全面性上具有群体研究无法比拟的优势，特别是在一些特殊领域，如失语症、语言障碍、阅读困难等的研究中，对于一个个案的全面研究往往能为后续研究提供假设或为已有研究结果提供验证。

5. 语料库研究

这里的语料库是指为语言学习研究所收集的、具有一定规模的语言材料，由自然出现的书面语或口语的样本汇集而成，用来代表特定的语言或语言变体系统。利用语料库进行分析是语言学和语言习得研究中常用的方法。近年来，在心理语言学领域，有些学者倡导"大规模语料"（large corpora）的研究，主张从大规模语料所提供的数据来验证各种理论或假设；强调语言结构的发生频率及概念组合的发生频率在语言加工中的重要性；强调尽可能地保证实验所用材料的自然性等，这也是语言学习研究发展的一个趋势。

语料库研究中一个特别重要的问题是语料的代表性（representativeness）问题。一个语料库具有代表性是指通过该语料库中获得的分析结果可以概括成为这种语言整体或其某个部分的特性。人类使用的语言是一个动态的、开放的系统，在语料库研究中，我们所能分析的只是对语言的抽样，因此语料的代表性是语料库数据合理性和可靠性的重要保证。

6. 口语报告法

上述方法都是通过学习者语言认知的行为表现（反应时、测验成绩）或者在语言学习与使用中所产生的语言材料来分析推测语言认知和语言学习的过程，除此之外，还有一类方法是通过学习者直接的内省过程来研究其心理机制，其中最常用的方法是口语报告法。

20 世纪 80 年代至 90 年代初，口语报告法被广泛用来研究认知过程，主要涉及心理学、教育学和认知科学。在特定任务中，同时发生的或追述的口语报告成为研究被试语言认知与加工过程的重要资料来源。（任洁、许尚侠，1998）

口语报告法是一种内省法，它以个体口头言语的形式表述出自己的心理活动过程及行为表现。其操作步骤为：首先对被试的口头报告进行录音，然后将其转译为书面材料，再根据需要进行译码，这是确保口语报告客观而科学的重要一步。最后进行对译码所获数据的各种分析和评估。口语报告法在实施中可分为同时性口语报告和追述性口语报告。

同时性口语报告也称"出声思维"（think aloud）。它要求被试在执行学习或认知活动的同时，出声报告自己所注意到的所有信息和自己的心理活动。受这类报告指导语的指示，被试会口语化其思想并将思维的中介产物带入注意状态。在该过程中，被试在一边完成加工任务一边口语化的同时，他并没有对他所做的事情进行描写或解释，只是将产生答案的同时所注意到的信息口语化。

追述性口语报告有其相应的心理学基础。信息加工心理学认为，发生在执行某一任务期间的思维系列是贮存于长时记忆中的。当该任务被完成的时候，还保留在短时记忆中的线索使得该思维序列得以有效恢复。所以，对于那些在0.5～10秒内完成的任务，我们可以期待被试能高度精确而完整地回忆出真实的思维序列。对于用时非常短的任务（不超过几秒钟），追述性口语报告甚至比同时发生的口语报告更完整，因为前者在飞快序列的口语化呈现中困难较少。认知心理学认为：对某一认知过程而言，同时性口语报告所报告的信息和追述性口语报告所呈现的信息之间有较为密切的对应关系，所以建议，只要条件允许，应该收集这两种报告。

以上我们介绍了语言认知研究中的一些常用方法，上述各种研究方法的分类并不是绝对的，研究者可以根据研究的问题和目的来进行选择。严格地说，大部分研究实际上不只是采用某一种研究方法，而是将多种方法结合使用。例如，一个以实验为主的研究可以同时采用对被试的调查访谈，可以用丰富的质性描述的资料来补充；一个个案研究也可以同时利用质性归纳方法和定量分析方法。评价一种研究方法是否恰当，应该根据它是否适合所研究的问题和研究目的。

第二节　第二语言习得发展研究中常用的语言样本收集与分析方法①

学习者如何获得第二语言？其第二语言系统又是如何发展的？这是第二语言习得研究者致力探讨的问题。语言习得顺序是第二语言习得发展研究的重要领域，也是近年来的研究热点，通过学习者所产生的语言材料或语言样本来分

---

① 本节的部分内容来自冯丽萍、孙红娟：《第二语言习得顺序研究方法述评》，载《语言教学与研究》，2010（1），由冯丽萍修改撰文。

析推测语言获得及发展过程是该领域研究中常用的方法，因此在本部分我们将对常用的语言样本的收集方法进行介绍和分析。（冯丽萍、孙红娟，2010）

一、第二语言习得发展研究中常用的语言样本收集方法

通过对语言习得顺序的文献进行总结与分析，可以对该领域的研究方法进行如下分类：从被试数量的角度可以分为个案研究（case study）和群体研究（group study）；从时间的角度可以分为横向研究与纵向研究，也称共时研究与历时研究。在样本形式上，分为非语言样本（例如反应时间、测验成绩）、语言样本（包括口头语言与书面语言）、学习者的报告（包括自陈报告、出声思维、访谈等）。在语料来源上，分为自然样本（natural samples）和诱发样本（elicited samples），前者是指学习者在自然状态下所产生的语言材料，如对学习者在课堂环境中所产生的口语语料进行录音或录像，学习者的日记、书信材料等；后者是指根据研究目的设置相应的任务诱发学习者产生所要分析的语料。在第二语言习得发展研究中，常用的诱发语言样本的方法有以下几种：

（1）图片作文（picture composition）：这是言语产生研究中常用的方法。要求被试根据所给的图片或录像，用自己的语言讲述其中的内容，讲述可以采用口头或书面形式。在操作时，是要求被试在看的同时讲述还是看完后讲述？如果是多幅图片，是逐渐拿开看完的图片还是允许被试反复观看等操作方式都会影响所得语料的性质。

（2）句法判断测验（GJT，grammaticality judgment test）：这是在言语理解研究中广泛使用的方法。测验材料包括句法正确与不正确的句子，请被试对所给材料的句法正确性进行判断。或者也可以附加其他任务，例如在判断为错误的句子中画出错误的部分，或对错误部分进行改正。后来，有的研究中将这种方法进行改进，采用句法可接受度（acceptability）判断任务，即在量表上对材料的句法可接受程度进行评定；或者对一系列句子按照句法合理性标准进行排序。

（3）句图匹配（sentence-picture matching）：判断所给的句子是否正确表

达了图片的信息。句子可采用视觉或听觉方式呈现；句子和图片可以一对一呈现，也可以在一组句子中选择最能正确表达图片信息的那一个，或者根据句子所表达的意义信息在一组图片中进行选择。

（4）句式转换判断：首先针对听觉或视觉呈现一个句子，被试根据意义对随后呈现的在结构上经过转换的句子进行正误判断。在采用这种方法时，实验材料一般运用可逆（reversible）句，以防止被试不需要句法加工就可做出判断。例如呈现句子"面包被小猫吃完了"（非可逆句）和"弟弟被同学打哭了"（可逆句），在转换后被试对两个句子的判断速度以及所采用的加工策略是不同的。

（5）句子匹配任务（SMT，sentence-matching task）：请被试判断相继呈现的两个句子在结构上是否匹配。这种方法通常在电脑上完成，句子由电脑序列呈现，从句子呈现到被试按键反应的时间为反应时，它可以由电脑自动记录。

（6）完成句子（sentence completion）：给出句子的一个部分，请被试按要求将句子补充完整。在该任务中，可以请被试自由完成，也可以提供所要研究的句法结构线索，或提供图片，引导被试表达其中的信息。

（7）诱发模仿（elicited imitation）：请被试模仿产生所听到的句子材料，被模仿的句子中包含所要研究的语法结构。句子长度应该是超出被试短时记忆能力的，其原理是如果所呈现的句子超出了被试的记忆容量，那么在完成模仿任务时他们就不能依靠对形式的记忆和提取，而需要对语义进行加工和再编码，并利用现有的目的语知识表述出来。Larsen-Freeman（1975）认为，在儿童语言习得研究中，此类任务以 14～18（平均 15）个音节的材料比较合适。在第二语言习得研究中，句子长度与信息量则应该根据被试的语言水平而定。

除此之外，还有一些针对某种特殊的研究目的而采用的方法。例如为了研究母语迁移所采用的翻译任务，为了研究从句习得而采用的句子连接任务（sentence combination task，将所给的两个句子连接为一个）等方法。

此外，语料库分析或成熟的测验工具也是习得发展研究中所常用的。前者如

ICLE（International Corpus of Learner English）和依据 OPI 测验所建立的口语语料库；后者如广泛采用的双语句法测验（BSM，Bilingual Syntax Measure）等。这些测验工具一般经过多次使用和检验，在结构上比较成熟，具有较高的信度和效度。

二、语言样本收集中应注意的问题

选择语料收集方法时一个关键的问题是要考虑方法的信度和效度，它们是保证语料质量的两个重要标准。信度可以告诉我们语料收集的方法是否能准确真实地收集到研究者所需要的材料；效度则可以告诉我们收集材料的方法在多大程度上反映了研究者所要收集的材料。

语言习得研究中没有普适性的方法，应根据所要研究的问题选择恰当的材料收集方式。每种任务都有其适用的条件，同样的任务如果用不同的方法（如是否限时，是否可以使用工具书）会反映学习者不同的语言知识结构和加工策略，并影响数据的分析和结果的推论。Ellis（2005）曾以 17 个英语句法结构的习得为内容，对常用的研究手段进行了比较：（1）口头模仿测验；（2）口头叙述测验；（3）限时的句法判断测验；（4）相同内容不限时的句法判断测验；（5）元语言知识测验。运用主成分分析法进行的统计结果表明：任务（1）（2）（3）的测验结果可归为一个因素，它们反映了学习者的内隐知识，而任务（4）中句法不合理部分以及任务（5）的测验成绩可归为另一个因素，它们反映了学习者的外显知识。又比如，句法判断测验（GJT）是第二语言句法习得研究中广泛采用的一种方法，然而 Gass（1994）的分析认为：只有当学习者的语言水平较高时，该任务的结果才能较好地反映他们所建构的目的语知识系统；在语言水平较低的被试中，该测验结果的信度是较低的。这就提示我们，在选择测验任务时要避免因学习者的知识系统不稳定或测验难度与学习者的语言水平不符而导致被试随机反应。同时，在对依据不同任务所得到的结果进行对比时也要注意任务间的可比性问题，例如图片作文反映的是言语产生，而句法判断测验则体现语言理解，对两种任务之间的结果进行比较时就要注意数据的来源。

语言习得研究主要通过学习者的语言表现推测其语言能力。Torane（1982）提出的"可变能力连续统"（variable capability continuum）认为，学习者的语言能力是由不同的语言风格构成的连续统。连续统的一端是随便体，另一端是严谨体。当学习者较少注意语言的形式时，他的语言输出便是一种随便体；当学习者在某些场合比较注意语言输出的形式时，便形成一种严谨体。这种风格的不同也会影响语言习得的研究结果。Norrby & Hakansson（2007）对三名英语母语者习得瑞典语所进行的纵向调查分析结果显示：习得发展序列与学习者的风格有关，喜欢冒险者（risk-taker）倾向于使用尚未掌握的语法来增加句子的复杂度，而谨慎者则相反，他们更倾向于产生较简单的句子从而保证句法结构的正确性，因此两种学习者所表现出的瑞典语语序的习得序列也有所不同。

在语言习得研究中需注意的另外一个问题是材料的来源，它与分析结果之间具有密切关系。例如记录和分析学习者的口语语料是一种常用的方法，在使用该方法时，关于语料至少应该明确以下信息：语料记录方式（现场纸笔记录、录音、录像）、对话者、语料产生方式（自由谈话、诱发语料，是否有准备时间）、语料数量、谈话地点、时间等，这些因素中任何一个信息的变化都可能导致分析结果的不同。同时，材料的背景信息在提供研究报告时也要尽可能详细地描述，它是保证不同研究之间具有可比性以及进行重新分析（re-analysis）和元分析（meta-analysis）的基础。

三、评价习得的标准

既然是研究习得发展，那么什么是"习得"？这就是习得标准的确定问题。从已有的研究来看，确定习得的标准主要有以下几种：

（1）准确率（accuracy percentage，也称正确率）标准，也就是将准确率顺序作为习得顺序。准确率的计算方法为：正确使用次数/所有应使用的语境次数。由于它不能反映学习者语言运用的复杂性，因此在使用中被不断改进。

首先，它将应该使用某语法结构的语境次数作为统计基数，这就无法反映学习者过度使用（overuse），即不该用而用的情况，因此 Pica（1983）在研究中采用了"正确使用次数／（所有应使用的语境＋不需使用的语境）"的计算方法，也就是将过度使用考虑在习得范围内。其次，准确率达到多少为习得呢？不同研究中所采用的标准也有所不同。Vainikka（1994）、Ellis（1988）、Andersen（1978）分别选择 60％、75％、80％为习得标准（Pallotti，2007），Dulay & Burt（1974）则规定准确率 90％为习得标准，原因在于它比较接近 100％。为了避免学习者因公式化结构策略（即将某个语法结构作为整体记忆并频繁使用，关于这一策略我们在后面的部分还会再次谈到）对分析结果的干扰，D & B 的研究中还规定：一个语法结构必须出现在至少三个不同的语境中才被视为习得。同时，为了避免因语言发展的不稳定对研究结果的影响，他们还确定某语法结构的正确使用率在三次样本收集中均达到或超过 90％时方可被视为习得。应该说，大家都意识到了准确率标准所存在的问题并不断改进，但这些标准的确定还是比较主观的，研究者们并没有为各自的标准提供充足的理由。

（2）计分法。学习者不同的语言使用情况实际上反映了不同的习得状态，因此应该采用不同的计算方式。Dulay & Burt（1974）按语料中语素的使用情况进行计分：语素缺失，也就是该用而未用时计为 0，错误使用为 1，正确使用为 2，之后利用公式"某语素使用的得分／该语素应出现的语境次数"计算各语素的得分情况，然后根据数值大小按从高到低方式进行的排序被视为语素习得顺序。

（3）初现标准（EC，emergence criterion）。按照 Pienemann（1998）的定义，"一个结构第一次被系统地运用"为初现。然而在相同的术语下，由于对"习得"理解的不同，各研究所采用的操作定义并不一致。其中的分歧体现在于：第一，什么是运用？语言习得是一个"知觉输入——理解输入——吸收与整合——输出"的动态过程，语言运用仅指输出这个最后环节还是包括语言习得的所有环节？正确理解但不能正确运用是否可视为习得？第二，什么是"系统运用"？系统的标准是什么？第三，什么是"第一次"？这就涉及习得时间点的确定问题。有的研究选择第一次出现为习得（Glagh，2001），而张燕吟（2003）、Meisel（1981）、Pienemann（1998）则分别采用在 3、4、5 种不同语境中出现为习得的时间点。针对这些分歧，Pallotti（2007）在讨论初现标准的操作定义时认为，确定初现的时间点应该符合以下标准：非监控性地运用（即应该体现内隐知识）；综合考虑出现频率（token frequency）与类型频率（type frequency），前者反映使用次数，后者反映使用的分布；自主生成而非公式化结构的记忆。与正确率标准相比较，初现标准并不特别注重使用的准确性而更关注其系统性与生成性。

确定习得标准之后，就要对习得阶段进行排序，这一环节主要有两种方法。一是直接排序，即某语言结构使用的准确率或得分越高，或初现越早，则视为习得阶段越早。但不同阶段之间是量的差异还是质的差异，如准确率 35% 和 38% 是划分为一个阶段还是两个阶段？学习者的个体差异是否会影响排序结果？这是该方法无法回答的问题。二是采用蕴含量表（implicational scale），在依据计算结果进行排序之后，通过复用系数（Crep，coefficient of reproducebility）或量表系数（Cscal，coefficient of scalability）对排列的顺序进行检验（Hatch & Faraday，1982），当 Crep>.90 及 Cscal>.60 时，意味着蕴含量表所得到的结果具有可预测性，否则该顺序就是无效的。与直接排序相比，蕴含量表法不仅分析了不同阶段之间差异的显著性问题，而且考虑了语言习得中的个体差异，所得到的结果显然更为准确。

四、不同阶段的习得顺序研究方法与评价

习得顺序的发展研究从 20 世纪 70 年代开始，经历了语素习得顺序、句法习得序列等不同的研究阶段，研究方法也在不断改进，下面我们将 70 年代至今的研究方法进行介绍与评价。

习得顺序的研究开始于对儿童语素习得的探讨并迅速从母语扩展到第二语言，从儿童扩展到成人。语素习得顺序研究的材料主要涉及英语中的一些语法语素，包括表进行体的 "-ing"，助词与冠词，表复数的 "-s"，表领属的 "-s"，

表第三人称单数的"-s",规则与不规则动词的过去式等。Dulay & Burt (1974)、Krashen (1976) 等人的研究均发现了不随学习者年龄(儿童、成人)、母语背景、学习环境(ESL/EFL,在目的语国家学习英语和在本国学习英语)等因素而变化的英语语素习得顺序。该领域的研究在 20 世纪七八十年代风靡一时,但随后人们也注意到研究中存在的一些严重缺陷,由此也产生了习得顺序研究思路的转变。

一方面,习得顺序真的不受其他因素影响吗?回答并非完全肯定。有研究发现测验任务会导致研究结果的改变。Larsen-Freeman (1975) 在以往常用的口语产生任务之外加入了阅读、写作、模仿、听力理解四种任务,以西班牙语、阿拉伯语、波斯语、汉语四种不同母语背景的学习者为被试,对以往研究中共同涉及的九个语素的习得进行分析发现:虽然不同母语背景的学习者之间习得顺序没有差异,但习得顺序随任务的改变而不同:口语产生和模仿任务所得到的结果与以往研究结果之间呈现出高度相关,而另外三种任务与 Burt 等人所排列的习得顺序相关系数则较低。这说明语素习得顺序虽然不随母语背景的不同而改变,但任务类型是影响语素习得顺序结果的重要因素,也就是说,并不存在一个固定不变的语素习得顺序。

另一方面,语素习得顺序研究的推理基础也是值得推敲的。语素习得发展研究的一个假设是正确率顺序可以被视为习得顺序,即正确率越高,习得越早。但正确率顺序就是习得顺序吗?这一假设与实际的语言习得过程并不一致。首先,语言习得发展是非线性的,对语言结构的掌握会因学习策略、交际策略等因素的影响而出现反复和波动。其次,学习者在初期会较多使用公式化结构(formula),如英语学习者能够使用"it's time to",汉语学习者能够使用"怎么卖"等结构,但他们是将这些形式作为固定结构来记忆和使用的,并不能进行分解与创造性生成,初期的频繁使用并不意味着学习者对动词不定式或"怎么+动词"结构的习得。也就是说,在语言习得研究中,如果仅以正确率作为衡量习得的量化指标,就忽视了语言材料的质量这一重要因素。显然,由于这些现象的存在,横向研究中以某一时间点上的正确率为指标所排列的习得顺序在信度上就受到了质疑。

　　语素习得顺序研究在方法上也缺乏对第二语言习得性质的深层考虑。在早期的语素习得研究中，主要采用强制性语境分析（obligatory occasion analysis，OOA）方法。强制性语境是指在母语者正确的语言中某一语法结构所必须出现的语境，例如 three books，其中表名词复数的"s"在该结构中是必须出现的，此处即为"-s"的强制性语境。然而这种分析方法并不能告诉我们学习者是否确实掌握了他们所使用的语素的功能。例如对于第三人称单数"-s"，学习者会出现这样三个句子："He goes to the library.""He needs your help.""He musts tell me the truth."在这一组语料中，前两个句子中"-s"的使用是正确的，但是在第三个应该使用动词原形的句子中却错误使用了"-s"形式。按照强制性语境分析法，则只分析前两个句子（即强制使用"-s"的语境），那么计算结果会显示其正确率为100％。由于没有考虑学习者的过度使用（overuse），这一结果显然是有问题的。同时，强制性语境方法以母语者的语言使用为标准来评价和分析第二语言学习，这就忽略了中介语系统自身的发展和变异特点。

　　虽然存在上述缺陷，研究者们并没有放弃对中介语系统和语言习得顺序的研究，而是寻找能够弥补以往不足的新方法和新思路，这就是从20世纪80年代开始的习得序列（sequence of acquisition）研究。习得序列与习得顺序有所不同，后者是指学习者掌握不同语法项目（如不同语素）的先后，它回答"学习者对目的语某些特征的习得是否先于其他特征"；而前者是指学习者对一个语法项目（如不同形式的否定结构）的习得在不同阶段所表现出的差异和发展，它回答"学习者如何逐渐习得目的语的某个特征"。习得序列的研究集中在20世纪80年代并一直持续至今，研究结果发现了否定结构、疑问结构、关系从句、复杂语序、主题句与主语句、时体特征等语法结构的习得序列，并描写和解释了中介语发展的系统性、变异性、创造性等特点。

　　在习得序列研究中，研究者们改变了以往语素习得顺序研究中常用的正确率指标和强制性语境分析，而更多地采用频率分析（frequency analysis）和分布分析（distributional analysis）法。频率分析是计算每种语法结构在不同习得阶段出现的频率，该方法的优势首先在于不再以目的语规范作为参照标准，而是将语法结构的使用置于学习者自身的中介语系统中加以考虑；其次通过频率变化的描写可以揭示语法结构逐渐被习得的过程。而分布分析法不再仅仅关注某一语法结构的形式特点，而是将形式与功能相结合，这不仅可以避免因学习者使用交际策略所导致的分析结果的偏差，而且对语言习得过程的解释也更为全面。

第三节　汉语句法习得发展的研究方法（以主谓谓语句为例）

前面我们介绍了第二语言句法习得发展研究中常用的语料收集与分析方法，下面我们将以韩国学生对汉语主谓谓语句的习得为例，对这些方法的适用条件及其在汉语句法习得研究中的应用进行分析。

一、研究材料

以汉语主谓谓语句为材料，依据汉语本体的研究成果及《高等学校外国留学生汉语言专业教学大纲》，我们选择了 5 种主谓谓语句。在形式上，它们的结构为"名词、代词等构成的体词或短语＋名词、代词等构成的体词或短语＋动词/形容词"，即大主语＋小主语＋小主语的谓语，大小主语间无其他成分，"小主语＋小主语的谓语"形成主谓结构共同做大主语的谓语。在这一句法结构形式内，依据大小主语的语义特征和它们之间的关系，又分成以下几类：（1）大小主语是领属关系，如"他个子很高"；（2）大主语是受事，如"这个问题我不会回答"；（3）大主语是对象、范围、关涉的事物，如"这个话题我很有兴趣"；（4）大主语或小主语是周遍性词语，如"他一口饭也没吃"；（5）大小主语是施动关系，如"他学习很努力"。以下分别简称领属类、受事类、关涉类、周遍类、施动类。

二、语料来源

研究所依据的语料包括韩国学生的自然语料与问卷测验两部分。自然语料来自学生的书面作文，共 30 万字左右。体裁涉及说明性文章和记叙性文章；题材包括写人、叙事或陈述观点等；任务要求都是根据给定的话题或题目，不借助工具书或他人的帮助写出规定字数的文章。在自然语料分析的基础上，问卷测验的任务包括两项：句法判断、完成对话。其中完成对话任务中有两种类型：一是无语境下的自由产生；二是有语境条件下的产生，即句首提供大主语，请被试依照提示继续完成句子。

三、习得序列与相关因素的关系

(一) 分析指标与习得序列

我们首先计算了自然语料中 5 类主谓谓语句的使用率与正确率，对二者的相关分析结果显示：主谓谓语句各句式的使用率和正确率之间相关不显著（$r_R = .203$，$P > .05$）。进一步分析发现：有的句式使用率和正确率一致，如领属类结构的使用率和正确率均较高；有的句式使用率和正确率不一致，如施动类的使用率较低，但正确率较高。我们知道："回避"是第二语言习得中学生常用的策略。但当一种结构的使用率较低时，究竟是这种结构的使用环境确实较少还是学生使用了回避策略？为了分析各句式使用情况不同的原因，我们将其与汉语母语者的语料以及教材中的分布进行了对比。

母语者语料分析来自两部分：一部分是《骆驼祥子》，因为这种小说文体里面的内容不仅有叙事，也有人物描写或涉及某个人物对某事的观点或评价，与学生作文语料的性质类似；另一部分是《外国学生汉语言专业本科系列教材》（中国社会科学出版社，2006）中的精读课本。将韩国学生自然语料中各类别主谓谓语句的使用率和正确率分别与小说和教材语料中的分布进行相关分析，结果发现：韩国学生自然语料中各类别主谓谓语句的使用率与汉语小说中的分布相关显著（$r_R = .941$，$P < .01$），与教材中的分布相关也显著（$r_R = .832$，$P < .05$）；而正确率与汉语小说中的分布相关不显著（$r_R = .740$，$P > .05$），与汉语教材相关也不显著（$r_R = .748$，$P > .05$）。

这一结果给我们两个提示：首先，语言输入频率仅影响学习者对语法结构的使用，但并不直接导致他们对结构的习得和掌握，语言习得还受到其他因素的制约，因此使用率与汉语语料的分布相关而正确率与它们不相关；其次，即使在母语者的语言使用中，各类主谓谓语句的使用也不均衡，某种结构在第二语言学习者的语料中使用率低，也可能是因为该结构在汉语中的使用环境确实较少。以本研究为例，在韩国学生的自然语料分析中，周遍类句式的正确率较高而使用率较低。但对比分析发现：即使在汉语母语者的语料中，该结构的使用数量也是比较少的。某个语法结构在母语者语料中的使用率很低，当然不能要求第二语言学习者高频使用，否则就造成了过度使用。从这一角度说，在语言习得发展研究中，习得标准的确定应当以各标准所体现的学习者的语言使用环境为基础。

（二）任务类型与习得序列

不同的任务类型实际上体现了学习者不同的语言加工与使用策略。在自由产生任务中，学习者大多倾向于使用自己熟悉的结构，那么对于学生使用较少或基本不用的结构，他们究竟是没有习得还是在回避使用？为了探测这一问题，我们在问卷测验中分别设计了考察语言理解的句法判断任务、考察句法产生的完成句子任务，后者又包括无语境条件下的自由产生和有语境条件下的产生两种类型。对三种任务的得分进行计算并依据蕴含量表对主谓谓语句的习得发展序列进行排序，句法判断和有语境产生条件下的序列一致，从前到后的习得序列依次为"受事→关涉→周遍→领属→施受"；而无语境产生条件下的习得序列为"领属→关涉→施受→周遍→受事"，所得到的排列结果之间存在着差异。这与我们前面谈到的 Larsen-Freeman（1975）的研究结果相一致。这就提示我们：上述各种任务探测的是学习者对主谓谓语句不同的表征与加工方式，他们在完成这些任务的过程中依据的是不同层面的知识结构和加工策略，不同任务类型所体现的句法结构加工难度与发展序列也有所差异。

(三) 语料类型与习得序列

母语迁移是第二语言习得中常见的现象。本研究的语料来自于韩语母语者，韩语中可以有双主题，允许句首两个名词并列。在我们所分析的自然语料中，出现了较多的领属类主谓谓语句（如"他汉语很好"），那么这种现象是由于韩国学习者对该结构的使用率确实较高还是受母语迁移的影响，因缺少句首两个名词之间的"的"而造成的？为了探讨这一问题，我们在句法判断任务中设计了类似"他房间很舒服"这样一类材料。在以汉语母语者为被试的预测中，对该结构的句法合理性的接受程度很低。将汉语母语者与韩国学生的句法判断结果相比较，我们假设：如果韩国学生倾向于将这一结构判断为正确，说明他们受母语迁移影响，泛化了句首两个名词并列结构的可接受范围；如果他们与汉语母语者一样，将这一结构判断为错误，说明他们已经掌握了领属类主谓谓语句的结构规则，那么在自然语料中大量出现的该种结构应该是基于习得而主动产生的。分析结果显示：他们对该类错误结构的接受程度为 3.07（总分为 5 分），显著高于正确的主谓谓语句接受程度的平均得分（2.97）。这一结果说明，在自然语料中大量出现的领属类主谓谓语句也许并不是由于韩国学生确实掌握了该句式并主动使用造成的，而是受母语迁移影响，因泛化句首双名词并列结构而产生的。这同时也说明：自然语料和测验材料所体现的分析结果之间存在着差异。

在第二语言习得研究中，自然语料和诱发语料各有自己的优缺点。自然语料是学习者自发产生的，可以真实地反映学习者对某一语法项目的使用情况，从自然语料中可以尽可能多地发现学习者使用某个语法项目的特点和规律。但自然语料中句法结构的使用较多受到学习策略的影响，这些策略包括过度使用（即不该用而使用）、回避使用（即应该用或会用而不用）、随机使用（即"无意"使用而产生的句法结构）等。这些问题就需要通过问卷测验来检验，它的优点在于通过有针对性的任务设计可以引导学习者产生所要研究的语法结构，调查研究者所关注的问题，并且可以为通过自然语料分析得到的假设提供验证和补充。上述依据自然语料和问卷测验所得到的主谓谓语句习得发展序列存在着不一致，而自然语料中某些句法结构的出现并不是来自于学生基于习得的主动使用。从这一角度来说，在第二语言习得研究中，这两种不同的语料收集方法应尽量综合使用。

（四）利用语料进行第二语言习得发展研究中应注意的问题

以上我们介绍了第二语言句法习得发展研究中的语料收集与分析方法，并以韩国学生的汉语主谓谓语句习得为例探讨了几种常用方法的使用条件。在第二语言习得研究中没有普适性的方法，研究者应根据各自的研究目的选择恰当的研究方法，最适合的也就是最有效的。通过上面的讨论，我们认为在利用学习者语料进行第二语言习得发展研究时应注意以下问题：

（1）注重各研究方法的适用性。从数据收集方法（口头语料还是书面语料，自然语料还是诱发语料，是否限时，是否独立完成，横向还是纵向等），到数据分析指标（具体到习得顺序研究，主要指确定习得的标准）和数据分析方法（描述统计还是推理统计），每种方法都有其逻辑性与合理性，但也都有各自适用的条件，在研究中要根据研究目的选择恰当的方法。

（2）个案研究与综合研究相结合。关于个案研究，由于资料收集时间长、研究结果的可推广性受限等原因，在汉语习得研究中一直较少使用。但个案研究在资料的详细性、数据的连续性等方面具有横向的群体研究无法比拟的优势，因此一直被作为探索性研究或验证性研究的重要方法。如 Schumann（1976）关于否定结构习得的研究、Rosansky（1976）关于语素习得顺序的研究等，其研究结果与分析方法都为第二语言习得发展的系统研究提供了宝贵的参考价值。

（3）量化研究与质化研究相结合。文秋芳、王立非（2004）指出："在国外的语言习得研究中，20 世纪 80 年代的很多研究者认为只有数字有说服力，不使用量化法的、没有数字的研究就不是科学研究。但进入 21 世纪后，又有很多人将数字说得一无是处，认为唯有多维度的语言描述才最生动、最有用。"但实际上，正如我们一直强调的，各种研究方法本身并没有好坏或正误之分，每种方法都有其合理性和局限性。只有明确了研究目的和所要解决的问题才能找到真正恰当的方法。就语言习得研究来说，量化研究与质性研究相结合应该是值得提倡的选择。

（4）加强验证性研究。习得发展研究从开始到现在，每一个有价值的、得到普遍认可的结果都是在对诸多相关研究进行总结和分析的基础上得到的。验证性研究也许由于在创新性上的不足而受到忽视，但没有人可以否认，第二语言习得确实是一个复杂的过程，其结论的总结需要在综合不同方法、不同角度的研究结果的基础上才能完成。因此，这种同一领域、同一专题内的综合性研究和验证性研究成果的积累是建构汉语作为第二语言习得发展模式的前提和基础。

（5）选择合理的统计分析方法。对数据的统计与分析是语言习得研究中的重要方法，但每种计算公式与方法都有相应的适用条件，当条件不具备时，所得到的计算和分析结果自然是有偏差的。这就要求我们在研究设计之初就要对预期得到的数据形式、分析方法及其与研究目的的关系加以考虑。在语言习得发展研究中，一个非常重要但常被忽视的问题是样本的数量与质量。足够的样本数量可以有效地提高分析结果的稳定性和可推广性，使结果尽可能稳定、可靠地体现样本所代表的总体特征，而样本和语料的同质性也是得到可靠的研究结果的基本条件。

本章参考文献

陈煊之．中文阅读之句法分析历程初探．心理科学，1995（6）．

冯丽萍，孙红娟．第二语言习得顺序研究方法述评．语言教学与研究，2010（1）．

贺荟中，贺利中．语篇阅读研究方法综述．心理科学，2005（6）．

江新．第二语言习得的研究方法．语言文字应用，1999（2）．

罗婷，焦书兰．认知加工速度研究中常用的实验和统计方法．心理科学进展，2002（1）．

孟祥芝，周晓林．汉语阅读发展研究中几种实验任务之间关系的探讨．心理科学，2000（6）．

彭聃龄．汉语认知研究．济南：山东教育出版社，1997．

任洁，许尚侠．当代心理学对口语报告的研究评述．心理科学，1998（1）．

沈家煊．口误类型．中国语文，1992（4）．

舒华，储齐人. 移动窗口条件下阅读过程中字词识别的特点研究. 心理科学，1996（2）.

舒华，曾红梅. 儿童对汉字结构中语音线索的意识及其发展. 心理学报，1996（2）.

舒华，周晓林，武宁宁. 儿童汉字读音声旁一致性意识的发展. 心理学报，2000（2）.

王建勤. 关于中介语研究方法的思考. 汉语学习，2000（3）.

文秋芳，王立非. 二语习得研究方法 35 年：回顾与思考. 外国语，2004（4）.

阎国利. 阅读研究方法综述. 心理科学，1997（3）.

张钦，张必隐. 词汇决定任务中的策略因素. 心理科学，1999（1）.

张学民，舒华. 实验心理学纲要. 北京：北京师范大学出版社，2004.

张燕吟. 准确率标准和初现率标准略谈. 世界汉语教学，2003（3）.

周晓林，庄捷，舒华. 言语产生研究的理论框架. 心理科学，2001（3）.

Dulay，Burt. Natural Sequences in Child Second Language Acquisition. Language Learning，1974(24).

Ellis，R. Measuring Implicit and Explicit Knowledge of a Second Language. Studies in Second Language Acquisition，2005(27).

Ellis，Barkhuizen. Analysing Learner Language. New York：Oxford University Press，2005.

Gass，S. The Reliability of Second Language Grammaticality Judgments // E. Tarone, S. Gass, and A. Cohen(eds)：Research Methodology in Second Language Research. Hillsdale, NJ：Lawrence Erlbaum，1994.

Glahn，E. Processability in Scandinavian Second Language Acquisition. Studies in Second Language Acquisition，2001(23).

Goldschneider，DeKeyser. Explaining the Natural Order of L2 Morpheme Acquisition in English：A Meta-analysis of Multiple Determinants. Language Learning，2001(51).

Hatch，Faraday．Research Design and Statistics for Applied Linguistics．Rowley：NewBury House，1982．

Jansen，L．Acquisition of German Word Order in Tutored Learners：A Cross-sectional Study in a Wider Theoretical Context．Language Learning，2008(58)．

Krashen，Feldman and Fathman．Adult Performance on the Slope Test：More Evidence for Natural Sequence in Adult Second Language Acquisition．Language Learning，1976(26)．

Larsen-Freeman，D．The Acquisition of Grammatical Morphemes by Adult ESL Students．TESOL Quarterly，1975(4)．

Meisel，Clahsen and Pienemann．On Determining Developmental Stages in Natural Second Language Acquisition．Studies in Second Language Acquisition，1981(2)．

Norrby，Hakansson．The Interaction of Complexity and Grammatical Processability：The Case of Swedish As A Foreign Language．IRAL，2007(45)．

Pallotti，G．An Operational Definition of the Emergence Criterion．Applied Linguistics，2007(3)．

Pica，T．Adult Acquisition of English as a Second Language Under Different Conditions of Exposure．Language Learning，1983(33)．

Pienemann，M．Language Processing and Second Language Development．Amsterdam：John Benjamins Publishing，1998．

Rosansky，E．Methods and Morphemes in Second Language Acquisition Research．Language Learning，1976(26)．

Schumann，J．Second Language Acquisition：the Pidginzation Hypothesis．Language Learning，1976(26)．

Torane，E．Systematicity and Attention in Interlanguage．Language Learning，1982(23)．

第二章　汉字的认知与习得

　　汉字是世界上历史最悠久的文字之一，是汉语与西方语言在书写系统方面最显著的差异，也最易引发中外科学家的好奇心。我国现代心理学研究就是从汉字学习特点开始的。刘廷芳（1921）从联想学习的角度考察了汉字的加工特点，发现字形对字义的作用大于字音对字义的作用。艾伟（1923，1924）考察了文字属性对汉字识别和学习的影响，发现笔画数和偏旁类别对汉字辨认有重要影响以及汉字形—音—义联结的记忆特点，证实了复杂结构的多笔画字有记忆困难、汉字释义有利于形—义和形—音联想学习等。20世纪二三十年代，沈有乾还对汉字阅读进行了眼动研究，周先庚对汉字直排和横排进行了研究。那时的汉字是繁体字，上述研究对于推动汉字简化和确定排版方法起了非常重要的作用。新中国成立后到改革开放前，心理学家也对汉字的模式识别以及汉字学习特点进行了大量研究。例如曾性初等（1965）发现用省略恢复法发现保框式最有利于汉字的恢复，略后式其次、省前式最差，说明汉字的轮廓框架或者"完形"传递了较多的汉字信息。曹传咏等（1963）发现字形的相似程度决定辨认的困难程度，字形越相似，错误越多。李铮（1963）发现让儿童书写不认识的汉字时，经常混淆相似的笔画，容易把弯曲而连接的几笔写成一笔。

　　改革开放后，在信息化的国际浪潮推动下汉字认知再次成为研究热点，迎来了研究的繁荣期。心理学家、文字学家、电子计算机专家从各自不同的角度展开了对汉字识别、编码、心理加工、学习特点等多方面的研究，取得了大量丰硕成果。人们对汉字的认知心理有了更为深入的认识。近年来，汉字加工的神经心理特点又成为新的研究领域。目前汉字认知大量研究表明，汉字的形、音、义在个体的心理词典中有其心理现实性，汉字的形、音、义三要素既相互联系又有其各自的心理加工特点。在第二语言的汉字学习中，这种客观规律也是存在的。我们对外国留学生汉字学习特点的探索首先从字形方面开始，本章第一节探讨了外国留学生汉字字形学习方面的特点，包括笔画数对字形学习的影响、字形结构分解能力的发展、字形监控能力的发展三个方面。第二节探讨形声字的学习特点，包括形旁意义透明度对学习的影响、声旁语音透明度对学习的影响以及声旁家族的影响特点。第三节从偏误分析的角度深入探讨汉字训练（学习）方式对汉字学习的影响以及留学生汉字正字法意识的发展。

第一节　外国留学生汉字字形学习特点的研究

一、笔画数对外国留学生字形学习的影响

笔画数的影响实质是文字复杂度对文字学习的影响。人们在拼音文字的学习研究中广泛发现字母越长单词所需的识别时间越长、单词学习的难度也越大，有典型的词长效应。在汉字学习方面，艾伟（1923）最早考察了笔画数对母语儿童汉字识别和学习的影响，发现 10 画为重要的分界线，10 画以内的汉字容易观察；10～15 画的汉字受结构的影响，由曲线及斜线组成的汉字难于观察。艾伟研究的是繁体字。最近 30 年，简体字的研究中也发现母语者的汉字命名中存在汉字命名时间随笔画数增加而增加的"台阶状"上升现象。母语者尚且如此，留学生的情况如何呢？2009 年，我们进行了留学生汉字字形学习影响因素的研究，发现笔画数是重要的影响因素之一。（徐彩华，2010）

我们分别对学习汉语一年、两年的外国留学生进行了汉字字形学习情况的调查。从对外汉语教学大纲甲级字表中选出了中等笔画数的汉字 40 个，让学生进行汉字听写作业，考察笔画数的影响。40 个调查用字的笔画数分布为最大 15 画，最小 6 画，平均笔画数为 10.15 画。笔画太少的常用字，如"大""小""人""山""上""下""口""手"等多为象形字，其学习结果易受学习方式（教师是否讲解文字故事）影响，因此调查中没有采用 5 画及以下的实验材料。

对 40 个字的留学生课本使用频率进行了采集。匹配了各笔画组用字的声旁规则性和一致性。

实验被试为学习汉语一年（101 组）、两年（201 组）的留学生 84 名。其中一年级中识字量大的韩日学生 10 名，欧美学生 9 名；识字量小的韩日学生 9 名，欧洲学生 9 名。二年级识字量大的亚洲学生 18 名，欧美学生 9 名；识字量小的亚洲学生 12 名，欧美学生 8 名。识字量的大小由班级的读写课教师进行评定。

测查方法为听写任务。主试念一个汉字，并且给出该字的一个词语或一个短语，如"独，独立的独；辆，一辆自行车的辆"（组词和短语出自课本，与课本一致）。要求被试写出听写的那个汉字。实验结果见表 2-1。

表 2-1　各笔画数汉字的字形正确率分布

笔画数	总成绩	年级 1	年级 2	亚洲背景	欧美背景	识字量大	识字量小
15	.48	.39	.57	.59	.38	.61	.34
14	.39	.16	.64	.48	.31	.52	.26
13	.55	.47	.63	.64	.46	.63	.47
12	.36	.27	.44	.52	.19	.48	.24
11	.54	.48	.61	.67	.41	.71	.36
10	.54	.47	.62	.67	.41	.67	.41
9	.51	.44	.58	.66	.36	.62	.40
8	.72	.58	.85	.83	.61	.80	.63
7	.74	.66	.83	.88	.61	.81	.67
6	.73	.63	.84	.83	.64	.80	.67

从表 2-1 可见：（1）留学生的字形成绩随笔画数升高逐渐下降。6～8 画之间留学生成绩在 .72～.73 左右，9～11 画之间留学生成绩在 .51～.54 水平左右，12～15 画之间留学生成绩在 .36～.48 水平左右。也出现了"台阶状"现象：6～8 画、9～11 画、12～15 画之间出现明显的台阶，字形成绩在三个台阶之间逐级下降。（2）8～9 画之间存在"分界线效应"：8 画（含）以下的汉字比较容易学习，9 画（含）以上的汉字对留学生来说难度明显增大。进一步对

"分界线效应"进行分组验证。根据留学生背景（日韩、欧美）、年级（一年级、二年级）和识字量（大、小）分别计算各组留学生的成绩。结果发现各组都在 8～9 画间出现明显的落差，表明分界线效应不受母语背景、识字量影响，非常稳定。

我们进一步对字形成绩与笔画数进行相关分析，结果相关系数非常显著（$r=-0.24$，$p<.001$）；而且在控制了留学生课本频率之后，字形成绩与笔画数的偏相关系数仍然非常显著（$r=-0.18$，$p<.001$）。再进一步用回归分析法探讨笔画数对字形成绩的影响力，结果发现笔画数是影响字形成绩的第二大文本因素，对留学生字形成绩的回归解释力约为 5.3%，仅次于第一大文本因素（汉字的课本使用频率，影响力为 18.7%）。除这两个文本影响因素外，一些其他学习者因素，如学习时间（7.2%）、母语背景（16.2%）、识字量大小（11.6%）也有非常重要的影响。

总的来看，笔画数对留学生汉字学习的影响是非常显著的，汉语母语者字形学习中存在的台阶现象、分界线效应（也称为临界点效应），在外国留学生中也存在，反映了人类字形知觉学习的共性。另一方面，外国留学生作为成年人，母语背景差异又很大，因此字形学习也很容易受学习者因素的影响。研究中我们发现笔画数的影响特点是影响力非常稳定，不论是欧美留学生还是日韩学生，也不论其识字量大或小，他们总是或早或晚有一个时期受笔画数的影响达到 10% 左右，其他时期则影响力不显著，暗示着留学生可能存在着一个对汉字字形内化，容易受笔画数影响的敏感期。这种现象非常有趣，将来我们还会深入探讨。

二、留学生字形结构分解能力的发展

汉字在视觉上是一种平面图像刺激，字形的可分解是汉字知觉属性的重要特点，如"忙"可分解为"忄"和"亡"，"病"可分解成"疒"和"丙"。汉字认知研究发现当母语者长时间持续注视一个汉字时，该字会自动地分解成它的组成部分（郑昭明、吴淑杰，1994），这种现象叫汉字的知觉解体。知觉解体反映了汉字激活后由上到下的深加工。母语者看见汉字或者头脑中浮现字形的同时就自动分解了，笔画、部件、结构信息等都能自动提取。这种机制使得母语者在抄写、书写等对汉字表征细节要求较高的任务中能不假思索、下意识地完成任务，达到"意到字出"的自动化程度，只有遇到比较难的汉字时才进行有意识的分解和组合加工。

欧美留学生初学汉字时一个很大的困难就是不会对汉字进行拆解，感觉其像一幅图画或者一团线无从下手。（孙琳，1999）不仅留学生如此，汉语母语儿童的汉字分解加工能力也非一蹴而就。小学一年级时，高水平学生的汉字表象分解组合操作速度就比低水平学生更快、更精确，而且两组学生的错误类型也不尽相同，说明汉字表象的分解操作能力有一个发展的过程。（刘鸣，1993）受其启发，2002—2007 年，我们对留学生的汉字分解加工特点进行了实验研究。（徐彩华，2007）

我们从汉字结构的分解特点出发将汉字结构分为左右、上下、综合、包围四种类型。其中综合字包括左右（上下）、上下（左右）两种类型。我们以成熟母语读者的汉字分解加工特点为锚，考察留学生汉字分解的特点。被试包括母语大学生 18 名，留学生 62 名。留学生中，学习初期（零起点学习者学习汉语 3 个月后）欧美留学生 9 名、韩国和印尼①学生 9 名，初级阶段（学习 1 年）留学生 18 名（15 名韩日、3 名欧美），中级阶段（学习 1 年半）留学生 18 名（15 名韩日、3 名欧美）、留学研究生（学习 8 年）8 名。我们从一年级留学生课本中选取 40 个实验材料，四种类型各 10 个字，匹配各组字的笔画数、部件数、留学生课本频率、汉字的词性。采用知觉空间割裂的方式进行知觉分解，具体步骤为先呈现正常整字，如"忙"，然后迅速出现空间割裂的分解体"忄——亡"，要求被试判断分解体是否就是前一个刺激，被试进行字判断任务。空间割裂方式为：左右结构字进行左右割裂；上下结构字进行上下割裂；综合结构字如"想"上下割裂为"相"和"心"，"吃"左右割裂为"口——

---

① 本书为表达方便，通用印度尼西亚的简称"印尼"。

乞"（以便其割裂后成分中仍含另一方向的分解关系，与单纯的左右、上下两部件字不同，并且分解出来的分解体个数又与左右、上下结构又一致，能进行对比）；包围结构字按顺序左右割裂，如"店"分解为"广——占"。所有材料分解体的大小与原字中保持一致，没有大小变化，只有位置上的移动。实验在计算机上用 DMDX 程序进行。

结果发现，汉语成熟母语者的汉字分解反应模式为："综合＞（优于）左右＞上下＞包围结构"。其中"左右＞（优于）上下＞包围结构"的趋势与母语儿童中的研究结果一致（李娟，2000），综合结构的优势与郑昭明等（1994）以及张积家、盛红岩（1999）的研究结果基本一致。郑文在繁体字中发现综合结构的分解快于单纯的上下分解；本文和张文在简体字中发现综合结构的分解有一定优势。可见，汉字分解加工具有与整字加工不同的特点。在正常的整字识别条件下，左右结构通常是识别最快的，一些从三部件字中抽取成分的优势（正确率比两部件字高）比较接近。

汉字的四种结构从空间方向分解的复杂性上比较，应该从易到难依次为："左右（易于）＞上下＞综合＞包围结构"。左右结构在视觉上为横向关系，与阅读中左右线形序列加工方向一致，最容易。上下结构为纵向关系，只包含一种方向的分解，难度其次。综合结构包含纵横两个方向，分解难度大一些。包围结构的分解最难，不是简单的横纵方向，需要曲线式（半包围）和里外式的分解。如果分解加工的速度完全取决于方向复杂性，应该呈现"左右＜（快于）上下＜（快于）综合＜（快于）包围"的线性趋势。我们和前人的研究都发现综合结构的分解优势，说明母语者的汉字分解加工并不完全取决于知觉分解难度，汉字阅读中形成的结构反应模式也有显著影响，综合结构的速度和正确率优势正是这种影响的反映。

外国留学生的汉字分解情况非常有趣，初学阶段与母语者很不相同，一年后开始向母语者的特征靠近。具体来看，初学阶段韩印学生完成任务所需的时间比欧美学生少，但分解的类型特点相同：综合结构没有分解优势、左右结构分解比综合结构快。这两种语言背景的学生汉字分解的类型特点是一致的：汉字分解速度根据"左右＜（快于）上下＜（快于）综合＜（快于）包围"的线性方向有依次放慢的趋势，分解的方向越复杂，反应时间越长。可见，初学阶段留学生分解加工的结构类型与母语者有质的不同（见图 2-1）。母语者的汉字分解有左右、综合结构两个低点，反应时并不完全取决于分解方向的复杂性。

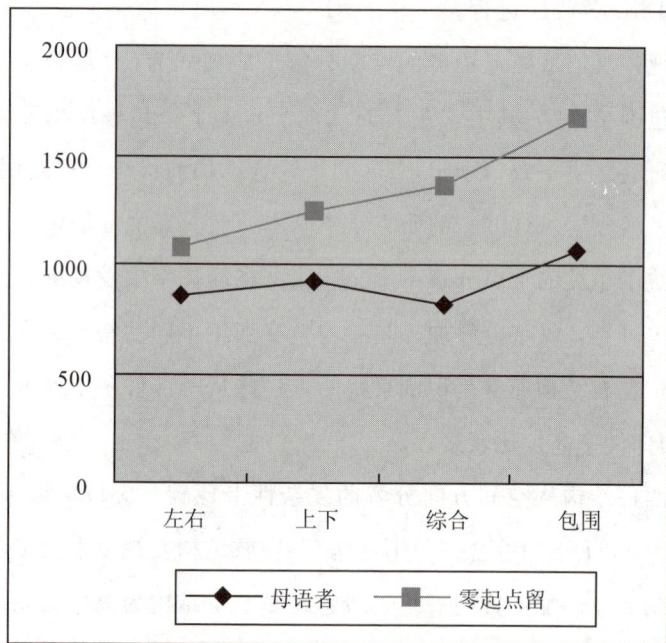

图 2-1　母语者—零起点留学生反应时

　　学习一年后，各级留学生的汉字分解特点开始发生变化：综合结构与左右结构一样快，并且还显著快于上下结构。错误率的趋势是综合结构显著少些。从图 2-2 可知，留学生的曲线在上，母语者的在下。三条曲线是平行的，方向一致但并不重合，说明留学生汉字分解的结构类型反应虽然与母语者一致，但速度仍然慢一些。说明留学生汉字分解加工能力的发展首先表现为结构分解类型与母语者接近，达到同方向的状态，但分解速度上非常缓慢，即使是学习了八年汉语的研究生也仍然达不到母语者水平。

　　尽管如此，从一年级末期到研究生阶段，留学生仍有一些进步，例如在三个年级间左右结构分解与母语者的差异为"显著→显著→边缘显著"，包围结

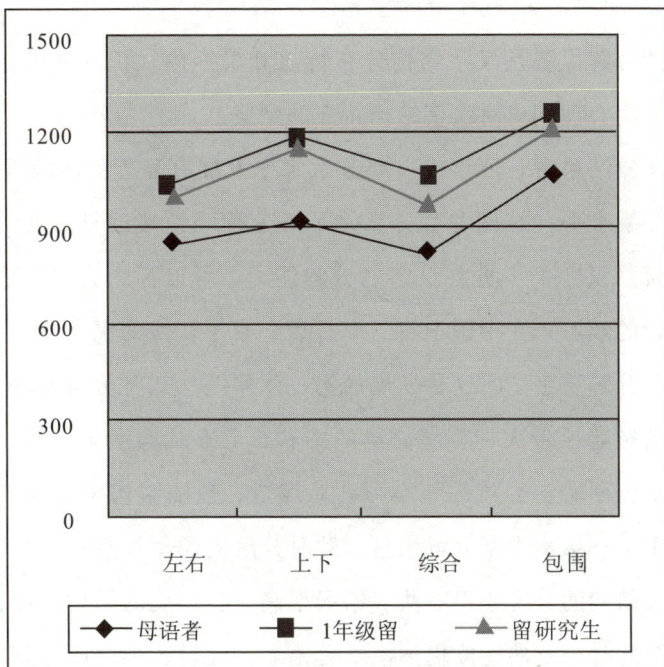

图 2-2　留学生分解反应时的发展

构为"边缘显著→边缘显著→差异不显著",综合结构为"显著→边缘显著→边缘显著"。留学生的进步趋势说明,加工速度上的接近需要很长的时间,变化非常缓慢,不像结构分解类型那样能发生比较快的质变。

结果说明,汉字分解加工中的综合结构优势并不是与生俱来的。留学生最初对综合字的分解比左右结构慢,随着汉字水平的提高,一年级末时综合字的分解速度才逐渐提高并且在正确率上出现优势的。因此综合结构的分解优势体现了留学生汉字心理词典的发展,来源于汉字学习和阅读经验。这与语料中汉字结构的分布特点是一致的。汉字结构分布中综合字的数量最多。根据周新林、增杰英(2003)对《国家标准》基本集(GB2312-80)中 6724 个一、二级字切分到末级部件的统计:单部件字 317 个(4.71%),两部件字 2376 个(35.34%),3 部件字 2698 个(40.12%),4 部件字 1035 个(15.39%),5 部件字 247(3.67%),6 部件字 47 个(0.69%),7 部件字 3 个,8 部件字 1 个。

其中 3、4 部件字中有相当数量的字是综合结构字，综合结构字的比例最高。综合结构字的分解优势是汉字结构分布特点和汉字模式识别共同作用的结果，它体现了留学生心理词典对汉字结构特点的顺应。

另外从实验结果看，留学生汉字分解水平发展有显著的阶段性特点："零阶段→知觉分解水平→结构类型分解水平→速度缓慢接近母语者"。非汉字圈学生最初刚接触汉字，不具备汉字的分解能力，可以称之为"零阶段"。经过汉字基本知识的学习，在中国学习三个月后，有了初浅的汉字能力，能按照空间的纵横关系分解汉字了。这是发展的第一水平——知觉分解水平。此时分解受知觉难度的影响比较大，分解简单的左右、上下结构字快一些，分解综合、包围结构字比较困难。经过一年学习，对综合、包围结构字逐渐熟悉和顺应，达到第二水平——结构类型分解水平。此时分解的类型特点基本与母语者一致了，只是包围结构的分解还慢一些、错误率高一些，别的结构已经没有太大的困难了，只是此时分解的速度仍然慢于母语者。此后留学生的分解速度缓慢地接近母语者。

总的来看，留学生汉字分解能力的发展有分解类型的发展和分解速度的发展两个不同的层面，在不同的层面上与母语者接近的速度不同，说明二语心理词典与母语者的接近有可能是多层次、多角度、循序渐进的，并不一定各个方面齐头并进。另外，也说明学习汉语的第一年是留学生字形表征发展的重要时期。经过一年学习留学生能根据汉字结构分解汉字，具备了一定汉字能力，与留学生汉字构形规则意识的萌发大致需要一年的模拟结果比较一致。（王建勤，2005）值得注意的是，母语背景对汉字结构分解的影响主要体现在分解速度方面，对汉字分解的结构类型特点影响比较小。在初学阶段非汉字圈学生需要更长的注视时间才能完成分解任务，他们达到知觉分解水平的时间可能比汉字圈学生略晚一些。汉字圈国家的学生如韩国、东南亚地区等也使用少量汉字或者能接触到一些汉字，有一定感性经验，故分解速度快一些，不过其汉字加工方式却仍然是二语式的。高立群、黎静（2005）也曾发现低水平学生的二语词汇加工方式是词汇联结式的，词形上与日语完全相同的汉语词语如"内容""多少"等，无论语义上与日语是否相同，都会先激活日语心理词典的词汇表征然后才传输到汉语心理词典的词汇表征上。可见，即使文字相同、语义也完全相同（或者非常接近）心理词典内的加工却经由母语系统，尚不能直接在二语词典（汉语）的字形和语义之间建立联系。这样的加工方式必然使他们对汉语中汉字的加工仍然呈现非母语者的特点。其实教学中我们也能发现这一点，初学的韩日学生一般情况下书写汉字没有问题，但遇到其本国没有的综合字、包围字时也不知如何拆分、下笔，会请教师板书以弄清书写笔顺。因此在汉字分解能力方面，汉字圈学生与非汉字圈学生既有区别也有共性。值得一提的是，汉字结构分解是一个比较基础的认知加工过程，有可能在具备了这种能力之后出现天花板效应，即发展已经基本完成。心理词典中一个领域的建构完成后会继续进行其他领域的建构，母语背景在不同领域的影响有可能不同。

综上，研究表明留学生的字形结构分解能力有一个发展的过程，教学实践中对此要予以注意，学习汉语的第一年中，专门的字形结构分解训练是有益的。

三、留学生字形监控能力的发展

有偏误分析表明留学生常出现的字形错误类型有形似形符替代、意近形符替代、相关形符替代、形符类推几种。（施正宇，2000）也有研究者把留学生的汉字偏误归纳为笔画偏误、部件偏误、其他偏误三类。其中笔画偏误有位置偏误、形状改变、缺损偏误、增加偏误、方向偏误 5 种，部件偏误有部件相混、部件缺失、部件增加、部件模糊、部件漂移易位 5 种。（施家炜，2001）还有研究者发现留学生的汉字偏误大多与部件有关，有部件替换、部件增损、部件的变形和镜像变位三大类型。（肖奚强，2003）可见，留学生的字形错误是有规律的，常常在笔画、部件层次产生增加、减少、替换、方向性错误。规律性偏误的背后通常有认知原因，汉字偏误的认知原因何在？

对字形错误缺乏识别和监控能力可能是原因之一。书写是对汉字表征要求最高的一种任务。因为表征的细节部件、笔画都要被提取，而且是按照顺序依次提取，表征细节的任何含混都会导致书写变形和错误。汉语成熟母语者表征强壮而清晰，整字激活时部件和笔画也得到激活，整体和部分同时激活所产生的和谐共振起到了实时（on-line）监控的作用，因此母语者写错了字会产生异样的感觉，能及时纠正以减少错误的发生。留学生则相反，如果不经教师提醒他们对自己书写中的错误全无知觉，说明他们可能缺乏实时监控的能力。于是，我们对留学生的字形监控能力进行研究。

考察的问题是：（1）在分解识别的状态下留学生对常见的汉字字形错误能否即时监控，相对于母语者有何特点，是否受母语背景的影响，是怎样发展的，与汉语水平有什么关系。（2）在整字识别的状态下留学生对汉字字形错误能否即时监控，有何特点。如果留学生在分解任务中对字形错误的监控有困难而在整字任务中没有，说明字形错误主要发生在表征的分解操作过程；如果分解任务中的监控困难在整字任务中也存在，说明字形错误不仅来源于汉字表征的分解过程，还由于表征本身就不够强壮；如果两种任务中留学生的表现不同则说明其心理词典加工有任务的特异性，需要对差异进行深入探讨。

我们根据前人发现的汉字偏误规律，设笔画、部件、整字和部分的关系三个层次的字形错误，包括方向逆反、笔画增减、部件替换、部件缺失四个错误类型。共32个错字，每种错误类型8个。其中方向逆反包括笔画方向逆反4个（如"刂""钅"中提的方向逆反），左右结构逆反4个（如"吾讠""口未"）。笔画增减包括多一笔或者少一笔，如"忙"中的"亡"的最后一笔加了一点，"多"中"夕"多加了一点，"们"少一点，"有"中的"月"里少一横。部件替换指某个部件被别的部件替代，如"妹"变成"侏"，"饭"变成"钑"。部件缺失指少了某个部件，如"哪"变成了"那"，"黑"少了下面的四点。另选32个正确率也在100％以上的同频率段汉字作为填充的肯定反应材料。

（一）汉字分解过程中的字形监控

被试为母语大学生18名，初学留学生（零起点班学习三个月后）非汉字圈被试9名，汉字圈被试9名。101、102、202年级学生各18名，来华至少半年后进行实验，汉语学习时间为一年、一年半、两年半。外国研究生9名，平均学习汉语时间为八年。

　　实验采用空间割裂的方法表现汉字的分解。左右结构的字进行左右空间的割裂，如"听"分解为"口——斤"。上下结构的字进行上下空间的割裂。实验在计算机上用 DMDX 程序进行，先呈现整字，然后呈现分解体，被试对分解体的正确性进行字判断。

　　结果发现，成熟母语者对各类错误的识别都很快，速度差异不大，但是识别笔画增减错误时错误率显著升高。笔画增减错误考察的是对精细笔画的识别，可见母语者能敏感地觉察方向、部件的变化，没有困难，但容易混淆笔画的细节。这与前人的研究结果是一致的。汉语母语者笔误的特点之一就是形似字易混淆，出现多点少点、多撇少撇的错误，容易在局部精细地方犯错误。

　　而留学生则很不相同，初学阶段的留学生中最难识别的是方向逆反。识别的速度最慢，错误率达到 45％，接近 50％的随机错误率说明留学生对方向错误几乎不能识别。其次是笔画增减和部件替换识别，错误率也比较高（分别为24％、20％）。比较容易识别的是部件缺失，错误率最低（11％）。因此初学阶段留学生形误识别的特点与母语者不同。母语者的识别难点是笔画增减，其余三种形误识别都比较容易。初学阶段留学生识别方向逆反则特别困难，几乎不能识别，其次对替换识别、笔画增减识别的错误率也比较高。留学生比较容易识别的错误只有部件缺失（图 2-3）。

　　其他各年级留学生的反应时和错误率都没有组间差异也没有交互作用，说明年级间的总体特点一致。总的趋势是反应时方面，笔画增减的识别慢一些，其余三类反应时没有差异；错误率方面方向逆反和笔画增减的错误率比较高，其次是部件替换，最低的是部件缺失。说明留学生反应时的类型特点和母语者已经比较接近了，但错误率的特点还不太一样。为了进一步比较他们与母语者及零起点留学生的异同，把这四个年级的数据分别与零起点学生和母语者进行比较，进行两次 5×4 方差分析。大被试量的分组数据对组内因素的方向变动非常敏感，如果组内方向不一致就会出现交互作用，能找到发展中的转折点。

　　结果反应时的分析中，四组留学生与零起点留学生的交互作用接近显著$F(3, 78)=1.77$，$p=.053$，与母语者没有交互作用。说明四组留学生与零起

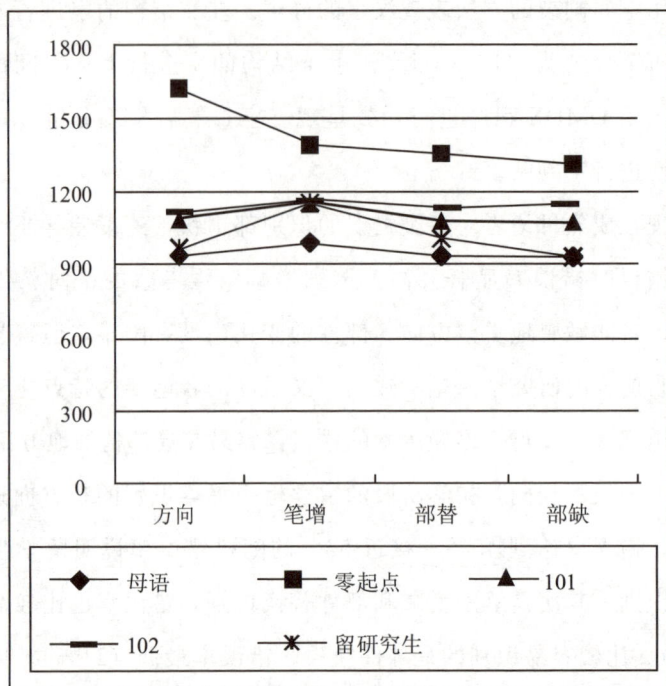

图 2-3　形误识别反应时发展趋势

点留学生不同，与母语者比较接近。零起点到一年级末（101 组）之间可能有显著的变化，是一个转折点。图 3-3 表明了反应时的这种发展趋势，母语者的曲线在最下方（最快），曲线比较平坦，各类型反应时差异不大。零起点的曲线最高（最慢），并且与母语者的曲线有明显的方向不同（交互作用）。101 组曲线向下移动了很多（速度进步），并且总体方向也与母语者的比较一致了。此后各组反应时进步比较小，到研究生阶段在多个点达到母语者水平。因此，识别速度在零起点和一年级末之间有很大的进步，这次进步既表现在速度上的也表现在识别类别上，此后反应时缓慢进步，到研究生阶段接近母语者水平。

　　错误率也分别进行各组与母语者的比较，结果发现零起点和 101 两组与母语者的交互作用和组间差异都显著。从 102 组开始，各组与母语者的交互作用和组间差异不显著了，说明错误率向母语者接近的转折点可能发生在 102 组，即学习一年半以后（图 2-4）。

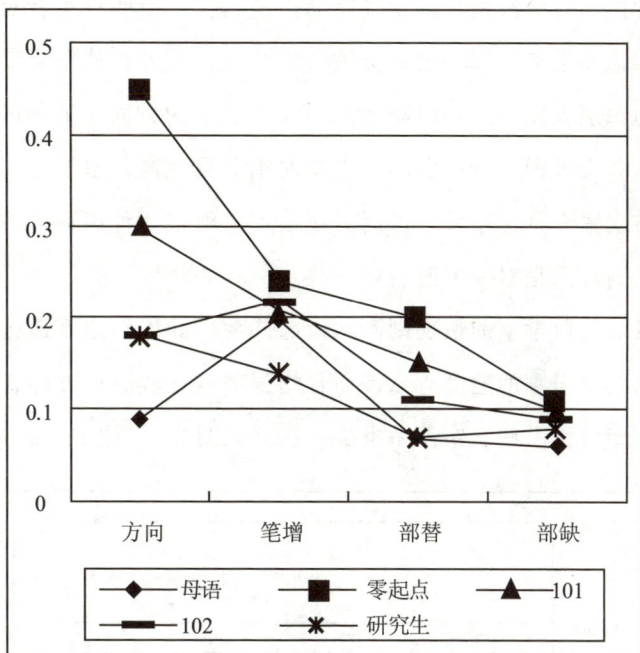

图 2-4 形误识别错误率发展趋势

　　总的来看，母语者与留学生的形误识别特点不同：母语者对精细笔画增减的识别错误率比较高，对方向逆反、部件替换、部件缺失错误识别没有困难。留学生在方向逆反、部件替换识别上有比较大的困难，方向逆反识别的困难尤其明显。留学生对汉字形误的监控识别经历了"不同于母语者→接近母语者的类型特点→接近母语者水平"的发展过程，其中三个月至一年级末识别速度有显著进步，一年半后识别的精确性（错误率）也有显著提高。

（二）整字识别条件下的字形监控

　　实验材料与分解实验相同。但所有刺激（包括肯定刺激和否定刺激）都以正常的整字方式呈现，如"吃""吾讠""口禾""快""侏""现""饮"等。

　　被试为汉语母语大学生 16 名。初学阶段（零起点学习三个月）欧美、韩日留学生各 7 名，初级（101 班）两背景各 8 名。准中级阶段（102 班）欧美 10 名，韩日 8 名。

　　结果发现，整字识别条件下母语者识别得最好的是部件缺失，其次是方向逆反和部件替换，对笔画增减的识别容易出现错误。说明母语者对汉字的整字轮廓非常敏感，如果某个部件缺失会敏锐地察觉；此外，他们对汉字方向逆反和部件替换的识别也比较好，说明他们对汉字的结构方向、笔画的方向、成分部件的感觉也非常敏锐。母语者的弱点是对细节易忽略、出现错误，因此笔画增减识别的错误率上升。可见，母语者在分解与整字两种识别范式下的字形监控难点是相同的，都是对细节监控难一些。

初学阶段欧美留学生的情况则不同，部件替换的识别速度最慢而且错误率比较高；笔画增减识别的速度有点慢而且错误率也比较高；方向逆反和部件缺失识别的速度相对快一些、错误率也少一些（见图 2-5、图 2-6）。

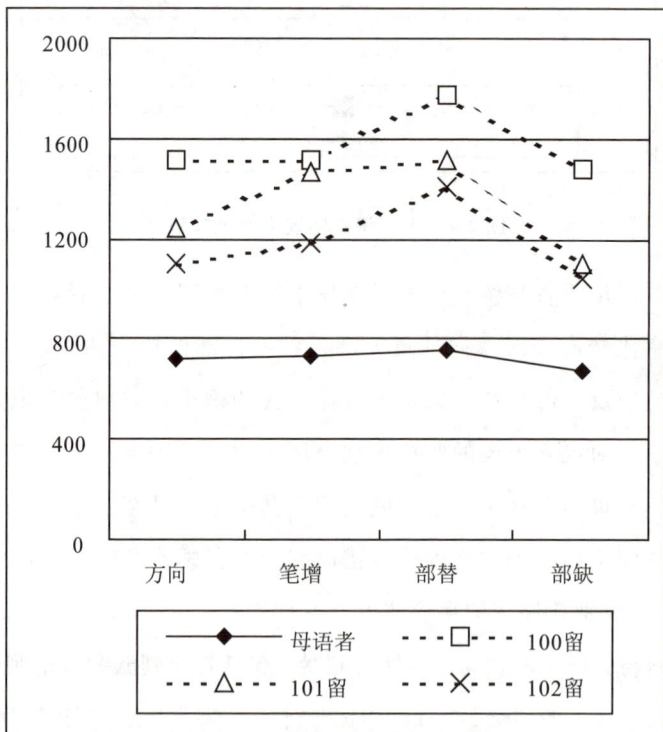

图 2-5　母语者—欧美留学生的反应时比较

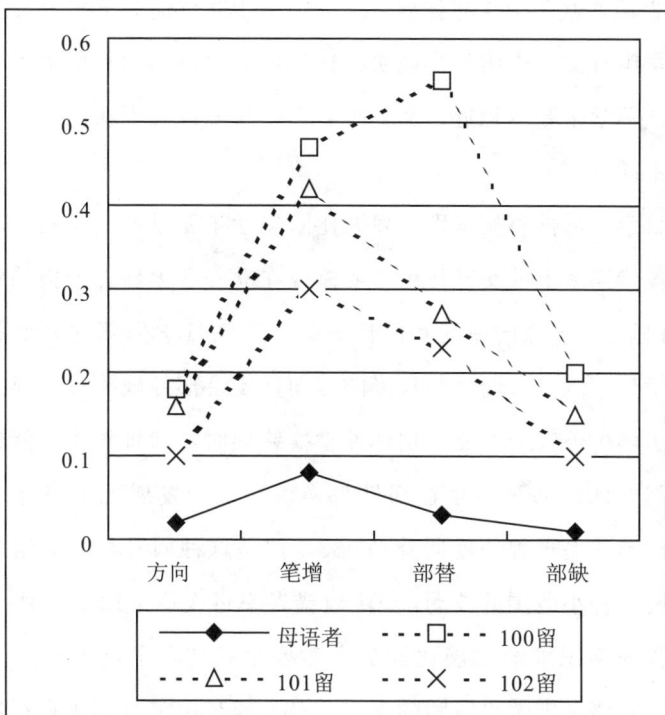

图 2-6　母语者—欧美留学生的错误率比较

此时，留学生对笔画增减和部件替换识别的错误率接近 .5 的概率值，对这两类错误基本不能识别。对部件缺失和方向逆反识别的错误率在 .2 左右，低于概率值，说明初步能进行识别，只是速度比较慢。

总的来看，欧美留学生与母语者形误识别的类型差异主要表现在留学生的部件替换识别比较慢而且错误率也比较高，母语者的部件替换识别没有什么困难。欧美留学生形误识别的发展特点是对于部件替换错误从不能识别→初步能识别但比方向逆反和部件缺失识别差→没有差别的发展过程；部件缺失的识别优势从无到有，逐渐显现。经过一年半的学习，欧美留学生的汉字形误识别能力整体上有了显著提高。

韩日学生的总体特点与欧美学生类似，也是部件替换和笔画增减识别有一定困难、方向逆反和部件缺失识别好一些。韩日学生各年级都与母语者有交互作用（见图 2-7），欧美学生亦如此，与欧美学生在反应时上没有交互作用，错误率只在初学组有交互作用。这说明韩日学生形误识别的总体类型特点与母语者不同，与欧美学生基本相近。那么欧美学生与韩日学生在总体特点类似的情况下有哪些不同呢？

（1）韩日学生部件替换识别的发展比欧美学生要早一些。初学阶段韩日学生与欧美学生错误率上的交互作用主要体现在欧美学生部件替换的错误率很高（.55），而且显著高于方向逆反和部件缺失；而韩日学生部件替换的错误率显著低于欧美学生（.22），而且与自身的方向逆反、部件缺失没有显著差异，也就是说在欧美学生还完全不能识别部件替换错误时，韩日学生则能进行初步的识别了。虽然如此，韩日学生在部件替换识别上的发展也不完全是直线进步的，在 101 组错误率也曾一度回升到 .33，但是这种回升与初学组没有达到显著水平，只是一种小范围的波动，102 组错误率再次稳定地下降到 .06。可见，韩日学生部件替换识别的发展比欧美学生要早一些，不过也经历了一个徘徊期，其发展也需要一定学习时间的支撑。（2）整体上韩日学生在反应时和错误率上的成绩都要好一些，说明韩日学生汉字形误判断的整体水平要高一些。总的来看，韩日和欧美学生既有作为留学生的共性又有各自汉字经验不同所带来的差异。

综上，我们通过两类实验任务发现母语者形误识别的难点在分解和整字识别两种范式下基本一致，只有笔画增减识别的错误率高一些，说明母语者对汉字的加工和监控是非常稳定的。留学生的情况则与此不同，分解识别条件下留学生最困难的是方向逆反的监控，速度慢而且错误率也高；其次是部件替换和笔画增减识别。在整字识别范式下字形监控的难点发生了很大变化，方向逆反识别的困难下降了、不突出了；部件替换识别的困难上升了，与笔画增减识别一起成为最困难的两个类型。这种变化意味着什么？

首先，整字识别任务中能够比较容易地识别方向错误（如"吾讠""口禾"），但在分解状态下却很难识别（如"吾讠""口禾"）。说明留学生虽然对汉字的整字轮廓产生了朦胧的意识，但非常不牢固、不稳定，在分解操作范式下就失控了。于是在整字范式下留学生能意识到方向，有一定监控力，一旦进行表象分解，方向感就迅速下降了。可见前人偏误研究中所发现的汉字书写中的方向错误不是因为整字表征中没有方向的编码，而是由于编码还不够牢固，对表征进行分解提取时，方向编码的保持以及监控力不够造成的。汉字书写是要从整字中逐一分解出成分的过程，提取成分时必须保持成分的方向编码和监控，正是这一过程中方向感的缺失和监控不力造成留学生出现了笔画方向错误或者镜像错误。母语者心理词典中部件在每个字中都有特定的位置限定，"呆""杏"之间绝不会混淆，留学生缺少的正是这种在表象分解过程中的位置限定。因此对于留学生而言，朦胧的汉字正字法意识虽然有可能发展得比较早，但要真正地在表象操作中进行成分的空间控制还有困难。因此，对汉字成分进行表象操作，强化其表征的细节和稳定性是汉字教学中应重视的课题。

其次，整字识别范式下留学生部件替换识别的困难很突出，不论欧美还是韩日学生都经历过错误率比较高的过程。分解实验中部件替换识别的难度却并没有这么突出，差异的原因何在？因为整字范式下部件替换识别更难被发现，对心理词典的要求更高。整字任务中要求被试直接对某个部件被替换的汉字（如"饮"）进行判断，由于成分部件均合法，对其否定只能在心理词典经过搜索后发现不存在这个字才能进行，因此对心理词典的要求比较高。当汉字积累量还不足够时，留学生对于这种假字只能进行猜测，不能有效地排除。因此汉字经验非常少的欧美留学生学习三个月后对这类假字识别的错误率最初为.55，属于几率水平。随着识字量的增长、心理词典的扩大，留学生部件替换识别能力的提高非常迅速，成为进步最大的类别。至于笔画增减识别，母语者虽然容易出现错误，但只有.075 的错误率，而欧美和韩日学生最初对这类错误几乎不能识别，经过一年半学习后虽然有进步但错误率仍高达.30 和.21。因此，这种现象反映了人类汉字知觉中轮廓优于细节的知觉特点，容易成为汉字学习共同的难点，汉字教学中要给予关注。

字形监控能力是留学生在汉字学习过程中产生的元认知能力，体现了留学生汉字正字法的意识和监控能力。我们通过实验发现留学生字形监控的两个重要特点。一是留学生对汉字方向控制的困难主要产生于表征的分解操作过程中，汉字教学应重视在空间分解的过程中强化笔画和部件方向感的训练，增强方向控制能力。二是留学生整字表征发展中的难点是对成分部件进行有效识别和监控，这方面的提高比较缓慢、需要长期积累，是心理词典中逐渐内化的过程，整字教学的过程中要注意强化成分的辨别、加强成分的清晰度。第二个特点意味着留学生汉字心理词典中的字形表征可能遵循从轮廓到内涵逐渐发展的顺序，具有重要的理论和实践意义，将来还应该继续验证。

第二节　外国留学生形声字学习特点的研究

形声字是现代通用汉字的主体。据周有光（1978）对新华字典（1971年版）的统计，形声字有 6542 个。据康加深（1993）统计，7000 个通用汉字中形声字有 5631 个，占 80.5%。汉字体系中，形声字形旁示义、声旁表音的系统性非常明显。如要利用这种系统性提高对外汉字教学的效率，首先要解决的理论问题是这种系统性对汉字学习有何影响。因此，我们于 2009 年进行了汉字形旁意义透明度、声旁语音透明度对汉字学习影响的研究。

一、形旁意义透明度对汉字学习的影响

汉字的文字特性与拼音文字很不相同。拼音字母的书写比较容易，正字法不透明（形－音不一致）会阻碍正确字母的提取，故正字法透明度对拼音文字学习难度的预测力很强。汉字笔画多、结构复杂，符号书写的本身就有一定难度，这种情况下形旁意义透明度对于字形学习还会有影响吗？有研究表明这种可能性是存在的。如有研究发现外国留学生能较早意识到形旁的作用，经历了从仅限于对熟悉字进行分析到生字中也能分析运用的过程。（李蕊，2005）不过由于该研究采用强迫性"语义相关"选择任务（要求被试对一个目标字，如

"抬"从四种备选项中选择语义相关的字），成年被试比较容易捕捉到形旁的线索作用，而且该研究以意义提取为目标、只能证明形旁透明度对于字义提取的促进作用。形旁透明度对于字形学习以及整体汉字学习的影响目前尚不清楚。因此我们考察在自然学习状态中形旁的意义线索是否能帮助留学生提高汉字学习的效率。

从汉字语料特性上看，现行汉字形旁的总体表义度高达 43.79%。如放宽语义相似性定义，把形旁和整字意义有关也纳入统计，意义相关度更是高达 85.92%。（康加深，1993）语料的统计学特征在个体心理词典中应该有所反映，如果学习者能从大量的透明形旁中积累形旁的知觉痕迹，透明的形旁或许能使字形的分析更为容易，从而易化汉字学习。因此，考察形旁透明度对真实语料中字形学习的影响是很有必要的。

我们采用单因素研究设计，考察形旁意义透明度对于初、中级留学生汉字学习的影响。被试为学习汉语一年（101）、两年（201）的外国留学生共 84 名。其中一年级识字量大的韩国和日本学生 10 名，欧美学生 9 名；识字量小的韩日、欧洲学生各 9 名。二年级识字量大的亚洲学生 18 名，欧美学生 9 名；识字量小的亚洲学生 12 名，欧美学生 8 名。识字量的大小由学生的读写课教师进行评定。

实验材料为从一年级的课本中选取学习过的形旁意义透明字、不透明字各 20 个。40 个字都出现在课后的生词表中，匹配了笔画数、在课本中的出现频率。测试在学期末进行，全部测查用字学生都学习过。透明字组的平均笔画数 10.25，留学生课本频率 99.7，汉语频率词典中的频率为 779，不透明字组的平均笔画数为 10.05，留学生课本出现频率为 96.05，汉语频率词典中的频率为 847。匹配了两组字中声旁的规则性和一致性。测查方法为纸笔测验，听写任务。主试念一个汉字，并且给出该字的一个词语或一个短语，如"独，独立的独；辆，一辆自行车的辆"（组词和短语出自课本，与课本一致）。要求被试写出听写的那个汉字。

各级留学生听写的正确率及方差见表 2-2。

表 2-2　初中级留学生汉字听写正确率（括号内为标准差）

		亚洲大识字量	亚洲低字量	欧美大识字量	欧美小识字量
一年级	不透明字	.72 (.17)	.43 (.13)	.35 (.18)	.21 (.21)
	透明字	.81 (.12)	.50 (.16)	.46 (.19)	.29 (.17)
二年级	不透明字	.86 (.10)	.62 (.18)	.61 (.11)	.36 (.18)
	透明字	.85 (.08)	.67 (.17)	.67 (.12)	.45 (.14)

　　结果发现，形旁意义透明度的主效应显著，透明字的听写成绩优于不透明字，$F1 (1, 76) = 21.43$，$p < .001$；$F2 (1, 152) = 5.37$，$p < .05$。识字量的主效应显著，大识字量学生的听写成绩优于小识字量学生，$F1 (1, 76) = 53.54$，$p < .001$；$F2 (1, 152) = 41.19$，$p < .001$。学生背景主效应显著，亚洲学生的听写成绩高于欧美学生，$F1 (1, 76) = 71.91$，$p < .001$；$F2 (1, 152) = 54.92$，$p < .001$。年级主效应显著，中级学生成绩高于初级学生，$F1 (1, 76) = 28.71$，$p < .001$；$F2 (1, 152) = 25.65$，$p < .001$。透明度和年级的交互作用接近显著，$F1 (1, 76) = 2.98$，$p = .10$。一年级学生的透明度效应在被试和项目分析上都显著，二年级学生透明度效应只在被试分析上显著，项目分析上不显著，表明二年级学生的透明度效应有缩小的趋势。此外，一年级学生识字量和留学生背景的交互作用也接近显著，$F2 (1, 76) = 3.01$，$p = .08$。大识字量的亚洲和欧美学生的透明字成绩都显著优于不透明字，而小识字量的欧美和亚洲组的透明字和不透明字成绩差异未达到显著水平，说明一年级时识字量对于形旁透明度的作用有一定调节作用，大识字量的学生从透明字中获益更大。

　　总的来看，形旁透明度对留学生字形学习的影响是非常显著的：形旁透明汉字的书写成绩显著高于不透明字。形旁透明度的影响在不同年级、对不同识字量学生的影响不尽相同。形旁透明度对一年级学生的影响更大一些，对二年级学生的影响逐渐减小。一年级大识字量的学生，不论是亚洲学生还是欧美学生，都能从透明形旁线索中获益更多，对形旁线索的利用更为有效。识字量小的一年级学生透明字和不透明字虽然有一些差异，但没有达到显著水平，说明他们利用形旁线索的有效性比大识字量学生的差一些。

初一中级留学生间的比较发现，大识字量亚洲学生的进步主要体现在不透明字的进步上，透明字的成绩一年级末时就达到了比较高的水平，到二年级时进步不再显著。小识字量亚洲学生和大识字量欧美学生的透明字和不透明字在1～2年级间都有显著进步。小识字量的欧美学生透明字的进步接近显著，不透明字的进步不显著。可见留学生的汉字学习沿着先透明字进步、然后不透明字进步这样的顺序发展，说明形旁意义的透明与否对留学生分析字形来说是有帮助的。

错误类型分析有助于对错误的原因进行深入探讨。我们对留学生错误类型的分析发现有一定的规律性。错误的类型以及具体频次见表2-3。

表 2-3   一年级各组留学生错误率最高的前 7 种类型

亚洲大识字量组	亚洲小识字量组	欧美大识字量组	欧美小识字量组
不能完成任务（.07）	不能完成任务（.20）	不能完成任务（.29）	不能完成任务（.40）
音近形异别字（.07）	音近形异别字（.06）	音近形异别字（.06）	音近形异别字（.08）
音近形旁错别字（.05）	音近形旁错别字（.04）	音近形旁错别字（.03）	音近形旁错别字（.04）
同声或同韵别字（.02）	无关错字（.04）	同音形旁丢失别字（.03）	同声或同韵别字（.02）
双音节中另一字（.01）	同音形旁丢失字（.03）	无关错字（.02）	无关错字（.02）
音近声旁错别字（.01）	个别部件形似错字（.02）	个别部件形似错字（.02）	音近声旁错别字（.02）
形旁正确的错字（.01）	声旁正形旁误错字（.02）	增笔画部件的错字（.01）	声旁正形旁误错字（.01）

注：括号内为错误率，错误率的分子为该错误类型的频次，分母为总条目数。

结果说明两点。其一，各组留学生最大的差异是不能完成任务的比率差异很大（分别为7％、20％、29％、40％）。除了大识字量的亚洲学生外，其余三组留学生不能完成任务的比率都比较高，而且远远高于其他错误类型，说明其完成任务的能力还不太强且各组间能力差异很大。其二，各组留学生的最大相似是音近、音似的别字、错字是除了不能完成任务以外最高频的错误类型（分别为16％、15％、12％、17％），也就是说当学生不能有效提取正确目标字（不能完成任务）时，其加工策略是首先从语音相似的汉字候选者中进行挑选。各组学生都如此，规律非常明显，体现了留学生从听到字形输出的一种认知加工规律。

中级各组留学生错误类型的分布与一年级非常相似，也表现为两种主要的错误类型：不能完成任务和音近、音似的别字和错字。只是与一年级相比，两类的比例均有下降。如亚洲大识字量组不能完成任务 5%，音近、音似的别字和错字 4%；亚洲小识字量学生不能完成任务 13%，音近、音似的别字和错字 10%。

综上，形旁透明度对汉字学习确实有一定易化作用，留学生的汉字学习沿着先透明字进步，然后不透明字进步的顺序发展。当学生不能有效提取正确目标字（不能完成任务）时，其加工策略是首先从语音相似的汉字候选者中进行挑选。

二、声旁语音透明度对汉字学习的影响

大量汉语母语研究表明声旁规则性、一致性与汉字频率一起交互作用，是影响汉字语音加工和汉字语音学习的最重要的三个因素。在留学生形声字学习方面，江新（2001）发现规则性对留学生形声字的学习有影响。邢红兵（2003）发现二年级留学生中规则性效应受频率影响，高频字中的规则性效应比低频字中小；规则性受留学生汉语水平和母语背景的影响，低水平学生及非汉字圈学生的规则性效应大一些。郝美玲、舒华（2005）采用学习—迁移任务，发现初级阶段留学生中规则字的读音正确率高于半规则字（韵母相同），规则字和半规则字又远远高于不知声旁的字，从学习的角度发现即使经验不多的留学生也能从声旁信息中获益。吴思娜（2008）用强迫性选择判断法发现一年级日韩高水平学生已经能察觉这两类字的不同，对不一致字的否定判断会多一些，低水平留学生要到三年级才有这种意识。李俊红（2009）发现留学生会想方设法从字形中提取一切有可能的有利因素来帮助自己猜测字义，遇到不熟悉的声旁也会从中提取意义因素（尽管是错误的）。说明作为成年人的外国留学生已经有非常成熟的认知能力和策略，在学习第二语言时会尽可能充分利用各种可能的线索。

因此，留学生或多或少都知道形声字的概念，透明而规则的声旁肯定会对

留学生的汉字学习有帮助。但是对于教学而言，仅有上述研究是不够的。它们只展示了声旁线索的有利一面，没有展示有可能存在不利的一面。其实，汉字中声旁表音的有限性决定了声旁的影响是复杂的。根据周有光（1978）的统计，形声字中完全声旁的表音率只有39%，使用宽松标准，含声旁字的有效表音度也只有48%。大量半规则字和不规则字的存在会在一定程度上抵消并减弱声旁的作用。而且麻烦的是，汉字表音的规则性往往在低频字中更突出，中高频汉字中例外则很多，不利于教学中对声旁线索的利用。

从近30年汉字认知心理研究的成果看，当声旁和整字读音一致、义旁和整字意义一致时，声旁和义旁的促进作用确实是非常明显的，但是在共享声旁的家族字之间、同义旁的家族字之间的相互作用方面的研究非常不够，而这种共享现象正是汉字作为字群的重要特征。从现有研究中的一些线索看，这些共享声旁、义旁的家族字之间的相互作用很有可能是复杂的，有些条件下有促进作用，如对低频字的识别；有些条件下呈现抑制作用，如张积家、姜敏敏（2008）发现命名任务中如果使用与目标字声旁相同的假字作为背景刺激（否定判断），会出现高频声旁家族的抑制效应，而如果不使用这样的混合字表（假字声旁不可音读，不与目标字中的某些声旁相同），就不会出现声旁家族的抑制作用，因此心理词典中声旁的作用是非常敏感而复杂的。声旁作用和声旁家族大小、家族字的一致性有非常重要的关系。对声旁作用的完整了解必须首先对三者的关系有充分的考察，只有从理论上解释清楚声旁何时会呈现促进作用、何时会呈现抑制作用，教学实践中教师才好对声旁线索进行合理利用。

于是，我们进行了留学生汉字学习中声旁透明度作用的研究。我们把声旁的作用放在声旁家族字中间进行综合考察，立体考察声旁的规则性、声旁家族大小、声旁家族的一致性对汉字学习的影响。我们从声旁的规则性和一致性两个维度进行划分，把6542个形声字分为7类。（1）规则一致字（A类）。这一类字中只有规则字，没有半规则字和例外字，如"论""歌""拒""病"。（2）半规则一致字（B类），这一类字中只有半规则字，没有规则字，也没有例外字。（3）纯例外字（C类，完全不规则字），这一类字中只有例外字，声旁没有规则和半规则字。（4）规则和半规则字（AB类），这一类字中既有规则字也有半规则字，但是没有例外字。（5）半规则和例外字（BC类），有半规则字也有例外字，但没有规则字。（6）规则和例外字（AC类），只有规则字和例外字，没有半规则字。（7）既有规则字和半规则字也有完全不规则的例外字（ABC类）。7个类别字的语言属性不同，其相应的心理词典意义也是不同的。例如A、B、C三类字是最典型的规则字、半规则字、例外字，没有其他家族字的干扰，应该能最典型、最完美地体现汉字的规则性（最大的规则性效应）。AB、BC、AC这三个类别有一定混合因素（两因素混合），其规则性一定程度上受到家族特性的影响，声旁和一致性的作用可能开始呈现复杂的方向特征。因此，通过对比不同类别形声字中同一属性的字，我们就能判别声旁影响的方向。例如通过A与ABA（AB家族中的A字，是规则字）的对比，可以判断半规则字的存在对于规则字是否有干扰。通过B和ABB的对比，可以判断规则性对于半规则字来说是否有帮助。

我们现有关于形声字的研究在选择实验材料时，一般都只考察声旁的规则与否，没有注意该规则字是来源于规则一致的A还是混合家族中AB、AC中的ABA或ACA，忽略了形声字的家族背景特点。按照我们的假设，在我们对形声字的"身份"进行类别限定，提高了规则性和一致性的"纯度"之后，将获得更加典型的声旁规则性效应和一致性效应，而且通过不同类别中的同属性字的对比，声旁规则性和一致性这两个因素的作用方向会更加清晰。

我们从一年级的留学生课本中选取学生学习过的形声字144个。有9个类别：A、B、C、ABA（AB类中的A字，下同）、ABB、BCB、BCC、ACA、ACC。每个类别都分高频和低频各8个实验材料。频率为课本中汉字累计出现频率。高频字的平均频率范围为81～89次/49万。低频字的平均频率范围为8～12次/49万。所有的实验材料都是课后生词表中出现过的。测试在学期末进行，全部的测查用字学生都学习过。测查方法为纸笔测验，注音任务。给出汉字的字形，由学生注音。计算成绩时忽略声调错误，但要求声母和韵母全对才给一分。

被试为初级阶段的外国留学生 37 名（101 组）。其中一年级识字量大的亚洲（韩国和日本）学生 10 名，欧美学生 9 名；识字量小的亚洲学生 9 名，欧洲学生 9 名。识字量的大小由学生的读写课教师进行评定。设汉语母语大学生参照组，被试 23 名。测试在学期末进行。

结果发现，在规则一致字（A）、半规则字一致字（B）、完全例外字（C）三组字中存在非常典型的规则性效应，规则性效应在高频字中非常明显，且有一定的层级性：规则字成绩好于半规则字、半规则字好于例外字。各组留学生几乎都如此，说明不论什么母语背景、不论识字量大小，学习一年后留学生在熟悉字中都能比较熟练地运用声旁信息线索了，清晰地呈现出从规则字到半规则字，再到例外字之间成绩逐渐下降的梯级差异。但是这种层级性在低频字中略差一些，低频字中规则字与半规则字的差异不显著，半规则字与例外字的差异显著。也就是说，在低频字中规则字和半规则字差不多，它们两类都比例外字好一些。从具体的变化方向来看，除了亚洲大识字量学生的低频规则字和半规则字超过了几率水平外（.66/.71），其余几组学生的低频规则字和半规则字都处于非常低的水平，为 .14～.32 之间，意味着几乎为纯猜测，偶尔会猜对一两个的状态。

对于 A、B、C 三类低频规则字和半规则字，亚洲大识字量学生的表现与其他三组学生完全不同。他们有一定的成功率（.66/.71），已经初步具备在低频字中运用声旁线索的能力。即使在完全例外字中他们也能偶尔猜对一两个，例外字的成功率比其他三组都高一些。其余三组学生对例外字几乎没有一点儿办法，成绩全在 .05 以下。他们对于规则字和半规则字，能朦胧感觉到有一定线索可以利用，能进行一些猜测（因此成绩还是比完全不规则的例外字好），但是猜测的成功率非常低，在 .14～.32 之间，只是比几乎毫无办法的例外字（.05 以下）的正确率高一些。这说明他们有可能具备一点声旁意识，能猜测，但声旁线索的提取能力还非常低，遇到不熟悉（低频）字时，还没有什么有效的办法。

两因素混合家族 AB、BC、AC 中，每个家族中都有两种类别的字（或规则字 A，或半规则字 B，或例外字 C）。因此一共有六个类别的形声字（ABA、ABB、BCB、BCC、ACA、ACC）。结果发现，混合家族条件下规则性效应没有一致家族条件下那么有规律，有时甚至连作用的方向也开始有变化（开始呈现干扰现象）。混合家族条件下，规则性效应最明显的是在 AC 家族，方向一致地呈现促进作用。在 AB 家族中，规则性效应主要只体现为对低频字的促进作用，在 BC 家族中规则性效应的方向不一致，有时有促进作用有时有干扰作用。可见在有了庞大的家族字后，规则性效应就减弱了。

我们进一步对一致性效应进行考察。结果发现对于高频规则字而言，一致性起促进作用、不一致有显著的干扰作用。低频规则字中一致性的影响受家族类型的影响，AB 家族中一致性的作用时有时无。AC 家族中，一致性对于低频字没有作用。对于半规则字而言，大多数情况下不一致性对于半规则字的成绩没有什么影响，而且规则字和例外字对半规则字的影响是同质的。对于例外字来说，不一致对于例外字反而有促进作用。这种促进作用在低频字中格外明显，而且在各组被试中广泛存在。例外字中的这种现象非常有意义，说明在有规则、半规则家族字的情况下，低频例外字的学习成绩比没有家族字的例外字好一些，体现了家族的促进作用。

在没有家族字的情况下，C 类字中的低频例外字的读音成功率非常低，除了亚洲大识字量组成绩达到 .26 外，其余各组都只在 .03～.05 之间，说明其不能完成任务。但是在混合家族 ACC 中，亚洲高/小识字量组的成绩为 .52/.14，有显著提高。在 BCC 中各组被试的成绩都有显著提高，分别为：.50/.38/.21/.18。我们在两类混合家族 ACC、BCC 的低频字中都发现了非一致性的促进作用，说明规则字和半规则字的存在对于低频例外字来说是有好处的。虽然这些家族字的读音不同，但是毕竟熟悉的声旁能给学习者一些线索去猜测，使他们遇到这类低频字时不至于毫无办法。此外也有可能是因为遇到这些例外字时，由于其声旁在其他字中也出现过，熟悉度提高了，或许因此学习的难度也由此降低。值得注意的是，此时 ACC 、BCC 组低频字的拼音正确率虽然比 C 组中有显著提高，但还是处于非常低的水平，因此我们认为，这种促进作用还是很有限的，可能在心理词典中能增加一些激活，但还缺乏具体的有方向的促进，所以成功率还是很低。

综上，我们通过对留学生汉字学习中声旁作用的细致考察发现以下几点：

（1）在单纯家族（A、B、C）条件下，声旁的规则性效应最为典型。在高频字中非常明显，且有一定的层级性：规则字成绩好于半规则字，半规则字好于例外字，规则字与例外字的差距格外明显，各组留学生几乎都如此。说明不论母语背景和识字量怎样，学习一年后，留学生在熟悉的字中已经能比较熟练地运用声旁信息线索了。低频字中规则字和半规则字差不多，但它们两类又都比例外字好一些，说明留学生在低频字中运用规则的能力还比较有限。

（2）混合家族条件下，规则性效应没有一致家族条件下那么有规律，甚至有时连作用的方向也开始有变化（开始呈现干扰现象）。说明在有了庞大的家族字后，规则性效应就减弱了。

（3）声旁家族的一致性对于规则字、半规则字、例外字的影响是不同的。对于规则字来说，半规则字和例外字都有干扰作用。这种干扰作用在高频字中非常显著，在低频字中不太明显，对各组学生，在 AB、AC 家族中都如此，说明这种干扰作用很大，是稳定的。对于半规则字来说，受到规则字和例外字的干扰要小得多，也不稳定，只有识字量高组的学生才偶尔会受非一致性的干扰。对于例外字来说，规则字和半规则字不仅没有干扰，而且还有小量的促进作用。虽然这种促进作用可能更多的只是一些猜测和广泛激活，没有特定的方向。

总的来看，留学生对声旁线索的利用是从高频字开始的。留学生对声旁的利用受母语背景和识字量的调节。规则字最容易受不一致家族字的干扰；半规则字受干扰比较小；例外字不仅不受规则字和半规则字的干扰，对于某些低频例外字来说，甚至还能从家族字中得到一些促进作用。因此研究表明，尽管汉字中声旁表音的有效性不是很高，但是在现实的学习中，学习者会利用这种线索，透明声旁对于汉字学习有一定易化作用，教学中可以加以利用。

第三节　外国学生的汉字正字法习得研究

一、研究背景与研究方法

正字法是"使文字的拼写合于标准的方法"（《语言与语言学词典》，上海辞书出版社，1981），也是某个民族语言书写形式的规范。它往往在全民共识的基础上以"法"的形式加以规定，比如德国 2004 年就宣布废止当时正在使用的"德语正字法"，从 2005 年 8 月开始实行"新正字法"。汉语的书写形式——汉字也经历了类似的规范过程，比如 1958 年在中国大陆实行的"汉字简化"即属于汉字规范工作的一部分。在这个意义上，正字法是从全民使用、社会规范的角度去讨论的。

从学习某种语言的文字并且辨认其真假正误的角度，人们也关注正字法，这时是从心理学的角度对学习者文字习得过程的一种考察。从这个角度讨论汉字正字法是考察学习者在什么情况下能够分辨某个汉字的真假正误，比如"日"和"月"这两个成字部件在二维空间条件下可以组成的汉字不止 4 个，但其中只有一个是合乎汉字正字法的"明"，而学习者在没有完全掌握正字法时就有可能把其他的"字"也看成是正确的汉字，从而产生判断偏误。

心理学有关汉字正字法对汉字识别的影响的研究始于 20 世纪 80 年代，最初主要针对母语为汉语的学习者。（彭聃龄，1997）90 年代以后这类研究开始进入汉语作为第二语言的汉字习得研究领域。主要关注的研究对象是以拼音文字为母语书写形式的第二语言学习者，特别是欧洲一些国家和美国第二语言学习者。研究方法主要有两种：一种是直接承袭心理学的实验方法，采用汉字部件命名作业或者是真假字判断作业来了解被试对目标字的识别，比如江新 2003 年对初学汉语的美国学生汉字正字法意识的实验研究；另一种是基于第二语言习得理论，采用中介语偏误分析的方法，通过对学习者考试或者布置作业的方式获得学习者书写汉字的"字料"，从"字料"了解第二语言学习者对汉字掌握的情况。后者更偏向"汉字正字法"习得情况的调查。

后一种方法的研究优点在于所获资料能够较为真实反映学习者汉字掌握现状，较少学习者猜测"误打误撞"写对的汉字，既能够了解学习者对汉字部件结构的识别，又能了解学习者对汉字笔画书写的把握。当然，它的缺点也是明显的，所获得的汉字"字料"，无论是在结构方式上还是实验时间上都缺乏范围和准确性的控制。本文这里介绍的是后一种研究。

这里所关注的研究对象都来自非汉字圈国家，根据学习环境可以分为两类：一类在非汉语环境下学习汉语，也就是说，这些学习者所提供的"字料"是直接从海外获得的；另一类研究对象是在汉语环境下学习汉语，也就是对外汉语教学的对象，因此这类"字料"是在中国境内获得的。前者包括两种学生：波兰大学汉学专业的学生和美国大学选修汉语课程的学生[1]；后者主要是北京师范大学汉语文化学院长期进修及暑期短期集训的欧美留学生[2]。下面分别展开介绍。

二、非汉语环境下第二语言学习者汉字正字法习得

这里采用横向对比的方法，对比波兰学生和美国学生汉字习得的情况。研究目的是在某些参数相同的条件下，哪些参数会成为汉字正字法习得的关键。

(一) 学习者情况与习字条件

波兰学生的汉字偏误"字料"主要来自波兰密茨凯维奇大学（Adam Mickiewicz University）东方研究院（The Chair of Oriental and Baltic Studies）汉学专业的一年级学生，这些学生在一年级阶段要集中训练汉语的听说读写技能，进入二年级以后开始汉学专业课的学习。美国学生的汉字偏误"字料"来自美国威廉玛丽大学（The College of William and Mary），这些学生只是把汉

---

[1] 这部分研究主要数据及一些内容来自朱志平、哈丽娜：《波兰学生暨欧美学生汉字习得的考察、分析和思考》，载《北京师范大学学报》，1999（6），由朱志平重新整理撰文。

[2] 这部分研究的主要数据及一些内容来自王晶玉硕士学位论文《欧美留学生汉字习得情况的调查与分析》（2000），导师朱志平，由马思宇整理，朱志平重新撰文。

语作为一门外语课来学习，在经过两年的汉语学习之后，可以获得以资毕业的学分。不过在这两年期间，他们所接受的训练也是汉语的听说读写四项技能。两种学习者的情况见表 2-4。

表 2-4　两种学习者基本情况对比

习字条件 ＼ 学生来源	波兰	美国
1. 学习环境	非汉语环境	非汉语环境
2. 学习起点	零起点	零起点
3. 母语文字背景	波兰文（拼音文字）	英文（拼音文字）
4. 总学时	180 小时	216 小时
5. 周学时	6 小时	3.6 小时
6. 习字量	900 个	986 个
7. 平均习字量	30 个/周	16～17 个/周
8. 课程内容	汉字概念、汉字结构、认写训练	认写训练
9. 专业背景	汉学专业	非汉学专业

通过分析表 2-4 我们发现，两种学习者的情况在以下几个方面是相近的：第一，学习环境相同，都处在非汉语环境下；第二，学习起点一致，都是从零开始学习汉语；第三，母语文字书写形式一致，都是拼音文字，学习汉语之前缺乏对表意文字的认知经验；第四，学习时间相当，波兰汉学专业的学生在一年中学习 180 个小时，美国汉语课的学生在两年中学习 216 个小时；第五，二者在相近的课时量中所接触的汉字数量接近，波兰汉学专业学生在 180 个小时内共学习 900 个汉字，美国汉语课的学生在 216 个小时内学习 986 个汉字。

两种学习者的情况在以下几个方面有所不同：第一，专业差异，波兰学生以汉学为专业，美国学生来自不同专业。① 第二，与汉字有关的课程内容不同，波兰学生要受到有关汉字的三种训练——汉字基本概念、汉字结构分析、

① 在美国，多数大学学科分为三类：自然科学、社会科学、人文学科。本科学生一般要求在这三个学科门类下都选一定的课程并获得相应学分，以其中一个门类为主修，学分量比例相应高一些。

汉字认读与书写技能，美国学生仅受到一种有关汉字的训练——汉字认读与书写技能。第三，平均习字量不同，波兰学生在 30 周内学习 900 个汉字，平均每周 30 个汉字；美国学生在 60 周内学习 986 个汉字，平均每周 16～17 个汉字。第四，课时间隔不同，波兰学生的 180 个学时集中在一年的两个学期内，也即 30 周内，平均每周 6 个学时，学习时间相对集中；美国学生的 216 个学时分散在四个学期之内，也即 60 周内，平均每周 3.6 个学时，学习时间相对零散。

（二）学习者汉字习得偏误分析与正字法习得

我们通过对两类学习者进行考试和布置作业，从卷面和作业中搜集汉字偏误。在波兰学生的卷面和作业中共搜集到汉字偏误 30 例，在美国学生的卷面和作业中共搜集到汉字偏误 130 例。与两类学生的习字量相对比，很显然，美国学生的偏误数要大大超过波兰学生，是波兰学生的 4 倍还多，列表如下：

表 2-5　两种学习者偏误数对比

	波兰学生	美国学生
汉字偏误数量（个）	30	130

根据前面的讨论，两者之间有四方面条件是不同的，一是专业，二是课程内容，三是平均习字量，四是课时间隔。专业的差异可能导致学习者对汉字学习的关注程度不同，但这个条件也是一个因人而异的变量，属于附加条件，是一个难以在分析中控制的变量，只能暂时忽略。另外三个条件中，后两个可以合为一个，即汉字学习是否相对集中，平均习字量大和课时相对集中可以同时成为习字较为集中的条件，它们是同向的或者说累加的条件。因此，我们可以初步认为，课程内容与习字集中有可能是导致两者偏误差异的主要原因。

从偏误类型看，这两类学生的汉字偏误主要有如下几类：第一类是笔画错误，常常是多一笔或者少一笔，或者笔画位移，或者笔画错误，如"我"的最后一笔（点）缺失，"的"右边的部件"勺"多了一点，写成"匀"，"胆"的最后一笔应该在"日"的下面，却位移至"日"的上面，而"冬"下面的两点写成了两撇，"夏"写成了"复"，"头"写成了"兴"，等等。第二类错误是部件错误，有的是部件错位，有的是部件缺失或者部件增加，还有的是部件比如把"欢"的两个部件调换了位置，把"没"的右侧部件上下调换了位置；而把"供"写成"共"，"响"写成"向"；再比如"门"写成"间"，或者"们"写成"门"，等等。第三类是把某个字写成与它发音相近的字，比如"管"写成"关"，"以"写成"一"，音近字往往只是发音相同或者相近，声调并不一致。如果从字形相近来分类，上面一些由于笔画错误或者部件错误的例子也可以归入第四类，即将某个字写成在学习者看来是字形相近的"形近字"，比如把"实"写成"买"，"夏"写成"复"，"头"写成"兴"，"人"写成"入"，等等。如果从汉字偏误的"成字与否"来看，上述偏误可以简化成两类，一类是不成字的偏误，另一个是成字的偏误。也就是说，后者是将某个应当写的字写成了另一个字，只是偏误是出在笔画，还是出在部件，或者是出在语音而已。

应当看到，上述分类实际上都是教学视角的，它可以作为教学上的参考，也就是说，教师根据学生的偏误在教学中加强字形的分析和笔形的训练。而讨论正字法习得，还需要换角度做进一步的分析。根据心理学有关汉字正字法对汉字识别影响的研究，实验材料一般分为三类：真字、假字、非字。"真字"是存在于汉字系统中的符合汉字规范的汉字；"假字"的部件位置与"真字"一致，但不存在于汉字系统中，比如把"亻"跟"也"结合，放在"也"的左边，虽然符合汉字义符多在左侧的基本规律，也即正字法的规则，但却不是个真字，这样的字称之为"假字"；"非字"则是既不存在于汉字系统中，其部件组合也不符合汉字部件组合的基本规律，比如把"亻"放在"也"的右边。从汉字正字法与汉字识别的关系讲，根据已有的研究，真字最易识别，假字次之，非字最难识别。（喻柏林，1990；转引自彭聃龄，1997）

用这个分类和难度排序跟上述偏误对照，我们发现，无论是笔画的增减，还是部件的增减，也不论是"成字偏误"还是"非成字偏误"，所有的偏误都可以跟学习者书写正确的全部汉字一起分为四类，它们在一定程度上代表了习得过程的四个阶梯。习得的最佳状态当然是学习者写对了的那些字，我们在偏误分析中并没有把他们列入"习得"序列；其次是"成字偏误"，这些字虽然被看成是错字，但却是符合正字法的真字；再次是基本符合正字法的假字；最后是完全不符合正字法的非字。这个习得序列如下：

非字（非成字偏误）→假字（非成字偏误）→真字（成字偏误）→真字（正确的字）

　　基于上面这个序列，我们可以假设：从偏误看汉字正字法的习得，从非字到假字，再到真字是第二语言学习者习得汉字必然要经历的阶段，其中，在第一个阶段，即写出非字的阶段说明学习者对这些字的笔画、部件和结构都缺乏完全的认知；在第二个阶段，即假字阶段，学习者对这些汉字的笔画和部件结构已经有了一定的认知，但是没有达到完全认知；在进入第三个阶段以后，对于非汉字圈的学习者来说，尽管对某个目标汉字的笔画、部件和结构都已经完全认知了，但是尚不能将该汉字的形体与这个汉字的字音或字义关联起来，从文字学理论看，汉字是形音义三位一体的书写形式，三者缺一，就不能说是已经习得。因此，相对于第一语言学习者，第二语言学习者对汉字正字法的掌握在这个阶段并没有完成。因为绝大多数汉语第一语言学习者在习得汉字正字法之前已经掌握了相当数量的汉语词汇——也即相当数量的汉字的字音，这一点是与第二语言学习者有很大差异的。

　　而且，上述习得序列应当被看成是一个动态的、并进的过程，这里的"动态"和"并进"指学习者所掌握的"中介字"① 体系在不断地向符合汉字体系的方向移动，其中既包含了符合汉字正字法的汉字，也包含了上述的这些偏误，而这些偏误中的每一个都有可能随着学习的深入不断转化成符合正字法的汉字，同时又不断有新学习的汉字以偏误的形式出现。

　　所以，从这个角度出发，还应该看到，无论是笔画的增减、部件的增减，抑或是"成字偏误""非成字偏误"，都还处在正字法习得的过程之中，而不能看成是尚未习得，因为学习者已经写出了这些"字"，在他们的心理词典中，这些字有可能会被作为"合乎正字法的汉字"而储存。事实上，当研究者尝试

———————————

　　①　这些学习者所使用的汉语一般称为"中介语"，在这个意义上讲，中介语的书写系统也就是"中介字"了。

让第二语言学习者辨认这些字时，被试居然并不认为这些"字"是错字。（朱志平、哈丽娜，1999）因此，从某种意义上讲，二语学习者的"中介字"系统跟母语者所掌握的汉字系统有可能永远存在一定的差异，这个差异不仅仅表现在字量上，同时也表现在字形与字义、字音的关系上。

（三）汉字训练方式与汉字正字法习得

回到前文所调查的两种学生：波兰学生与美国学生。尽管他们许多方面的条件都有一致性，但是由于课程内容是否包含"汉字基本概念介绍""汉字结构分析"与习字是否集中这两个条件上的差异，后者的汉字偏误量大大超过前者。这个差异可以在心理学对第一语言汉字识别加工过程的研究中找到答案。

根据郑昭明、吴淑杰（1994）的研究，影响汉字知觉解体的条件有 5 个，它们分别是：字形结构、字频、笔画数、部件读音与整字读音相近、部件的组字频率。① 由于字形结构对知觉解体有重要影响，如果在汉字教学或与汉字认知有关的教学过程中重视对汉字结构进行分析，第二语言学习者就会通过理性的认知掌握所学汉字的结构方式，比如，左右合体字解体最容易，而这类字又在汉字中占大多数，它们往往可以通过偏旁部首的讲解和分析纳入教学过程。那么，在课程内容里有这一项训练与没有这一项训练，其差别显然是不言自明的。同理，"汉字基本概念的介绍"自然要包括笔画、笔画名称、笔顺这些基本概念，作为成年人，第二语言学习者在了解这些概念之后，进行汉字书写技能训练时就会关注笔画和笔顺的正确性，出错率自然也会下降。

事实上，"汉字基本概念介绍""汉字结构分析"正好是"汉字认读与书写技能"培养的知识基础，成人第二语言学习者在储备了这些知识的基础上，对汉字的认知能力就会大大加强。另一项相关的研究也证实了这一点，当研究者对另一批波兰学生②进行调查时发现，在这批学生书写的作业中，涉及汉字

---

① 转引自彭聃龄主编：《汉语认知研究》，113 页，济南，山东教育出版社，1997。

② 这批学生是汉学专业三年级的学生，在第一年汉语听说读写训练结束后他们停止了这种较为集中的汉字训练。

1200 个，其中汉字偏误 150 例，出错率 13%，与没有受过两项训练的美国学生出错率相同。所不同在于，三年级波兰学生的汉字偏误中，"非字"和"假字"较少，与美国学生相比，仅占偏误总数的 48%，而美国学生达到了65%。[①] 这既说明三项训练不宜中断，也说明曾经受过训练毕竟不同。

根据认知心理学对第一语言汉字正字法习得的实验研究结论，"三年级的小学生已经掌握了汉字的正字法"，"但他们的熟练程度还没有达到六年级小学生"的水平，而"六年级小学生对正字法的掌握已经接近了大学生的水平"。[②] 将上述调查跟分析合起来，可以说明两点：第一，正确的汉字训练方式会促进汉字正字法的习得，这些训练方式有三项是不可少的：汉字基本概念介绍、汉字结构分析、汉字认读与书写技能。第二，在保证训练方法实施的前提下，正字法的习得需要一定的时间保障。中国小学生需要三年的连续学习来掌握正字法，至少说明外国学生也需要与之相当的连续学习的时间来保障正字法的顺利习得。美国学生由于学习时间分散而使习得效果低于学时相同的波兰学生，三年级的波兰学生由于中断了集中学习汉字的课程而使得他们的正字法习得成果大大流失。

三、汉语环境下第二语言学习者汉字正字法习得[③]

（一）学习者基本情况与研究方法

与前文不同在于，这部分研究的对象是处在汉语环境中的第二语言学习者，该研究调查了两个水平阶段的欧美学习者，一个是初级水平阶段，一个是中级水平阶段。前一类学习者共 27 人，在北京学习了 20 周（约 400 学时），一共学习了 480 个汉字；后一类学习者共计 74 人，分别来自欧洲和美国，在北京开始学习汉语以前已经掌握了 600 多个汉字，在北京学习期间，

---

① 朱志平、哈丽娜：《波兰学生暨欧美学生汉字习得的考察、分析和思考》，载《北京师范大学学报》，1999（6）。

② 彭聃龄主编：《汉语认知研究》，117 页，济南，山东教育出版社，1997。

③ 这部分研究的主要数据来自王晶玉硕士学位论文，导师朱志平，由朱志平重新整理。

一共学习了 1000 个左右的汉字。① "字料"来源：学习者的作文、作业和考试卷。

研究主要从三个角度进行，一个是汉字笔画跟汉字习得的相关性，一个是汉字部件与汉字习得的相关性，一个是偏旁部首与汉字习得的相关性。此外，该研究还调查了字音对汉字习得的影响。

研究方法主要是汉字偏误调查与偏误分析，下面分偏误调查与偏误分析两个部分介绍。

（二）初级水平与中级水平学习者汉字偏误调查

1. 汉字笔画数对汉字习得的影响

研究表明，汉字的笔画与汉字的使用频率有一定的对应关系：使用频率较高的汉字，平均笔画数较少，反之，平均笔画数较多的汉字，其使用频率相对较低。（王凤阳，1980）《汉字频度统计表》的统计表明，500 最常用字的平均笔画数为 7 画，1000 常用字的平均笔画数为 8.7 画。有鉴于此，该研究在调查学习者汉字偏误时，将目标汉字分为三类：1～5 画、6～10 画、11 画及以上。结合学习者已经学习的字数，学习者偏误情况见表 2-6。

表 2-6　初级水平学习者汉字偏误笔画比例

汉字笔画数分类	偏误例数②	习字数	偏误数对比习字数
1～5 画	43	110	39.1%
6～10 画	245	277	88.5%
11 画及以上	82	93	88.2%
总数	370	480	77%

从表 2-6 可见，1～5 画的汉字偏误例数较少，不到已学字数的 40%，数据说明，初级水平学习者对笔画数少的汉字掌握得较好，相应的 6～10 画、11 画及以上的汉字，他们掌握得不那么好，说明这些汉字不易习得。这说明，对于

---

① 这批学生分别属于普通长期进修班与暑期强化班，学时相当，约为 300～400 学时。
② 同一个字错按一例计算。

初级学习者来说，汉字习得过程中，存在笔画数效应：笔画少的汉字容易习得，笔画多的汉字不易习得。当然，这与汉字的使用频率也是相关的。

表 2-7　中级水平学习者汉字偏误笔画比例

汉字笔画数分类	偏误例数	习字数①	偏误数对比习字数
1～5 画	64	198	32.3%
6～10 画	290	607	47.8%
11 画及以上	99	195	50.7%
总数	453	1000	45%

表 2-7 中的数据表明，中级水平学习者对 1～5 画的汉字习得情况最好，6～10画次之，11 画及以上的汉字习得最差，三类汉字的偏误比例形成一个层级。

对比表 2-6 和表 2-7，我们也发现，无论是笔画少的汉字，还是笔画多的汉字，中级水平学习者的偏误数量都低于初级水平学习者，也就是说，中级水平学习者在笔画方面的掌握水平要优于初级水平学习者。中级水平学习者 1～5 画汉字的偏误率比初级水平的少约 7%，6～10 画少约 41%，11 画及以上少约 30%，由此还可见，中级水平学习者对多笔画的汉字习得大大好于初级水平学习者。

2. 汉字笔形对汉字习得的影响

在调查中，该研究也发现，尽管汉字笔画数是致误的一个主要因素，但是也存在背离数量原则的情况，即同样都属于笔画数较多的汉字，有的偏误多，有的偏误少。（见表 2-8 和表 2-9）

表 2-8　初级阶段多笔画字偏误数量对比

	A 组：偏误少				B 组：偏误多			
笔画	8 画	9 画	11 画	12 画	7 画	8 画	9 画	10 画
例字	注、朋、某	直、事、信、重	停、票	游	我	爸、的、弟	要	家、瓶
误次	1、1、1	1、1、1、1	1、1	2	17	6、18、7	8	4、6

---

① 由于中级水平学习者的初级阶段不在研究者控制范围内，难以精确计算，这里是较粗略的统计数字。参见王晶玉硕士学位论文（北京师范大学，2000）。

表 2-9 中级阶段多笔画字偏误数量对比

	A 组：偏误少						B 组：偏误多		
笔画	8 画	9 画	10 画	13 画	14 画	15 画	7 画	10 画	12 画
例字	征	律	害	置	算	箱	张	烧	越
误次	1	2	1	2	1	1	5	5	11

表 2-8 和表 2-9 显示了初级水平学习者和中级水平学习者共有的问题，那就是，尽管这些汉字笔画数相当，都属于多笔画字，但是它们有的偏误数大大超过另外一些。原因何在？

经过仔细分析，研究者发现，笔形的差异是这两类汉字习得差异的主要原因，表 2-8 和表 2-9 中的 A 组都有一个共同特点，虽然笔画不少，但是多数笔画是平直的，比如表 2-8A 组的"注""朋""某""直""事""信""重""停""票"这几个字都只出现了一例偏误，其笔形的共同特点是，主要由"点""横""竖"这些笔形组成的，虽然有的字有折笔，折笔最多的也不超过两个，比如"事"，而且与"横""竖"相连，笔形相对简单。"游"的折笔虽然也只有两笔，却是与"撇""弯钩"等笔形相连，笔形关系相对复杂，笔形数量也多，有 7 种笔形，它的偏误数也就上升到了两例。

表 2-9 的 A 组字基本一致，"征""律""害""置""算""箱"这些字比起表 3-3A 组的字笔形略微复杂，但依然是以"横""竖""撇""点"等基本笔形为主，还是比 B 组字笔形简单得多。比如表 2-8A 组的"注"是八画，B 组的"我"才七画，但是"注"只有三种笔形，而"我"却有六种笔形，而且斜笔多，再由于隶变和楷化以后笔画粘连，字体结构关系已经模糊了。同样，表 2-9A 组的"征"是八画，B 组的"张"才七画，但是"征"只有三种笔形，而"张"却有七种笔形。

很显然，在笔画数相同或者相近的情况下，笔形的数量和搭配的复杂度是影响习得的一个重要因素。当然，从字频来说，无论表 2-8 还是表 2-9B 组的这些字都是高频的，特别是"我""爸""的""家""张"这几个字是叙述日常生活一般都要用到的，那么偏误数量大是不是因为高频造成的呢？我们认为，客观上不排除这个因素，但是，尽管如此，我们还是会看到，高频字是经常写的字，写得多就应当更加熟练才是，为什么反倒总是出错呢？归根结底，还是这些字复杂的笔形影响了习得的顺利进行。

3. 汉字部件组合方式对汉字习得的影响

根据心理学的研究，汉字的部件可以作为"组块"被人类的知觉解体，比如"的"被分解成"白"和"勺"。研究表明，左右结构的汉字最容易被解体，其次是上下结构和包围结构，而独体字最难分解。（郑昭明、吴淑杰，1994；转引自王晶玉）根据这个结论，本研究对初级水平和中级水平两类学习者的汉字偏误进行了部件结构的分析与调查。相对于学习者已经学习的汉字，其偏误可以分别列在表 2-10 和表 2-11。

表 2-10　初级阶段部件组合正误对比表

汉字	左右结构合体字	上下结构合体字	包围结构合体字	独体字
初级阶段习字量	45.2%	26.7%	11%	17.1%
初级阶段偏误	49.2%	27.3%	10.9%	12.6%

表 2-11　中级阶段部件组合正误对比表

汉字	左右结构合体字	上下结构合体字	包围结构合体字	独体字
中级阶段习字量	47%	32.5%	7.7%	12.8%
中级阶段偏误	45.6%	28.7%	14.3%	11.4%

表 2-10 数据显示，初级阶段左右结构和上下结构的偏误数量大于包围结构和独体字，说明初级阶段学习者对包围结构和独体字的掌握优于左右结构和上下结构合体字。单独对比包围结构和独体字，又可以看到，独体字的掌握尤佳，因为独体字习字量和偏误数量之间的比差最大。

表 2-11 数据显示，中级阶段左右结构、上下结构和独体字的偏误数量均低于包围结构合体字，说明中级阶段学习者对左右结构、上下结构和独体字的掌握均优于包围结构合体字。在掌握较好的这三类结构中，上下结构合体字习字量和偏误数量之间的比差略大一些，说明这类结构掌握情况最好。

调查结果似乎并不完全与心理学的研究相符。① 从心理学的研究结论推测，左右结构和上下结构应当最容易被认知，也应该容易被习得。但表 2-10 的调查数据却表明，初级阶段学习者对左右结构和上下结构合体字的掌握并不理想，甚至不如包围结构和独体字。原因何在？我们认为，可以从三个方面来看这个问题，第一，认字与写字是两个层面的认知活动（朱志平，2002），在认字的时候如果能把目标字分解成几个"组块"，就容易理解。所以易于分解的汉字结构就有利于认字，但是不是有利于写字就不一定了。写字是一笔一画地写，需要进一步对汉字笔画的认知。心理学研究成果也表明，独体字不易分解，而当部件结构被分解成几个不同的"组块"以后，就需要学习者对第二层（笔画层）的结构进行认知，也就是说，合体字有两个认知层面，而独体字只有一个认知层面。从认知加工的复杂程度讲，前者显然比后者复杂。第二，从第一个方面的观点来看，该研究调查的偏误主要是第二语言学习者写字的偏误，而前述心理学成果主要是针对认字过程研究获得的，它只在一定程度上可以解释本调查的结果。第三，表 2-11 的数据表明，中级阶段学习者对左右结构、上下结构合体字的掌握优于初级学习者，这个现象可以结合心理学的研究与朱志平（2002）基于汉字构型学的研究来解释，随着汉字学习的深入，学习者逐渐掌握了汉字部件的结构规律，所以，中级水平学习者对左右结构、上下结构合体字的掌握优于初级学习者。从学习者所习汉字中不同部件结构的比例可见，左右结构和上下结构的汉字数量居多，它们当然也就成为学习者接触最多的汉字。对比表 2-10 和表 2-11，这两类学习者对包围结构合体字掌握都不是最理想的，尽管这类汉字在汉字中占的比例并不高，初级学习者的偏误只是略微低于习字量，而中级学习者的偏误则将近习字量的两倍。可见，面对包围结构合体字，学习者既要先从部件层面分解它们，还要进一步从笔画层面掌握它们，其难度之大可想而知。

———————————

① 这个问题在王晶玉原文中并未提及，这部分内容由朱志平提出并讨论。

（三）初级水平与中级水平学习者汉字偏误对比分析

从前面提到的三项调查可以看到，总体上，中级阶段汉语水平学习者对汉字的习得要优于初级阶段。

在笔画数方面，对比表 2-6 和表 2-7，我们可以看到，初级水平学习者仅习字 480 个，而偏误数量是 370 例，这意味着 77％的已经学过的汉字都发生偏误。相较之下，中级水平学习者的习字量是 1000 个，偏误数量是 453 例，也就是说，在他们已经学过的汉字中，只有 45％发生偏误。另外，中级水平学习者汉字偏误在不同笔画数的汉字中分布相对均匀，笔画数多的汉字偏误略微多一些；而初级水平学习者的偏误中 6 画以上的汉字其偏误则是 1～5 画的两倍还多。所以，可以得出的初步结论是，笔画数会影响汉字习得，对于笔画数多的汉字，中级水平学习者优于初级水平学习者。

在汉字笔形方面，对比表 2-8 和表 2-9，我们也可以看到，初级水平学习者对于笔形复杂的汉字习得困难要大于中级水平学习者。表 2-8B 组偏误例为 7 例，总偏误数为 66 个，平均偏误 9 个多；而表 2-9B 组偏误例仅为 3 例，总偏误数仅为 21 个，平均偏误 7 个。因此，总体上，中级水平学习者对笔形复杂的汉字习得情况还是优于初级水平学习者。

在汉字部件结构方面，已如上述，表 2-10 和表 2-11 的对比已经表明，中级水平学习者对左右结构和上下结构的合体字都优于初级水平学习者。而这部分汉字在不同结构的汉字中所占比例也是比较大的。

综上所述，在汉字字形的习得方面，不论是从笔画数，还是从笔形，抑或是部件组合，中级水平学习者都优于初级水平者。这说明到了中级阶段，学生对汉字字形及其结构的特殊性已经达到一定的认识水平，在他们汉字心理词典中已经储存了一定数量的正确字形。对笔画数多的汉字，不同笔形的汉字的正字法意识比起初级阶段都有较大发展。可见，正字法习得效应与习字的时间和习字量成正比。

（四）汉字形音义三者关系对汉字习得的影响

前面讨论的主要是第二语言学习者对汉字字形习得的情况，而汉字是形音义三位一体的，字形正确与否只是判断正字法习得的一个方面，还有两个方面是字音、字义是否能与字形关联起来。这里要着重讨论有关字音与字形、不同字形的习得情况。这就是"别字"现象。

别字，是指书写汉字时误用了形近或者音近的其他汉字，比如把"锻炼"写成"煅炼"。这个问题在第一语言学习者习字过程中是常见的。它是学习者心理词典中尚未将汉字的字形、字音和字义有效关联所致。该现象同样出现在第二语言学习者的习字过程中。

本研究也分析了前述初、中级汉语学习者的汉字偏误，其中都含有一定数量的别字。基本数据见表 2-12。

表 2-12

学习者水平	偏误汉字总数	别字总数	别字占偏误总数比例
初级水平	888	23	2.6%
中级水平	1097	387	35.3%

从表 2-12 可见，初级水平学习者偏误中所含别字数量较少，而中级学习者偏误中别字占很大比例，约三分之一强。分析这些别字，主要可以分为三类：音近别字、形近别字、音形具近别字。这里的"音近别字"包括声音相近或声调不同的别字，比如"支"写作"至"，"以"写作"一"，"产"写作"成""常"，等；形近别字是与正字字形相近的汉字，比如"便"写作"更"，"常"写作"赏"，等；音形具近的别字如"理"写作"里"。如果将别字偏误按照这三类统计，每一类别字占别字总数比例数据如下。

表 2-13

	音近别字比例	形近别字比例	音形具近别字比例
初级水平学习者	21.7%	0	78.3%
中级水平学习者	57.4%	3.3%	39.3%

分析表 2-13，不论在初级还是中级，学习者写出的形近别字比例都比较低，这表明，欧美学习者在习字时比较注意汉字字形的学习，也说明他们在建立正字法的过程中主要依据汉字字形。音近别字和音形具近别字所占比例较

高，这说明，学习者尚未完全掌握所学汉字字形跟字音的关系，相应地，字义的关联也不够。初级水平的学习者对音形具近的汉字的分辨能力尤差。

对比表 2-12 和表 2-13 还可以看到，中级水平学习者汉字偏误别字率高，音近别字的比例尤高。

中级阶段别字的大量出现，从一个方面反映了学习者已经从初级阶段的描摹字形向识记部件阶段发展，字形和部件的概念已经在中级阶段学习者的"心理字典"中逐渐形成，学习者已经从机械整字记忆向试图把字形进行拆分来分别记忆过渡，他们对字形的感知能力已经大大提高。从另一个方面则反映出学习者开始关注字音和字义的关系，重视字音的作用，而与此同时对汉字字形有所忽略，主要是忽略了字形与字义、字音的整体关系。

回顾前面对非汉语语境下学习者的研究，可以说，在从"非字（非成字偏误）"到"真字（正确的字）"这个习得序列中，别字属于第三阶段，即"真字（成字偏误）"，它们距离正确汉字的习得已经不远了。

本章参考文献

艾伟. 汉字之心理研究. 中央大学出版组，1923.

曹传咏，沈晔. 在速视条件下儿童辨认汉字字形的试探性研究. 心理学报，1963（4）.

高立群，黎静. 日本留学生汉日同形词词汇通达的实验研究. 世界汉语教学，2005（3）.

郝美玲，舒华. 声旁语音信息在留学生汉字学习中的作用. 语言教学与研究，2005（4）.

江新. 初学汉语的美国学生汉字正字法意识的实验研究//赵金铭主编. 对外汉语研究的跨学科探索. 北京：北京语言大学出版社，2003.

江新. 外国学生形声字表音线索意识的实验研究. 世界汉语教学，2001（2）.

李娟. 学龄儿童汉语正字法意识发展的研究. 心理学报，2000（2）.

李俊红. 声符对于形声字意义认知的效应——DSICP 学生声符与形声字意义

认知自主联结测查报告．语言教学与研究．2009（1）．

刘鸣．汉字分解组合的表象操作与汉字字形学习的关系，心理学报，1993（3）．

彭聃龄主编．汉语认知研究．山东：山东教育出版社，1997．

Ovid J. L. Tzeng, eds. Advances in the Study of Chinese Language Processing. Vol I. Taiwan: Taiwan University, 1994.

施正宇．外国留学生形符书写偏误分析//六界国际汉语教学讨论会论文选．北京：北京大学出版社，2000．

孙琳．汉字习得与汉字教学实验室//吕必松主编．汉字与汉字教学研究论文选．北京：北京大学出版社，1999．

王凤阳．汉字频率与汉字简化．语文现代化（丛刊第四辑）．北京：知识出版社，1980．

王建勤．外国学生汉字构形意识发展模拟研究．世界汉语教学，2005（4）．

王晶玉．欧美学生汉字习得情况的调查与分析．北京师范大学硕士学位论文，2000．

吴思娜．日、韩留学生形声字声旁一致性意识的萌芽与发展．暨南大学华文学院学报，2008（4）．

肖奚强．外国学生汉字偏误分析．世界汉语教学，2003（2）．

邢红兵．留学生形声字规则性效应调查//赵金铭主编．对外汉语研究的跨学科探索——汉语学习与认知国际学术研讨会论文集，2003．

徐彩华．外国留学生汉字分解水平的发展．世界汉语教学，2007（1）．

徐彩华，刘芳，冯丽萍．留学生汉字形误识别能力发展的实验研究．语言教学与研究，2007（4）．

徐彩华．整字速示条件下外国留学生汉字形误监控特点的研究．汉语学习，2009（6）．

徐彩华．汉字认知与汉字学习心理研究．知识产权出版社，2010．

喻柏林，曹河圻．汉字识别中的笔画数效应新探——兼论字频效应．心理学报，1992，24（2）．

曾性初，张履祥，王家柱．汉语的讯息分析．心理学报，1965（3）．

张积家，盛红岩．整体与部分的关系对汉字的知觉分离影响的研究．心理学报，1999（4）．

张积家，姜敏敏．形旁家族、声旁家族和高频同声旁字对形声字识别的影响．心理学报，2008（9）．

郑昭明，吴淑杰．文字刺激的餍足与解体// H. W. Chang，J. T. Huang，C. W. Hue，Ovid J. L. Tzeng，eds. Advances in the Study of Chinese Language Processing. Vol. 1. Department of Psychology，Taiwan University，1994.

周新林，增杰英．汉字早期字形加工中的部件数效应．心理学报，2003（4）．

朱志平，哈丽娜．波兰学生暨欧美学生汉字习得的考察、分析和思考．北京师范大学学报，1999（6）．

朱志平．汉字构形学说与对外汉字教学．语言教学与研究，2002（4）．

朱志平．汉字构形学说与汉语第二语言的汉字教学．语言教学与研究，2002（4）．

第三章 汉语词汇的认知与习得

　　汉语是一种用表意文字来记录的语言，这也是汉字认知在汉语作为第二语言习得研究中一向受到重视的主要原因。要学会读写中文，不认识汉字是不行的，只会听说，就成了中文的"文盲"。然而，对大多数第二语言学习者来说，学汉字的最终目的还是为了学好汉语，因此，以汉字为书写形式的汉语词汇及其语素的习得就成了研究者们关注的重要领域。这也是本书在内容上要把词汇及其语素的习得研究排在汉字习得研究之后的主要理由。

　　汉语词汇是用汉字记录的，但并不是每个汉字都记录一个词，相当多的词是由不止一个汉字来记录的，比如双音节词"朋友"，三音节词"展览馆"，四音节词"巧克力糖"，五音节词"发展中国家"，等等。因此，了解学习者如何掌握组成汉语词汇的次一级单位——语素（又称为词素），就成了第二语言习得研究在词汇习得方面不可或缺的领域。

　　汉字是集形音义为一体的书写符号，当某个汉字的意义与其所记录的语素意义一致时，对汉字构形的分析往往能获得汉字及其语素的本义，这对于词汇的习得不无好处。本章从第二语言学习者对汉语语素形音义的心理加工方式入手，进一步研究第二语言学习者习得汉语的过程中语素意识的形成与发展，最终讨论学习者汉语词汇学习的策略。

第一节 外国学生对汉语词素的形音义加工方式研究

一、研究背景

"用一个文字单位写一个词素，中国文字是最完整的最典型的例子。"（赵元任，1980；转引自苏培成《二十世纪的现代汉字研究》，2001）"汉字是语素文字，这是许多学者经过多年探索得出来的科学结论。"（苏培成，2001）从这两种对汉字性质的表述，我们可以看出词素在汉语中的重要地位。实际上，词素不仅是语言学中一个重要的构词单位，而且在语言理解和产生过程中，它也具有广泛的心理现实性。心理语言学认为：每一个具有语言能力的人都具有一个心理词典，其中存储着关于词汇及其构成成分的形音义信息。在汉语中，这种构词成分就是词素。对于以汉语作为第二语言的外国学习者来说，经过一段时间的汉语学习和一定数量的词汇积累以后，会逐渐形成其汉语的心理词典，该词典中存储着学习者关于汉语词汇的知识，这些知识在词汇加工过程中会得到激活。以不同方式进行的研究都发现：因形近和义近而导致的偏误是外国学生在汉语词汇理解与使用中的主要错误形式（陈绂，1998；冯丽萍，2003；张金桥、吴晓明，2005），而其中的形近和义近主要表现在词素层次。外国学生在汉语词汇理解和使用中出现的偏误及其所反映出的规律，应该是来自于这一心理词典中各单元的表征方式及其在词汇加工中的作用方式。那么，对于学习汉语的外国学生来说，其汉语心理词典的表征方式有何特点？作为重要表征单元的词素的形音义信息在词汇加工中如何得到激活？母语背景如何影响学习者汉语词汇的加工方式？对这些问题的探讨，可以帮助我们分析外国学生汉语词汇学习中所出现的现象与规律的原因，为我们有针对性地选择词汇教学内容、设计词汇教学方式提供参考。

二、实验研究

(一) 研究设计

1. 实验设计

采用启动条件下词汇判断的实验范式，进行 $5 \times 2 \times 2$ 的三因素混合设计。其中两个被试内因素为：启动词与目标词的相关类型（词素同形、词素同音、词素同义、词素形似、整词相关）、启动方式（相关启动组、无关控制组），一个被试间因素为 SOA（stimulus onset asynchrony，启动词与目标词之间的时间间隔）。根据已有的关于词汇加工的研究结果（Zhou，1999；Tan，1999；Kathleen Rastle & Lorraine，2000；冯丽萍，2003），SOA 选择 80 毫秒和 200 毫秒，分别反映外国学生汉语词汇加工的早期与后期阶段。

2. 被试

在中国学习汉语的中级汉语水平的韩国学生 80 名和欧美学生 76 名，按照教学大纲的要求，他们应该已掌握至少 5000 个汉语词汇。学生的汉语水平、性别在各组间进行了匹配。

3. 实验材料

所有实验用词均为汉语的双字合成词。材料的选择依据以下标准：(1) 根据被试的汉语水平和词汇量，启动词（包括相关启动组和无关控制组）和目标词全部出现在《高等学校外国留学生汉语言专业教学大纲》（国家汉办，北京语言文化大学出版社，2002）的一、二年级词汇中；(2) 为保证不同组材料之间的区别度和同组内材料的一致性，首先采用 9 点量表请 20 名汉语母语者对具有词素同义（启动词与目标词中的相关词素具有相同的形音义）、词素同形（启动词与目标词中的相关词素形同音同但意义不同）关系的启动词与目标词中相关词素的语义相关程度、对具有整词相关关系的启动词与目标词之间的语义相关程度进行评定，结果显示：同义词素和同形词素启动组与目标组中词素的语义相关程度分别为 6.73 和 2.24；整词相关的启动词与目标词的语义相关程度为 7.04；(3) 形似词素之间在字形上的差别保持在笔画或部件形状的水平，没有结构的差异；（4）相关词素均位于词首。依据《现代汉语频率词典》（北京语言学院出版社，1986）、《汉字信息词典》（科学出版社，1992）以及《高等学校外国留学生汉语言专业教学大纲》，启动词、目标词及无关控制组材料的词频、首尾词素的字频和笔画数、在大纲中的出现等级均经过匹配，对上述指标进行检验，各组材料间差异均不显著。按照上述标准，每组材料选择了15个目标词，共构成目标词75个，每个目标词对应两个启动词，形成相关启动组与无关控制组。同时加入相应数量的目标假词以构成真假词的词汇判断任务，假词的设计参照实验材料，包括：首词素同音（丰富—风算）、首词素同形（直接—直午）、首词素形近（内容—肉件）、完全无关（协会—事超）。实验实施中，相关启动词和无关控制词的呈现方式和顺序在被试间进行了拉丁方设计，使所有被试完成同样数量、同样性质的实验材料，但一个被试不会两次遇到同一个目标词。实验材料举例见表3-1。

表 3-1 实验材料举例

	词素同形	词素同音	词素同义	词素形近	整词相关
启动词	商品	承认	中等	夏天	理由
控制组	确实	故意	分析	沉重	少数
目标词	商量	程度	中年	复印	原因

根据所要研究的问题和实验设计，我们假设如下：（1）词素的形音义信息及整词意义有一个相对的加工序列，因此在不同的加工阶段各种信息会表现出不同的激活方式；（2）受母语背景的影响，不同学习者的词汇加工中词素和整词的激活方式会有所不同；（3）词素和整词的激活方式反映了学习者汉语心理词典中信息的表征与加工方式，依据学习者在行为实验中所表现出的结果，可以推测其心理词典的建构模式。

4. 实验程序

使用DMDX程序在认知实验室完成，每个被试单独进行测试。实验开始后，先呈现一个"＋"作为注视点300毫秒，提醒被试注意这一区域，注视点消失后，空屏250毫秒，然后在注视点消失的地方呈现启动词80毫秒（在

SOA 为 200 毫秒的条件下，启动词呈现 200 毫秒），启动词消失之后呈现目标词，要求被试尽可能迅速准确地按键对该目标词进行真假词判断。被试按键反应后下一轮项目呈现，启动词与目标词采用不同字体以消除前后视觉上的影响。项目呈现顺序经过随机化。实验开始前，先有 20 个练习项目，正式实验中的前三个项目也作为适应练习不参与反应结果的计算。

（二）实验结果与分析

实验结果见表 3-2。

表 3-2　韩国学生的反应时（单位：毫秒/ms）与错误率（%）结果

		词素同形组	词素同音组	词素同义组	词素形近组	整词相关组
80 毫秒	启动组	714（7.3）	811（8.6）	770（5.7）	776（7.0）	761（3.0）
	控制组	775（8.4）	828（9.1）	817（6.7）	783（6.4）	790（3.5）
	启动量	61**（1.1）	17（0.5）	47**（1）	7（−0.6）	29（0.5）
200 毫秒	启动组	726（6.4）	813（6.7）	738（6.2）	821（5.7）	753（2.3）
	控制组	764（6.5）	849（7）	828（6.7）	797（4.7）	793（2.6）
	启动量	38**（0.1）	36*（0.3）	90**（0.5）	−24（−1）	40**（0.3）

注：数据后的 * 表示差异在 .05 水平显著，** 表示差异在 .01 水平显著。

以相关类型、启动方式为被试内变量，以 SOA 为被试间变量，对被试的反应结果进行方差分析。由于初步检验结果显示错误率与反应时之间没有出现"trade off"现象，因此在下面的数据分析中我们仅报告反应时分析结果。

反应时方差分析：相关类型的主效应显著 $[F (4, 152) = 26.423, p = .000]$；启动方式主效应显著 $[F (1, 38) = 44.127, p = .000]$，相关启动组对目标词的促进作用显著大于无关控制组；SOA 主效应不显著 $(F < 1)$；相关类型与启动方式的交互作用显著 $(F [4, 152] = 6.737, p < .01)$。为了更清楚地显示词素在词汇加工不同阶段的激活方式，我们对两个 SOA 下的结果分别进行检验。

80 毫秒反应时被试分析：相关类型的主效应显著 $[F (4, 76) = 13.727, p < .01]$，启动方式主效应显著 $[F (1, 19) = 23.263, p < .01]$，启动方式与相关类型的交互作用显著 $[F (4, 76) = 3.627, p < .05]$。对交互作用做简

单效应分析：同义词素相关组启动效应显著 [$F_{(1, 19)}=8.97$，$p<.01$]，同形词素组启动效应显著 [$F_{(1, 19)}=14.79$，$p<.01$]，词素同音、词素形近及整词语义相关组的启动效应不显著。可以看出：在韩国学生词汇加工的早期阶段，启动词中同形词素和同义词素的激活对目标词识别均表现出明显的促进作用；语义相关的整词及同音、形近词素的信息未得到明显激活。

200 毫秒条件下反应时被试分析：相关类型的主效应显著 [$F_{(4, 76)}=14.365$，$p<.01$]，启动方式主效应显著 [$F_{(1, 19)}=21.173$，$p<.01$]，启动方式与相关类型的交互作用显著 [$F_{(4, 76)}=6.750$，$p<.01$]。对交互作用做简单效应分析：同义词素组启动效应显著 [$F_{(1, 19)}=44.11$，$p<.01$]，同形词素组启动效应显著 [$F_{(1, 19)}=12.54$，$p<.01$]，同音词素组启动效应显著 [$F_{(1, 19)}=4.88$，$p<.05$]，整词语义相关组启动效应显著 [$F_{(1, 19)}=13.65$，$p<.01$]；形近词素组的干扰效应不显著。在韩国学生词汇加工的后期，词素和整词意义、同形词素、同音词素的信息均得到激活并对目标词识别表现出促进作用；形近词素开始出现干扰的趋势，但尚未达到显著水平。

表 3-3 欧美学生的反应时与错误率结果

		同形词素	同音词素	同义词素	形近词素	整词相关
80 毫秒	启动组	847 (6.9)	992 (24.7)	929 (12.7)	964 (11.0)	986 (10.0)
	控制组	924 (7.2)	987 (21.7)	977 (13.7)	978 (14.1)	991 (10.5)
	启动量	77** (0.3)	−5 (−3)	48** (1)	14 (3)	5 (0.5)
200 毫秒	启动组	804 (10.2)	938 (25.4)	840 (14.6)	923 (15.3)	912 (15.0)
	控制组	873 (10.7)	941 (23.2)	938 (19.4)	907 (16.8)	925 (16.5)
	启动量	69** (0.5)	3 (−2.2)	98** (4.8)	−16 (1.5)	13 (1.5)

对欧美学生的反应时结果进行分析：相关类型的主效应显著 [$F_{(4, 148)}=27.772$，$p=.000$]，启动方式主效应显著 [$F_{(1, 37)}=14.096$，$p=.000$]，SOA 主效应不显著（$F<1$）。相关类型与启动方式的交互作用显著 [$F_{(4, 148)}=8.472$，$p<.01$]。下面对两个 SOA 条件下的反应结果分别进行分析。

　　80 毫秒反应时被试分析：相关类型的主效应显著 $[F (4, 72) = 13.169,$ $p < .01]$，启动方式主效应显著 $[F (1, 18) = 5.412, p < .05]$，启动方式与相关类型的交互作用显著 $[F (4, 72) = 2.766, p < .05]$。对交互作用做简单效应分析：同义词素组启动效应显著 $[F (1, 18) = 16.85, p < .01]$，同形词素组启动效应显著 $[F (1, 18) = 19.23, p < .01]$，其他效应不显著。在欧美学生词汇加工的初期，词素相关的启动词（包括同形同音同义、同形同音但意义不同）对目标词识别表现出促进作用；形近词素出现促进的趋势，但未达到显著水平；语音相关、整词意义相关均未表现出明显作用。

　　200 毫秒反应时被试分析：相关类型的主效应显著 $[F (4, 76) = 15.091, p < .01]$，启动方式主效应显著 $[F (1, 19) = 9.215, p < .01]$，启动方式与相关类型的交互作用显著 $[F (4, 76) = 8.828, p < .01]$。对交互作用做简单效应分析：同义词素组启动效应显著 $[F (1, 19) = 39.67, p < .01]$，同形词素组启动效应显著 $[F (1, 19) = 22.70, p < .01]$。形近词素组的干扰趋势和整词语义相关组的促进趋势均未达到显著水平，同音词素组无明显作用。可以看出：在 200 毫秒的加工阶段，欧美学生的反应结果与 80 毫秒时基本相同。

三、关于外国学生汉语词素加工方式的讨论

　　以上我们以中级汉语水平的韩国和欧美学生为被试，得到了词素和整词在不同阶段的加工结果，根据上述结果，我们对其词素的表征与加工方式进行讨论。

（一）不同汉语学习者汉语词素加工方式的共同点

　　在特定的语言环境中，成年汉语母语者逐渐形成与汉语系统规律和汉语认知规律相应的、成熟完善的汉语心理词典，其心理词典中词和词素的表征与加工方式为我们研究外国学习者的汉语心理词典提供了参照。根据相关的研究成果（Zhou，1999 等），在汉语母语者的合成词加工中，启动词在各个加工阶段均对具有同义词素的相关目标词识别产生显著的促进效应；在加工初期对具有

同形词素的目标词产生促进作用，但是在此后较早阶段即出现干扰效应；对具有同音词素的目标词表现出一定的促进趋势，但是在各个加工阶段的作用均不显著；对形近词素目标词表现出干扰；在词汇加工后期，对整词语义相关词表现出显著的促进作用。

本研究中以学习汉语的外国学生为被试进行的实验结果显示：对于具有一定汉字背景、词汇系统的构成与汉语具有一些共同规律的韩国留学生，在汉语合成词加工过程中，词素意义在早期得到激活并在不同阶段得以保持，从而对具有相同意义词素的目标词识别产生促进作用；具有相同字形和字音但意义不同的词素（我们称作同形词素）也在词汇加工的不同阶段对相关目标词识别表现出促进作用；在加工时间充分的条件下，词素的语音得到激活并对由同音词素构成的目标词识别产生促进作用；在词汇加工后期，整词意义得到激活并促进了语义相关目标词的识别；形近词素的作用在不同加工阶段均不明显。

对于拼音文字背景的欧美汉语学习者：同义词素和同形词素词在词汇加工的不同阶段均对相关目标词识别表现出促进作用；语音在各个加工阶段均无明显作用；整词意义的激活所需时间较长，虽然在 200ms 时对语义相关目标词识别表现出促进的趋势，但仍未达到显著水平。

对汉语母语者及两组不同语言背景的外国学习者词汇识别中词素形音义的加工方式进行比较，可以看出他们存在着一些共同点：词汇加工方式及其随时间进程而变化的趋势总体来说是相同的，即整词语义识别过程中经过词素意义的分解与提取，词素意义的激活先于整词；词素加工开始于字形特征的分析，因此在加工初期同义词素与同形词素均可对相关目标词识别产生促进作用，但随着时间的延长，整词意义得到一定程度的激活，它可以对词素意义的加工产生自上而下的影响，并使多义词素的义项得到确定，因此词素意义相同的启动词对目标词识别的促进作用有所加强；在词汇加工的早期阶段，语音的作用不显著。词汇加工单元及其随时间进程而变化的这种趋势在不同组被试中表现是相同的。

（二）不同汉语学习者汉语词素加工方式的差异

但是在总体趋势相同的情况下，不同学习者之间在一些具体环节上也存在着明显的差异，表现在以下几个方面：

1. 词素意义的表征方式有所不同。在汉语母语者的心理词典中，各节点之间的联结较强，相互之间的激活速度较快，而且多义词素的意义具有相对清晰、独立的表征。在字形特征识别后，词素意义迅速激活并依靠整词背景而得到确定，因此具有不同意义的同形词素在较早的加工阶段即对相关目标词的识别产生干扰作用。表明在特定的语言环境和语言经验中，汉语母语者已经有意无意地形成了多义词素的意识，具有同形关系的词素在心理词典的字形层次共同表征，但是在意义层次却对应着不同的节点。多义词素的这一特点显然是外国学生汉语词汇学习中的难点，他们还无法将同一词素的不同意义清晰地区分开，因此在两个 SOA 条件下同形词素均表现出促进效应。这可能也是外国学生在学习新词、猜测生词意义时常常将词素意义互相迁移的原因之一。

2. 心理词典中各节点间的联结方式和激活扩散速度因学习者的语言和文字背景而不同。外国学习者的汉语心理词典中由形及义、由形及音的激活速度显著慢于汉语母语者，其字形特征识别所需的时间明显较长，这就导致其词素激活表现出不同的方式：形近词素在汉语母语被试的加工早期即出现干扰效应，但是在两组外国被试的反应结果中，即使在较长的 SOA 条件下，形近词素的干扰作用仍未达到显著水平。母语背景对学习者词汇加工方式的影响还表现在：欧美学生由形及义的速度明显较慢，虽然整词意义激活表现出与中、韩被试类似的不断加强的趋势，但是在 200ms 条件下，其整词意义仍未得到充分识别。这在以往的相关研究中也有所体现：即虽然加工方式的总体趋势与汉语母语者相同，但欧美学生需要更长的加工时间、更高的词汇熟悉度来完成词汇意义的通达。（冯丽萍，2003）

3. 词汇加工中语音的作用方式不同。根据以往的相关研究，汉语母语者在同类实验任务中，同音词素词没有表现出明显作用。我们上面的实验结果显示：韩国学生在词汇加工时间充分的条件下，同音词素词对相关目标词识别表现出促进作用，而语音的作用在欧美学生词汇加工的各个阶段均没有体现。从实验结果来看：欧美学习者表现出了与汉语母语者相同的趋势，但结合相关的研究成果，我们推测在这种共同趋势的背后起作用的深层原因可能是不同的。语音在汉语字词加工中的作用一直是汉语认知研究中的一个热点问题，以汉语者为被试的许多实验结果显示：在其心理词典中形音义各层次间存在着双向的联结，由于汉字的特殊性质，在汉语母语者的汉字与合成词加工中存在着直接的、快速的形义通路，尤其是在加工单元熟悉度较高的条件下，合体字中的部件或合成词中词素的语音不是字义或词义通达中必需激活的信息（王春茂、彭聃龄，2000；Zhou，1999 等），也就是说，汉语母语者词汇加工中语音作用不明显，是因为受到了形义通路快速激活的掩盖。但我们推测，造成欧美学生汉语词汇加工中语音作用不明显的原因或许是由于其心理词典中形音节点间联结强度较弱。不少研究发现：在汉语阅读中，欧美学生对汉字字形的意识强于字音。（高立群、孟凌，2000 等）受母语语言性质及汉字系统的特征等因素的影响，拼音文字背景的外国学生还难以在汉字字形与语音之间建立强联结，由形及音的速度较慢，因此在加工时间有限的情况下，语音无法为其词汇识别提供有效的信息。对韩国学生来说，由于历史文化的渊源关系，汉字的形音义与其母语的文字系统存在着一定的对应关系，其词汇表征系统中形音的联系强于欧美学生，因此在加工时间充分的条件下，不论是否需要，语音信息都可以得到提取并参与到意义的识别中。当然，语音在汉语词汇加工中的作用及其方式是一个至今尚存争议的问题，不同语言背景的学习者之间语音加工方式的异同更是一个有待深入探讨和验证的问题。但该实验结果对我们有两个提示：首先，由于语言类型和文字系统的差异，不同汉语学习者的心理词典中各节点（如形音义）之间的联结强度、联结方式及激活速度都存在着差异，从而导致不同的词汇识别方式与结果；其次，在词汇意义识别过程中，语音是否需要激活与语音能否得到激活是两个不同的概念，两个过程之间存在着分离，二者的关系受学习者语言背景、汉语水平、词汇表征方式的很大影响。

四、外国学生中文词汇识别的干扰因素分析

词汇加工是一个输入刺激与心理词典中存储的信息相匹配的过程，这一过程要受到许多因素的共同影响，如果在词汇加工过程的某一环节上受到干扰，就会导致加工过程受阻或识别结果错误。那么对于学习汉语的外国学生来说，他们在中文词汇加工中会受到哪些因素的干扰？这些干扰反映了其中文词汇加工的哪些特点？在本部分，我们将通过外国学生汉语词汇测验中的错误类型和数量来分析其中文词汇识别中的干扰因素。测验任务为将所给的汉语词汇翻译为母语，测验材料全部为被试学习过的汉语双字合成词，参加测验的被试为中文系二、三、四年级的法国学生。

（一）错误趋势与学生汉语水平

首先将学生测试结果的错误项目进行分类，根据其错误方式，分成词素意义替代（用其中一个词素的意义来代替整个词语的含义，如"难道—很难"，前者为测验项目，后者为错误反应项目，以下同）、词素意义分解（用两个词素的意义简单相加来解释整个词语的含义，如"中文—中国文化"）、整词意义相关（将整词的意义理解为一个相关词语的含义，如"校园—操场"）、整词和词素意义相关（将整词的意义理解为一个意义相关且词素也相关的词语，如"全部—完全"）、意义无关（将整词的意义理解为一个完全无关的词语的含义，如"邻居—律师"）五类。这五种错误类型在三个年级的分布状况见表3-4（表中数字为各错误类型在各年级出现的百分比）。

表 3-4   不同年级学生词汇识别错误类型与比例

	词素意义替代	词素意义分解	整词意义相关	整词与词素意义相关	意义无关
二年级	14	14	11	21	40
三年级	9	8	17	32	34
四年级	2	6	20	42	30

从这组数据可以看出一个明显的趋势是：从二年级到四年级，词素意义替代和词素意义分解两种类型的比例越来越低，发生在整词水平上的错误越来越多。

由于汉语词汇的构成方式，汉语合成词的识别可以经过整词加工与词素分解两条通路，而词汇熟悉度是决定其通路选择的重要因素。熟悉度高的合成词倾向于被作为一个整词单元完成识别，而在熟悉度较低的合成词识别中，由于整词通路速度较慢，词素信息就相对重要。从我们这里的结果也可以看到，随着汉语水平的提高，外国学生对词汇的熟悉度也越来越高，因此更倾向于将它作为一个整体单元来进行记忆和识别，即使错误形式与词素有关，也是将词汇意义理解为一个具有共同词素的相关词语的意义，因而较少发生单纯的词素意义替代和词素意义分解类型的错误。然而在低年级，由于对整词意义的记忆还相当不牢固，学习者要较多地借助于合成词的构词成分所提供的信息，但这种信息提取发生在较低层次，也就是词素的形义层次，而未涉及在汉语词义构成中起重要作用的词素构词功能。在我们的分类中，词素意义替代是指仅用其中一个词素的意义来解释整词的意义，如"本子—根"，"难道—很难"，"用功—使用"，"晚会—会议"等，这种错误明显地忽略了合成词中另外一个词素的作用，但实际上，这种构词方式在汉语中可以说是不存在的。即使在附加式合成词中，词缀的意义相对抽象，功能相对较弱，它对整词意义的构成还是起作用的。而另外一种错误类型——词素意义分解指的是将两个词素的意义简单组合在一起作为整词的意义，如"开学—开始学习"，"中文—中国文化"，"自行车—自己动的车"。这两种错误方式在低年级学生中的出现频率明显较高，说明他们虽然能够利用合成词词素的信息来识别中文词汇，但其词素意识还停留在较低水平，他们对中文词汇系统的性质和词汇构成特点的了解尚不全面。

（二）词素功能错误与学生汉语水平

汉语是一种词根语，复合词数量众多，词汇意义由构词词素整合而成。不同结构的复合词中词素的构词功能也不一样。我们的测验材料中包括并列、偏正、述宾、主谓、附加等词汇结构类型，其中前两种数量最多，因此我们对词素意义替代、整词和词素意义相关这两类发生在词素意义层次上的错误类型在并列与偏正两种结构合成词中的分布又做了进一步分析，比较了发生在首尾两个词素上的错误比例。表 3-5 中"首词素"是指错误反应主要与测验项目的首词素相关，如将"难道"理解为"很难"，"尾词素"则指错误反应主要与尾词素相关，表中数据为各种错误的百分比。

表 3-5   不同年级学生词汇识别错误类型的位置分布

	首词素	尾词素
二年级	61	39
三年级	54	46
四年级	45	55

从这组数据可以看出一个趋势：从二年级到四年级，与首词素相关的错误比例越来越低，而与尾词素相关的错误比例越来越高，也就是说，首词素的作用越来越弱，而尾词素的作用越来越强。如果结合词汇结构做进一步计算，我们对这种错误方式的来源就可以看得更加清楚，在汉语水平与词素位置之间存在着一种交互作用。

表 3-6   不同年级学生词汇识别错误类型与词汇结构的关系

	并列式合成词		偏正式合成词	
	首词素	尾词素	首词素	尾词素
二年级	64	36	58	42
三年级	59	41	49	51
四年级	52	48	38	62

注：表中数据为不同位置错误的百分比。

从表 3-6 中数据可以看出：虽然不同年级的学生在识别中文词汇时都可能错误地利用词素所提供的信息，但他们的词素意识是不同的。初级水平的学生还没有形成汉语词汇结构与词素构词功能的概念，他们较多地是按照自左至右的顺序分解词素，因此在两种不同结构的合成词中发生的与首词素相关的错误都比较多。但是随着汉语水平的提高，外国学生对词素功能和词汇结构的意识有所加强，开始能够区分并列与偏正合成词中相同位置上词素不同的构词功能，因此能够有倾向性地提取词素的意义，也就是说，虽然不能正确识别词汇的意义，但他们仍然能够意识到词素的构词功能和组合规则。

我们知道，词素意义、词素与词素之间的关系对汉语词汇意义的构成起重要作用，完整的词素意识不仅包括词素本身形、音、义信息的识别，而且也应该包括对词素的构词功能和词素组合规则的了解。汉语水平较低、词汇量较少的低年级学习者，其词素意识显然还处于初级的、尚不完整的阶段。

（三）干扰因素与学生汉语水平

我们对三个年级出现的意义无关的错误项目也进行了分析，发现干扰因素主要来自下述形音义三个方面：字形干扰，如"鼻子—算了"；字音干扰，如"不过—不够"；同形词素或多义词素干扰，如"安排—安全"，"打算—打电脑"。分析这三种干扰因素在三个年级中的分布我们发现以下三点：

1. 同形与多义词素干扰在三个年级都占了相当大的比例，说明不同汉语水平的学生对于同形词素、多义词素所表示的不同意义之间的区分都还不太清楚，对一词多义的性质还不太了解。在汉语中存在着同形词素与多义词素，前者是指一个字形表示没有关联的几个意义，如"打算"与"打败"中两个"打"的意义；后者是指一个词素的几个义项之间有引申与被引申的关系，如"年代""年成"中"年"的意义。对外国留学生来说，受汉语水平和语言性质等因素的影响，他们不能明确区分同形和多义词素所表示的不同义项之间的关系，因此一个字形特征的输入会同时激活几个无关的意义，相互之间形成干扰，而高频的、常用的义项在激活中往往占有优势。

2. 随着汉语水平的提高，字形与字音干扰的比例逐渐降低，说明汉语水平越低，其心理词典中形音义之间的联系越不稳定。词汇识别是视觉输入刺激经过形义通路或形音义通路到达词汇意义的过程。在这一过程中，由某一刺激所引起的形似、音近等相关单元也都会部分激活，从而对反应项目的识别形成干扰。但是，心理词典的表征方式不是一成不变的，对于汉语水平较高的外国学生来说，不同单元之间的联结相对清晰、明确，它可以保证词汇识别从字形层次开始沿正确、合理的激活通路到达词汇意义。但是对汉语水平较低的外国学生来说，其中文心理词典中各单元之间的联结还比较松散和模糊，词汇加工过程中排除干扰项目的能力也较低，因而导致错误识别结果的可能性就越大。

3. 低年级学生的词汇记忆受词汇学习语境的较多干扰。在二年级学生的错误项目中，出现了例如将"动手"翻译成"帮助"，将"邻居"翻译成"律师"等完全无关的错误类型。但是联系学生学习的教材，我们发现这些测验项目与错误项目许多是出自教材中同一篇或相邻的课文，有些甚至是出现在同一语句中，也就是说在学习过程中由于这些词语的出现位置非常接近，学生对这些词语的记忆强烈地依赖于它的出现环境，因此在心理词典中这些项目之间的联结强度较紧。而这种错误类型在三、四年级基本没有出现，说明从词汇的学习到掌握有一个随运用而逐步重构、稳固和内化的过程。

第二节　外国学生的汉语词素意识发展研究①

一、研究背景综述

第二语言习得的研究是一种跨学科的研究，从理论上讲，它是语言学与心理学互动的结果，而它的研究目的则是为了解决第二语言教学如何施教的问题。这一研究目标注定了第二语言习得研究必须同时关注语言学与心理学。然而，事实上，这种关注又是不平衡的。我们发现，在已有的诸多第二语言习得研究理论中，有的侧重关注心理学，如认知理论、监控模式理论；有的又侧重关注语言学理论，如中介语理论。（朱志平，2008）它们在第二语言习得研究领域形成一种互补关系。因此，有一点是必须强调的，那就是，无论哪一种侧重都会造成一定的偏颇，其研究成果对语言教学的应用价值必然会大打折扣。所以，我们强调第二语言习得研究从开始就重视两种理论的互补。

---

① 这一节主要讨论词义与语素（又称之为词素）义之间的关系对汉语双音复合词词义理解的影响，采用"词义猜测"的实验方法来获取数据。研究内容采自张江丽攻读博士学位期间撰写的一篇论文，该文章的写作过程经由导师朱志平多次提出修改意见，后发表在《语言教学与研究》2010年第3期，现由朱志平、张江丽将实验内容重新整理纳入本书，实验及过程基本沿用原文，但理论思考有一定的改变。

词义猜测是第二语言习得研究领域近年来比较受关注的一个方面，依据我们上面的讨论，词义猜测对于词汇学或者词汇语义学的依赖更是不可忽视的，因此，本节的实验也将以讨论词汇语义研究成果为前提。

汉语词汇语义学的研究上承两个传统（朱志平，2005），一个是 20 世纪 40 年代以来形成的现代汉语传统，这个传统在形成过程中较多地受到结构主义语言学的影响，曾经比较关注双音复合词两个语素之间的语法关系，一直到 20 世纪 80 年代以后才开始关注语素义与词义之间的关系，主要是从词典学的角度；另一个传统上承训诂学，20 世纪 80 年代以后开始关注现代汉语词汇语义的研究，由于以文献语言学特别是传统的小学为基础，更多地关注汉语双音复合词语素语义与词义的关系。两个研究传统自此交融，但是在研究方法上还是有些差异。

本研究关注汉语本体研究的两种成果，一个是现代汉语词汇学从词典释义的角度对双音复合词的分类，一个是词汇语义学对双音复合词语素意义及其结合理据的解释。前者用于本研究实验词汇的分类，将其作为标准；后者用于对第二语言学习者词义猜测结果的分析。

现代汉语中双音词占主导地位，而复合式双音词又占大多数。根据朱志平（2005）的统计，在 2003 年出版的《汉语水平词汇与汉字等级大纲》中，8822 个汉语词汇中即有双音词 6077 个。因此处理好双音词的问题可以解决汉语第二语言词汇教学中的一大部分问题。

在汉语的词汇系统中，语素是最小的既有音又有义的语言单位，也是构成双音复合词的基本单位。汉语的词义与构成词的语素义之间有着或清晰或模糊的关系，比如"山脚"这个词，组成它的两个语素的意义及其结合理据可以直接从词义本身了解到，"山"的意义是可以从字面上直接理解的，"脚"的字面意思也很清楚，尽管"山"是没有"脚"，这里的"脚"实际上是用人脚隐喻山的相应位置，这个隐喻并不难让学习者理解，所以学习者掌握这个词就会比较容易；"道理"这个词就要难一些，组成这个词的两个语素都不表示本义，"道"已经由"道路"隐喻为方法、思路，"理"则是由"玉石的纹理"隐喻为情况、状态，二者的结合关系又是修饰与被修饰的关系（现代汉语词汇学称为"偏正关系"），这样一来，语素义与词义的关系就比较隐晦。上述分析表明，分析语素义对确定词义是有一定作用的，也表明，研究双音复合词的词义与语素义之间的关系对于对外汉语词汇教学有着重要的意义。

在现代汉语词汇研究中，最早关注词义与构成词的语素义之间关系的学者是符淮青。符淮青（1981）从词典释义的角度，考察了由多个（主要是两个）语素构成的合成词的词义与语素义之间的关系。对词义与语素义之间的关系进行了细致的分析，把词义与语素义之间的关系分为九种情况。在此基础上，符淮青（1985）把词义与语素义关系的九种情况概括为五种类型：（1）语素义直接地完全地表示词义，如"平分""哀伤"。（2）语素义直接地但部分地表示词义，如"平年"。（3）语素义间接地表示词义，如"铁窗""反目"。（4）表词义的语素有的失落原义，如"船只""反水"。（5）语素义完全不表示词义，如"东西""沙发"。

此后，王树斋（1993），王艾录、司富珍（2001）也从宏观的角度对词义与语素义之间的关系进行研究，但都未突破符淮青的框架。苏宝荣（2000）对并列式复合词的词义与语素义关系进行了较为细致的观察，但对其他结构类型的复合词中词义与语素义之间的关系关注不多。张联荣（2001）从词典释义的角度分析了一个汉字可能表示的不同的语言单位，而没有关照到词义与语素义之间的关系。

综上所述，符淮青对汉语双音复合词词义与语素义之间关系的研究相对深入细致，且有延续性。符淮青在 1981 年的文章中已经对词义与语素义关系进行了十分细致的分类，1985 年则进一步概括出五种类型，这五种类型基本上涵盖了词义与语素义关系的绝大多数情况。因此本文实验材料的选取和分类均以符淮青（1985）概括出来的词义与语素义之间的五种关系类型为依据。

有关词义猜测的研究最早始于英语第二语言教学，近年来在汉语第二语言教学中也逐渐引起学者们的关注。汉语第二语言教学中有关词义猜测的研究主要有以下几个方面：一是阅读中的伴随性词义猜测的研究，如钱旭菁（2003），钱旭菁（2005），朱湘燕、周健（2007）；二是无语境条件下的词义猜测研究，如郭胜春（2004）。从研究的关注点来看，刘颂浩（2001），钱旭菁（2005）关注词义猜测的过程；郭胜春（2004），朱湘燕、周健（2007）则重点探讨合成词的内部结构方式对词义猜测的影响。

综观前人有关第二语言词义猜测的研究视角，大致分为两种：一是侧重词汇语义学的视角，如郭胜春、朱湘燕、周健等。二是侧重学习者的习得系统的视角，如钱旭菁。前人的研究表现出了以下几个方面的特点：针对英语第二语言教学的研究较多，针对汉语第二语言教学的研究较少；在汉语第二语言词义猜测研究中，有关阅读中的词义猜测研究较多，利用汉字本体知识进行词义猜测的研究较少；在对汉语双音复合词词义猜测进行研究时，重复合词的结构方式，轻词义与语素义的内容及二者之间的关系。

本研究采用群体研究的方法，旨在调查汉语双音复合词词义与语素义之间的关系对词义猜测的影响。汉语本体研究中有关词义与语素义之间关系的研究为本研究展开汉语双音复合词习得的调查提供了便利。

二、实验研究

（一）实验目的

考察汉语双音复合词词义与语素义之间的不同关系对中级水平汉语第二语言学习者猜测汉语词义的影响。了解第二语言学习者在习得汉语双音复合词的过程中，词义与语素义之间的不同关系对学习者猜测双音复合词词义的影响。

（二）实验设计

本研究采用单因素被试内设计。自变量为词义与构成词的语素义之间的关系。参考汉语本体词汇研究成果，本研究根据词义与语素义之间关系的复杂程度将实验材料分为五个水平，即（1）语素义直接地完全地表示词义；（2）语素义直接地但部分地表示词义；（3）语素义间接表示词义；（4）表词义的语素有的失落原义；（5）构成词的所有语素的意义都不显示词义。因变量为猜测词义的成绩。

（三）实验材料

本研究的实验材料均来自被试正在使用的教材《外国学生汉语言专业本科系列教材汉语精读课本》（中国社会科学出版社，2008）二年级上册（中级水平）。研究者从该书的生词表中按照词义与语素义的五种关系类型选出了 20 个双音复合词，每种类型各 4 个。

表 3-7　实验用双音复合词

自杀	发射	门路	冲突	索性
话题	条文	反目	风险	成心
提包	声明	铁窗	数目	干脆
烦恼	同情	遭遇	利润	地步

由于本实验是为了测查被试猜测新词的能力，因此所选词汇的难度略高于学生现有的水平，是被试尚未学习但即将学习的双音复合词。

根据目前已有的认知心理学中对词汇加工规律的研究成果，有可能影响词汇识别的因素有词频、首尾语素的字频和笔画数、词汇结构等（冯丽萍，2003），由于词汇结构这一因素跟词义与语素义之间的关系密切联系，因此在选择实验材料时，需要控制的因素有词频、首尾语素的字频和笔画数。对词频的控制，本研究尽量选择词汇等级相近的双音复合词，参照《汉语水平词汇与汉字等级大纲》（经济科学出版社，2001）和《高等学校外国留学生汉语言专业教学大纲》（北京语言文化大学出版社，2002）；同时还尽量控制词汇中首尾语素的字频和笔画数，以《汉字信息字典》（科学出版社，1988）为依据。

（四）被试选择

北京师范大学留学生 40 名，汉语水平经分班考试测定为中级。学习汉语的时间从半年到四年不等①，其中学习时间在一年以下（不含一年）的学习者有 2 人，占总人数的 5%；学习时间在一年到两年之间的有 33 人，占总人数的

---

① 严格地说，用年头来测定学习者的学习时长是不科学的，比较理想的测定方法应该是学时，但是，此处由于已经对学习者进行过分班水平测定，所以学习时长就成为次要因素。

82.5％；学习时间在两年以上的有 5 人，占总人数的 12.5％。

被试来自 14 个国家：韩国、日本、美国、英国、印尼、保加利亚、比利时、波兰、拉脱维亚、意大利、荷兰、挪威、以色列、澳大利亚。研究者根据母语类型把学习者分为两类：汉字文化圈的学习者和非汉字文化圈的学习者。前者包括来自日本、韩国、印尼①这三个国家的学习者，共 20 人。其余的均为非汉字文化圈的学习者，共 20 人。

（五）实验设计和实验任务

1. 试测。为了保证本次测试的信度和效度，在进行问卷调查前，首先进行了试测。为了与正式施测的对象保持一致，选取的试测对象也是北京师范大学汉语文化学院中级水平的留学生，共 11 位，测试后对他们进行了访谈。通过试测对象回答问题的情况，以及他们对问卷提出的问题和建议，我们对问卷进行了进一步调整，修改了一些表述不清的调查项目以完善施测的问卷。在被释词之后增加了"学过"和"没学过"的选项，让被试根据自己的情况选择。设立此选项的原因是，虽然实验材料是被试尚未在课堂上正式学习的词语，但不排除他们以预习或其他形式提前学习过被释词。

2. 正式施测。采用随堂测试的方式，要求被试在 30 分钟内（根据试测时被试所用的时间）完成释义任务。任务内容是对已经选取的双音复合词进行释义，释义时尽量用汉语来回答，如需要也可以用母语回答。为防止疲劳效应的产生，在设计问卷时，研究者把词义与语素义关系不同的词语交叉排列。

为提高调查的信度，保证被试能够认真对待本次测试，研究者与担任该教材所属的读写课程教学任务的教师进行了沟通，对调查目的进行了详细说明，消除学生的疑虑，尽量让被试在自然的正常状态下接受测试。

（六）实验预期

基本假设：词义与语素义之间的关系不同，被试猜测词义的效果也不同。

————————————

① 印尼不属于严格的汉字文化圈，但被试主要是华裔学生，因此本研究将他们归入汉字文化圈。

词义与语素义之间意义的融合化程度越高，被试猜测时的难度越高。词义与语素义之间关系的复杂性程度越高，被试猜测词义的成绩越差。语素义体现词义的内容越多越直接，被试猜测词义的成绩越好。

（七）计分统计

根据被试解释词语的情况，研究者本着考察被试对词义是否理解的目的，对他们的释义进行计分，对每个词解释的满分是 5 分，最低分为 0 分。答卷中除了用英语、汉语外，有一部分被试用韩语、日语回答，因此请在中国学习的具有高级汉语水平的日韩博士生对问卷进行翻译，并与问卷作者直接沟通，以真正了解被试对词语的理解程度。在双方讨论的基础上了解被试对词义的理解情况，根据被试掌握词义的程度进行计分。

（八）实验结果与讨论

1. 被试猜测词义的成绩

表 3-8　被试对五种类型的词义猜测的成绩

词义与语素义之间的关系类型	（1）语素义直接地完全地表示词义	（2）语素义直接地但部分地表示词义	（3）语素义间接表示词义	（4）表词义的语素有的失落原义		（5）构成词的所有语素的意义都不显示词义
猜测成绩（平均分）	3.66	1.54	0.56	1.65		0.78
				1.78	1.53	

从表 3-8 所显示的词义猜测的成绩来看，猜测成绩最好的是第 1 类，其次依次为第 4 类、第 2 类、第 5 类、第 3 类。

从词义与语素义之间的关系来看，第 1 类词（语素义直接地、完全地表示词义）词义与语素义之间的关系最为直接，因此猜测成绩远远好于其他几类。第 4 类词（表词义的语素有的失落原义）猜测的平均得分比第 2 类和第 3 类词要高，其原因是第 4 类词又包括两种情况：（1）其中一个语素失落原义，但另一语素与词的整体意义关系密切，如"数目"。（2）一个语素失落原义，另一语素的意义与整词意义差别较大，如"冲突"。由于前一种情况中的一个语素与词的整体意义关系密切，词义猜测成绩较好，平均分为 1.78 分，后一种情况词义猜测的平均分仅为 1.53 分，前者的得分平衡了后者。因此第 4 类词的词义猜测成绩较好。第 2 类词的特点（语素义直接地、但部分地表示词义）使学习者从语素义中猜测词义有一定的可能性，因此猜测的成绩相对较好。第 5 类词（语素义完全不表示词义）词义猜测的效果好于第 3 类，我们认为是因为所有语素与整词的意义无关，学习者在伴随性词汇学习的过程中，可能采用整词记忆的方式来学习词汇。此外，对于这种在汉语中较少见的结构类型，学习者会加以特别的关注。第 3 类词（语素义间接地表示词义）的猜测成绩最差，因为词义与语素义之间的关系没有直接联系，且不容易引起学习者的特别关注。

2. 词义与语素义之间关系的五种类型对学习者词义猜测成绩的影响

研究者计算出每位被试在五类词上的平均分，并进行比较分析。采用弗雷德曼 T 检验来检验被试五类词猜测成绩总体平均分数是否存在显著性差异，结果表明被试在五类词的猜测成绩上存在显著性差异，五种因素对于词义猜测的结果均有显著影响，且影响程度有较大差异，这与实验假设相吻合。

3. 五种类型内部任意两种类型对词义猜测影响程度的比较

利用 T 检验对任意两种类型的猜测成绩进行两两比较，结果显示，以下两组类型之间词义猜测的成绩没有显著性差异：第 2 类与第 4 类，第 3 类与第 5 类。这表明第 2 类（语素义直接地、部分地表示词义）与第 4 类（表词义的语素有的失落原义）对词义猜测成绩的影响几乎相同，第 3 类（语素义间接地表示词义）与第 5 类（语素义完全不表示词义）对词义猜测成绩的影响也几乎相同。其余任何两种类型之间对词义猜测成绩的影响都存在显著性差异。

4. 所有因素对词义猜测成绩影响的程度

利用多元线性回归，计算各因素对词义猜测成绩影响的程度。研究者将国别类型、性别、学习时间、词义与语素义关系的五种类型作为自变量，将被试猜测词义的总分作为因变量，并采取反向剔除法进行处理，性别、学习时间、国别类型这三个因素依次被剔除。这表明，与其他影响因素相比，这三个因素对词义猜测成绩的影响不显著。在这三个因素内部，性别对词义猜测成绩的影响最小，国别类型对词义猜测成绩的影响较大，学习时间对词义猜测成绩的影响居中。一般认为学习时间对词义猜测的效果有一定影响，但本次实验的结果却没有发现学习时间对词义猜测成绩的显著影响。这是因为本次实验的被试都是中级水平的学习者，他们学习汉语的时间较为集中，学习时间在一年到两年之间的有 33 人，占施测对象总数的 82.5％，而学习时间小于一年和大于两年的一共有 7 人，仅占总数的 17.5％。由于学习者的学习时间的分布缺乏层次，因此对词义猜测成绩的影响尚未显现。

本次实验最重要的自变量——词义与语素义关系的五种类型对词义猜测成绩的影响程度，可建立以下回归方程：

$$Y = 0.222X_1 + 0.305X_2 + 0.182X_3 + 0.378X_4 + 0.313 X_5$$

（Y 表示总分，X_1……X_5 依次表示词义与语素义的五种类型）

从回归分析的结果可以看出，在其他自变量不变的情况下，自变量 X_1 每增加一个单位，词义猜测总体得分就会变化 0.222 个单位，自变量 X_2 每增加一个单位，词义猜测总体得分就随之变化 0.305 个单位……因而，在这五个因素中，第四个因素对词义猜测成绩的影响最大。五种类型对词义猜测成绩的影响程度从高到低依次为：第 4 类（表词义的语素有的失落原义）、第 5 类（语素义完全不表示词义）、第 2 类（语素义直接地、但部分地表示词义）、第 1 类（语素义直接地、完全地表示词义）、第 3 类（语素义间接地表示词义）。

5. 汉字文化圈与非汉字文化圈学习者词义猜测成绩的比较

汉字文化圈与非汉字文化圈学习者在测试问卷上 20 道题的平均得分差异较大。汉字文化圈的学习者平均得分为 41 分，非汉字文化圈学习者平均得分为 23 分。可见被试的语言背景对词义猜测的成绩有较大影响。汉字文化圈的学习者由于其母语中有汉字因素（如日语、韩语），在学习汉语前对汉字有一定的了解。经高级水平的韩国学习者认定，问卷中的被释词有一部分是汉字词，这对于他们理解词义有着积极的影响。这正与英语中的一些研究结果一致。Nation（2001）认为影响学习者猜测词义效果的一个重要因素是学习者的目的语与母语之间的相似度。Palmberg（1988）发现说瑞典语的年轻学习者在几乎不懂英语的条件下可以理解很多英语文本的意义。

此外，在测试结果中还发现了这种情况：有些词语被试认为自己已经学过，但其释义却不正确。产生这一现象的原因可能有两个：一是被试把要释义的词误认为是自己以前学习过的形近或音近的其他词语。二是被试可能在正式课堂以外以其他形式学过该词，但对词义的把握尚未达到完全掌握的程度。这些词语可能是学习者伴随性词汇学习的产物。伴随性词汇学习所获得的知识大部分只属于理解性的范畴，尚未达到自觉生成词语和词义的程度，即学习者在此时学习的词汇知识只是被动接受性的，而非主动生成性的。从理解接受一个词到熟练生成运用该词还需经历一个过程。Laufer（1998）、Stuart Webb（2008）的研究表明，接受性词汇的规模大于生成性词汇。因此，让学习者接受某词比让学习者生成该词要难得多。而对词语进行释义这一活动正属于生成性的词汇知识，因为它不仅需要学习者"意会"，更需要"言传"（以释义的方式体现）。被试虽以其他方式学过该词，但却未必能对该词的意义进行准确的解释。

三、实验结果的分析与讨论

以上的研究仅仅是个局部的实验，仅涉及 20 个汉语双音复合词，40 个汉语第二语言学习者，从中所得出的结论并不能完全代表第二语言学习过程中在词义猜测方面的全部特点和问题。但通过这个实验我们至少可以看出，下面这几个问题跟学习者习得汉语双音复合词密切相关：（1）学习者是否关注组成双音复合词的语素的意义；（2）学习者是否关注到双音复合词两个语素在意义上的关系；（3）学习者是否关注到记录语素的汉字构形意义与语素意义的关系；（4）学习者是否关注到词义中隐含的文化内涵。

第二语言的习得研究其最终目的是给语言教师以策略，使之在教学中提升学习者第二语言学习的效率，因此，根据本研究的学习者在释义过程中出现的有关汉字、语素、词汇等方面的问题，我们建议在汉语第二语言词汇教学中应注意以下几个方面的问题：

（一）增强学习者的语素意识

从学习者对词语的释义可以看出，他们已具有了一定的语素意识，但对多义语素的认识不太深入。在教学中教师应该引导学习者关注语素的多义性，注意多义语素在不同复合词中意义的灵活性和多变性。由于全面掌握多义语素有一定困难，教师可以采取多种方法来帮助学习者来学习和掌握多义语素。王宁（1996）曾根据语素的本义与各个义项之间的关系，按照远近亲疏程度把若干义项归为一个义列。朱志平（2005）曾提出"义列分素法"来区分一些汉字的同形异素现象。"义列"的提出使多义语素的义项层级化，使学习者能够驭繁就简地把握语素的意义。如果在教学中引入这种方法，帮助学习者梳理常见语素的义列，这样既可以使同形异素覆盖下的汉字的意义清晰明了，又便于学习者高效地掌握多义语素。

一切语言知识教学的最终目的在于学习者的使用，而搭配是语言使用的具体表现。Nation（1990）认为词汇知识包括三大类：形式、意义、使用。每一大类又包括三小类，其中搭配（collocations）是属于使用中的一个重要方面。因此，教学中我们应该重视语素的搭配功能。弄清含有同一语素的不同复合词的异同，在此基础上，可以用所学的复合词与其他词语搭配，来形成不同的线性组合，这样既帮助学习者了解语素在组合中的灵活性，又能让他们准确了解复合词在短语语境中的具体用法。

汉字是几千年汉文化的积淀，现代书写的汉字承载了几千年的文化。现代汉语中有些复合词和组成复合词的语素还保留了造字的本义或上古时代的常用义，用现代汉语的理解来看这些词和语素的意义就会产生隔膜，或者有时只知其然而不知其所以然，这就需要我们用历史的眼光来追溯它们的意义，区分语素意义的历史层次，只有这样才能准确把握古汉语遗留的语素义和词义在现代汉语中的意义。

（二）加强对复合词内部关系复杂性的认识

在复合词内部，两个语素之间的关系结构关系是影响学习者猜测词义效果的重要因素。在现代汉语中，复合词内部的五种关系并非平均分布。从学习者释义的情况来看，他们最容易把一个新词看作偏正结构和并列结构，有时由于对语素理解的偏差，也会造成对复合词内部结构关系的判断错误。

从词义与语素义之间关系的角度来看，学习者通常认为词义与语素义密切相关，但却很少注意到在复合词的整个词义中，语素在每个具体词义中的贡献是不均等的，词义与语素义并非完全的对应和相加关系。有些语素义在整个词义中是不表示其本来的意义的，如"风险"的"风"；有时，甚至几个语素义都与词义无关，如"地步"。虽然这些情况在汉语中相对较少，但是也应引起学习者的高度重视。

在学习者释义的过程中，我们发现虽然有些学习者理解词的意义，但却很难用概括性的词语来表达。因此他们常常用具体文句中的意义，或者具体的句子来代替对词义的解释。Cronbach（1942）曾界定了词的多维性的范畴，包括概括性、应用性、准确性、灵活性以及词的宽度。对词义的解释是对词义概括的重要方式，这是学习者全面掌握词汇知识的重要方面。我们在教学中应该使学习者认识到词的概括意义不完全等于词在具体文句中的意义，在平时的教学中应注意培养学习者的概括能力。

（三）重视对汉字、词汇的"深度加工"

中级水平的学习者已经有了较明确的汉字部件意识，尤其是已经懂得汉字的形旁与字义有着密切的联系，但在具体的运用中有泛化的倾向。在教学中，我们应该引导学习者正确看待现代汉字的部件。现代汉字经历了漫长的历史演变，很多汉字的形体发生了很多改变，因此完全用现代汉字的形体来推测汉字的义类和读音有时是不可靠的。

此外，形近字和同音词的干扰也是影响学习者词汇判断的重要因素。对于那些声旁、形旁相似的汉字，应该采取各种方法帮助学习者区分和辨认。比如，可以采用形近字归类的方法。更重要的是我们应该从学理上给予指导，帮助他们剖析这些形近字的区别性特征，这种深层的加工会大大提高学习者认知形近字的准确率。比如，对"成"与"诚"这样的形近字的解说。Craik & Lockhart（1972）曾提出"加工深度（或水平）假说"，加工的程度越深，进入长时记忆的可能性就越大，如果对汉字的教学不仅仅停留在汉字形体和语音的层面，而是尽可能深地挖掘汉字的形旁、声旁所附带的意义特征，那么汉字学习的效果就会有明显提高。

同样对词汇加工的深度也会影响学习者对词义的理解，这里的"深度"指的是对语义和认知理解的更高程度。例如，一个词认知以后，它可能会在学习主体过去经验的基础上进行深度的加工，可能会激发一个相关词语、形象或故事，最终达到对目标词认识的深化。如果对词汇的加工，不仅停留在母语与汉语的对译层面，而是挖掘汉语词汇所附带的文化和独有特征，那么词汇教学的效果也会大大增强。

（四）重视词的文化意义

语言与文化关系密切，词义承载着民族文化。苏宝荣（2000）认为："词义具有民族性的特点，就是说，词义在反应概念的基础上附加了民族文化内涵，离开民族文化背景，词义就难于理解。"他把词的语言意义和文化意义之间的关系分为三种情况：非文化词语、在特定文化背景下产生的文化词语、逐渐获得文化意义的文化词。对于那些有特定文化意义的词语，我们应该引导学习者在汉文化的系统中体会词义所蕴含的民族特点和意义，唯有把握了汉文化特点的学习者才有可能真正地学好汉语。

由于本研究受调查时间、范围和规模的限制，问卷所涉及的双音词的数量有限，这主要是考虑到调查的可行性。如有机会，可增加问卷调查项目的数量，进行更大规模样本的调查。

第三节　外国学生汉语词汇学习策略研究①

一、研究背景

学习是一种认知过程，认知是一种技能。作为一种在心理活动驱动下实施的技能，学习策略一方面要受到心理活动的影响，另一方面它会在学习过程中表现出来，成为一种可以观察到的外在活动。学习策略可以是具体的学习技巧或手段，也可以经过归纳上升为学习方法。学习策略会对学习能力和学习水平产生影响，学习者在使用某种策略进行学习的时候既可能是有意识的也可能是下意识的。因此，学习策略的研究有可能使之成为有意识的，并通过教学对学习者提高学习能力和水平产生正面影响。

词汇学习策略是词汇习得的基础，结合第二语言学习者词汇学习的策略来观察词汇习得过程，有可能更清楚地看到词汇习得的实质，也就能够为词汇教学提出更为有效的教学建议。这一节的研究主要针对中级水平留学生词汇学习策略进行，研究目的是为了了解中级水平阶段外国学生汉语词汇学习所采用的常用的主要策略，并由此给汉语作为第二语言的词汇教学提出相应的教学策略和建议。

对大多数第二语言学习者来说，中级阶段通往高级阶段的学习往往是一个漫长的缓坡，不少汉语作为第二语言的学习者从零起点开始学习汉语，经过一定的努力，很快就能达到中级水平，但是从中级到高级就显得很吃力，很多人努力多年依旧在中级阶段徘徊不前。学习者反映的一个主要问题就是词汇量不够。从中级往上的各种班级的任课教师也反映，这个阶段的教学成果不显著，主要原因有两个，一个是学习者没有成就感，另一个是教师不知道如何展开这

---

① 这部分研究的主要内容来自刘超英硕士学位论文《中级水平留学生汉语词汇学习策略调查研究》，2007 年 5 月通过答辩，导师朱志平。研究内容由马思宇整理，朱志平重新撰写成文，分析过程及研究观点与原文有差异。

个阶段的教学。由于学习者没有成就感，学习的主动性就比较差，课堂配合教师教学的积极性下降，情感过滤上升；教师在组织教学时也感到，这个阶段汉语基本语法已经学完，词汇比较散乱，难以在教学设计时确定教学重点。这两个问题都跟词汇学习策略与词汇教学策略有关，当然后者还涉及对汉语词汇本体进一步研究的问题。

这里所讨论的"中级水平"测定标准主要依据《高等学校外国留学生汉语教学大纲》（长期进修）（北京语言文化大学出版社，2002），其词汇量的起点是2462个，终点是5312个。也就是说，这里所调查的学习者从理论上讲已经掌握了大约2400个汉语词汇。这里实际调查的对象，主要是北京师范大学201年级的外国留学生，这个年级的学生汉语学习时长理论上处于800～1200个学时之间。①

二、研究方法

本研究分两个步骤进行：第一步是访谈，通过访谈了解整个初中级及至高级水平阶段的学习者，他们学习汉语词汇的常用策略，据此编制调查问卷，因此，访谈带有"预测"性质；第二步进入"实测"，向中级水平的留学生发放问卷，问卷根据访谈的数据编制，然后对问卷结果进行统计，问卷施测在研究方法上看似简单，由于有访谈作为基础，问卷涉及的有关学习策略的提问是经过精选的，结论的可信度就比较高。通过问卷调查，最终得出中级水平外国留学生汉语词汇学习的主要策略，并对这些策略的有效性进行分析。

三、访谈对象、过程、内容及分析

由于学习策略具有内隐的特点，如何学习词汇也因人而异，更何况"中级水平"并非一个界限分明的水平段，为了使调查获得的资料更为可靠，本研究采取先上下延伸被试的水平阶段，在较大的范围内访谈，由此来确定学习者常

---

① 学生入学后依据入学考试成绩分班，201年级属于在中国学习汉语800学时（每学时45分钟）以上的水平，完成201的学习还需要400学时，本研究在这期间施测。

用的策略。

（一）访谈对象

本研究一共访谈了 47 名在北京师范大学学习的外国留学生，其中 102 年级（相当于本科①一年级下学期，已经学习的学时约为 400～800 个）11 人，201 年级（相当于本科二年级上学期，已经学习的学时约为 800～1200 个）25 人，202 年级（相当于本科二年级下学期，已经学习的学时约为 1200～1600 个，开始进入高级水平阶段）2 人②，301 年级（相当于本科三年级上学期，已经学习的学时约为 1600～2000 个，属于高级水平阶段）9 人。访谈的重点还是放在 201 年级。

表 3-9　访谈对象年级分布

年级	102	201	202	301
人数	11	25	2	9

访谈的 47 名学习者分别来自以下 9 个国家：韩国（33 人）、朝鲜（1 人）、日本（7 人）、丹麦（1 人）、法国（1 人）、俄罗斯（1 人）、澳大利亚（1 人）、印尼（4 人）、泰国（1 人）。

表 3-10　访谈对象国别及人数分布

国别	韩国	朝鲜	日本	丹麦	法国	俄罗斯	澳大利亚	印尼	泰国
人数	33	1	7	1	1	1	1	4	1

从学习者来源人数分布上看，非汉字圈国家学习者偏少。为了减少因人数不均带来的影响，本研究采取了两个原则：一是策略归纳不以次数多寡为标准，凡出现的策略均列入归纳范围；二是对非汉字圈国家学习者给予专门关注。访谈时间为 30～60 分钟/人次。访谈采用笔录为主，录音为辅的方法。访谈结束以后对过程录音进行转写，用于补足笔录信息遗漏，以保证信息搜集的完整性。

---

①　北京师范大学此时采取的学制是本科四年制，进修生依据入学考试成绩编入本科系列。

②　由于各种条件的限制，202 年级参与访谈的人数略少于原计划。

（二）访谈内容

访谈内容分为三个部分。第一部分：访谈对象的基本情况，包括年龄、学科专业、学习汉语的动机、学习汉语的时间，等等；第二部分：一般性学习策略，包括学习中的困难以及自我解决的办法，预习、复习以及课堂学习中对词汇的处理办法，等等；第三部分：具体的学习策略，包括具体词语的记忆方法，是否理解某个已学词语，观察实际操作过程（通过学习辅导）。以上三个部分相互连接，步步深入，第一部分有预热的作用，也可以由此缓解学习者由于语言水平以及与访谈者熟悉程度等因素引起的紧张或焦虑；通过第二部分访谈，研究者对学习者有一个总体了解，可以比较自然地过渡到第三部分的访谈。由于研究者对大多数被访谈者是以"免费辅导学习"的方式交换信息，所以在第三部分可以较为真实客观地了解到被访谈者词汇学习的具体过程，从而使获得的信息真实可信。

（三）对访谈所获得的资料统计与整理

通过对访谈记录以及录音转写的整理，研究者获得第二语言学习者有关汉语词汇学习的"原始策略"共计 197 条。这里称之为"原始策略"，是因为这里搜集到的每一条"策略"都直接来自被访谈者日常汉语词汇学习过程，有些只是一些简单的学习方法，比如，是否经常预习词汇，怎么预习——是读一遍，还是根据查词典在生词表上做一些注解，等等。因此，它们是最原始的，需要做进一步的整理。

经过初步的整理，研究者把这些原始策略分为两个大类，一类是词汇学习过程中的一般性措施、活动或行为；一类是学习者对词汇所做的具体处理措施，以便更好地理解或记忆。前一类属于一般的元认知策略①，不作为本研究

---

① 我们倾向于把学习策略分为三类：元认知策略、社会/情感策略、认知策略。元认知策略主要涉及提前准备、集中注意、选择注意、自我管理等，属于理性归纳层面的策略，尚未进入更为具体的认知活动；社会/情感策略则是用于通过调节人与人关系以及个人情绪调整来促进学习的策略，属于感性支持的策略。认知策略则通过理解来认知汉语词汇，与本研究关系较为密切。因此，本研究主要关注"认知策略"。

的重点，后一类涉及具体的策略，属于本研究关注的范围。

第二类策略经过进一步的整理，可以再分为 5 类，这里的分类主要是从汉语词汇语义学以及语言教学的视角，从词汇使用涉及的不同条件以及语言教学过程中的各种因素来对所搜集到的策略进行归类，在这个基础上再做进一步的子类划分。现将分出的 5 大类策略分述如下：

1. 与词语内部要素相关的策略

这类策略跟词语内部要素相关，主要涉及两方面的要素，一个是汉字结构及其字义跟词义的关系，另一个是语素语义跟词义的关系。比如，学习者利用汉字与词语读音和意义之间的相关性来实现对词语的理解和记忆。他们或者拆分汉字部件，或者关联汉字部件义与词义。如将"褒"拆成"保"和"衣"，据此记忆"褒义"这个词；再如将"婚姻"这两个字所含部件"女"跟词义关联起来记忆。学习者对语素语义跟词义关系的利用主要表现在 5 方面，一是将两个及两个以上语素组成的词作为整体记忆，不做语素分析，如"肥皂"；二是离析语素，将不同词语内的同语素关联起来，比如"艰苦""艰难"中的共有语素"艰"，学习者利用它来理解这两个词共有的"很苦，不容易"的意思，从而掌握词义；三是利用已知的语素义来猜测词义，比如利用"思"的"思考"义来掌握"思索"的意思；四是通过查词典了解记录某个词语中所含语素的汉字字义，从而"组合"出该词的词义；五是利用语素语义关系来理解词义，比如"投票"，根据"投放、投掷"的意思与"（选）票"义关联，从而推知其义为"投放选票"。

如果把利用汉字策略与利用语素策略做进一步区分的话，这一类策略可以分成两类。如果对这两类策略的子类加以统计的话，利用汉字策略有两个子类，利用语素策略有 5 个子类。因此，这个部分的策略调查将得到两个大类策略，7 个子类策略。

2. 与词语外部环境相关的策略

这一策略主要是利用词语的上下文语境。一种情况是学习者已知词义，利用上下文进一步掌握词语意思。这又包括利用词组搭配策略，如"腐朽"与"制度"搭配结合成短语"腐朽的制度"；利用词典中的例句，进一步掌握并理解词义，如"花白"在例句"才四十岁的人头发都花白了"；利用词语出现的课文提供的语境来理解词义，如利用"腐朽"在课文句子"当地政府认为这种制度是腐朽的"（李炜东编著《中级汉语读写》，社会科学出版社，2006）中的使用来理解这个词的用法，等等。另一种情况是学习者不知道词义，利用上下文猜测词义。这又包括利用词语的句法位置猜测词性及其大意，如猜测"购买国库券"中的"国库券"是名词，而且由此确定其商品性质；利用词语所在的上下文、语句、语段甚至语篇来猜测词性和词义。

这一策略由于学习者知道词义或者不知道词义可以进一步分出 5 个子类策略。

3. 与汉语词汇系统相关的策略

这一策略是利用词语在汉语系统中的语义关系来了解词义。有 5 种情况：（1）近义词、反义词关联，如把"褒义"和"贬义"关联起来，学习"褒义"时关联到"贬义"，学习新词"坚定"关联到已知词"坚强"；（2）近义词辨析，如辨析"坚定"和"坚强"；（3）对同语素的词语进行关联记忆，如将"吃力"与"极力"放在一起记忆；（4）同"义类"的词关联记忆，如亲属类"姨妈""舅舅"；（5）对多义词各个义项进行关联，如对"自由色彩"的常用义"颜色"与引申义"风格、特点"关联记忆。

这一策略的 5 种情况也可以列为 5 个子类。

4. 与其他语言知识相关的策略

这一策略主要表现在对母语知识的利用上，有四种表现：（1）整体性利用母语，如生词表、词典中的母语翻译；（2）利用母语中与汉语音近、形近或义近的词语来理解汉语词；（3）用母语翻译目的语词语来记忆或理解汉语词语；（4）写作时先用母语，然后笔头翻译成汉语。

这一策略的四种表现也可以列为 4 个子类。

5. 其他策略

这一策略主要是重复。具体有三种情况：（1）口头、笔头机械重复记忆汉语词语；（2）结合一定的上下文来重复记忆；（3）制表将生词的读音、母语翻译、搭配等列出以助记忆。这三种情况可以作为三个子类编入调查结果。

在对上述策略进行分析的基础上，如果将第一类策略区分为"利用汉字"和"利用语素"，原有的 5 类策略就可以进一步分为 6 类，各类之下再列出其子类，结果就得到 6 类总策略及其下属的 24 个子策略。

（四）访谈研究基本结论

通过访谈及其结果的统计整理，研究者最初共得到 5 类总策略及其下属的 24 个子策略。表 3-11 是对这些策略的分类、分析及命名。

表 3-11 汉语词汇学习策略分析与分类

总策略	总策略分析	子策略
与词语内部要素相关的策略①	利用汉字与词汇的音义关系知识	拆分汉字部件策略
		汉字部件与词义关联策略
	利用语素语义知识	整体式词语学习策略
		离析式语素语义策略
		利用已知语素猜测词义策略
		分语素查词典策略
		利用语素关系分析词义策略
与词语外部环境相关的策略	已知词义，利用上下文学习词语	利用词组搭配策略
		利用词典中的例句策略
		利用课文内容策略
	不知词义，利用上下文猜测词义	利用词语句法位置猜测词性及大意策略
		利用上下文语义线索猜测词义策略
利用词汇语义关系知识策略		近义词、反义词联系学习策略
		辨析近义词策略
		同语素词联系策略
		同义类词联系策略
		多义词各义项关联策略

---

① 为保持栏目清楚，表格中暂不分第一类策略。

续表

总策略	总策略分析	子策略
利用母语策略	学生学习汉语词汇时经常利用母语资源的一般做法	整体性母语依赖策略
	利用母语中与汉语音近、形近或义近的词语	利用相近的母语词学习汉语词汇策略
	学生在阅读、记忆词语时将汉语直接翻译成母语	母语翻译记忆策略
	学生写汉语作文时，先用母语写作，在此基础上进行母语汉语对译	笔头翻译写作策略
利用重复来加强记忆策略		口头、笔头机械重复记忆策略
		结合上下文重复记忆策略
		制表记忆词语策略

表 3-11 所列是 5 类总策略，通过离析汉字和语素这两个概念，我们获得 6 类总策略，以及 24 个子策略。这些策略是学习者在学习汉语词汇时自觉或不自觉地采用的，而且它们是研究者通过与学习者交谈并在指导学习者学习词汇的过程中获得的。这样获得的结果较为客观地反映了学习者采用学习策略的真实情况。因此，所获得的这些策略描写也是比较客观真实的。

在这个基础上，本研究进入下一个环节：问卷调查。

四、关于问卷调查研究

问卷调查的目的是进一步了解策略的使用率，并据此分析学习者采用某些策略的倾向及其心理学取向。

(一) 被试情况简介

研究者对北京师范大学 2006 年秋季在校学习的 201 年级 10 个平行班进行调查，发放问卷 150 份，其中有效问卷 123 份，表 3-12 是有效问卷答卷者的母语情况。

表 3-12 学习者母语来源及人数

学习者母语	韩国语或朝鲜语	日语	印尼语	泰语	蒙古语	乌兹别克斯坦语	俄语	英语	德语	法语	丹麦语
人数	87	11	5	5	1	1	2	4	3	3	1

从表 3-12 可见，以韩国语或朝鲜语为母语的学习者人数较多，这也是当时这个水平阶段学习者母语分布的实际情况。由于除韩朝日外，其他地区均不属于汉字文化圈，而本文前面的访谈已经涉及汉字及其形音义的利用，研究者把学习者分为以下三类：韩国语或朝鲜语为母语者、日语为母语者、其他语言为母语者。

（二）调查结果与分析

1.6 类总策略使用调查与分析

根据访谈获得的结果，研究者就六类总策略对全体被试进行了问卷调查，其结果统计见表 3-13。

表 3-13 6 类总策略使用率

汉语词汇学习总策略	平均使用率（满分 5 分）[1]
利用汉字与词汇的音义关系知识策略	3.12
利用语素语义知识	3.63
利用词语外部环境的策略	3.54
利用词汇语义关系知识策略	3.16
利用母语策略	3.19
利用重复来加强记忆策略	2.93

总体上看，6 类总策略使用率之间尽管差别不大，但是有一定差距，各个策略使用率在 2.9 到 3.6 之间徘徊。具体看，"利用语素语义知识"使用率最高，达到 3.63，"利用重复来加强记忆策略"使用率最低，仅有 2.93。6 类策略使用率的差别梯度，可以用图表示如下：

———————————

① 保留小数点后两位，下仿此。

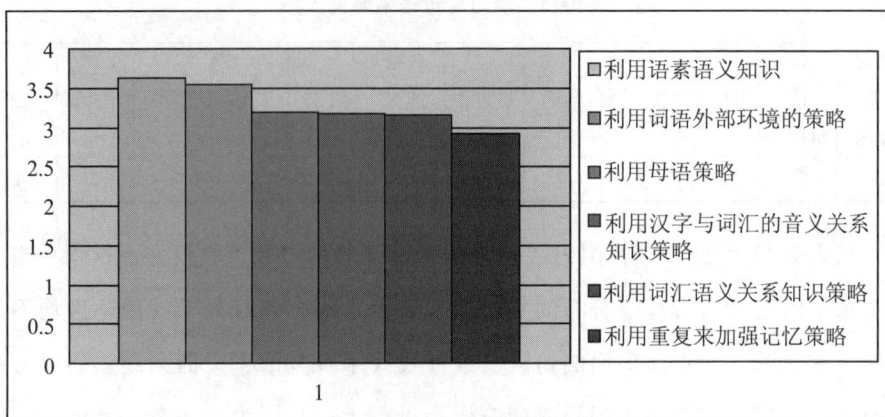

图 3-1　6 类总策略使用率梯度表

　　从 6 类总策略使用率的梯度差别看，这六类策略可以归纳为三档。第一档是学习者较多利用的两类策略，一个是词内，一个是词外。两者均与词汇本身的意义关系密切，语素语义是词汇语义的基础，而词汇所在的上下文，则是词汇语义得以限定的基本条件。由此可见，词汇语义是多数学习者首要关注的词汇要素。第二档是三类策略，包括利用母语，利用汉字形音义，利用词汇系统知识。这三种策略的使用率基本持平，都在 3.1～3.2 之间。这三个策略排在第二档，说明几个问题：一是母语的确是第二语言学习必不可少的工具之一，但同时也说明学习者并不认为母语助力是最重要的，重要的还是词义的理解；二是汉字形音义的利用还不多，说明在字词衔接上学习者还需要进一步的引导，词汇教学在这个方面仍有空间；三是词汇系统的利用并未受到最高程度的重视，说明对于第二语言学习来说，词汇系统的了解固然必要，但它属于语言知识的范围，从交际能力的培养的角度看，或者说从学习者自身交际能力生成的需求上来说，它不是首要的。机械的重复记忆被排在第三档，说明这种策略虽然为学习者所使用，但并不被作为最有效的策略，中级水平学习者可能已经认识到这一点。

　　以上是 6 类总策略使用率的统计与分析。如果将总策略分为子策略来统计，可能会看得更加清楚一些。

2.24 类子策略使用调查与分析

表 3-14　24 类子策略使用率

6 类词汇学习总策略	24 类词汇学习子策略	平均使用率（满分 5 分）
利用汉字与词汇的音义关系知识策略	拆分汉字部件策略	2.75
	汉字部件与词义关联策略	3.59
利用语素语义知识	整体式词语学习策略	3.33
	离析式语素语义策略	3.34
	利用已知语素猜测词义策略	4.07
	分语素查词典策略	4.11
	利用语素关系分析词义策略	3.30
利用词语外部环境的策略	利用词组搭配策略	3.57
	利用词典中的例句策略	3.48
	利用课文内容策略	3.71
	利用词语句法位置猜测词性及大意策略	3.18
	利用上下文语义线索猜测词义策略	3.76
利用词汇语义关系知识策略	近义词、反义词联系学习策略	2.71
	辨析近义词策略	3.09
	同语素词联系策略	3.29
	同义类词联系策略	3.03
	多义词各义项关联策略	3.67
利用母语策略	整体性母语依赖策略	3.36
	利用相近的母语词学习汉语词汇策略	3.78
	母语翻译记忆策略	3.19
	笔头翻译写作策略	2.43
利用重复来加强记忆策略	口头、笔头机械重复记忆策略	2.92
	结合上下文重复记忆策略	3.62
	制表记忆词语策略	2.24

子策略的使用率向我们显示了更多信息。

首先我们来看第一类总策略"利用汉字与词汇的音义关系知识策略"，该总策略下有两个子策略：汉字部件与词义关联策略（3.59），拆分汉字部件策略（2.75）。两个子策略有如此大的差别足以说明学习者对前者的偏好，也就是说，学习者更倾向于将记录某个词的汉字的部件所显示的意义与词义关联起来以帮助词汇的记忆和词义的掌握。

第二类总策略"利用语素语义知识"下有 5 个子策略，它们的使用率可以依降序排列如下：分语素查词典策略（4.11），利用已知语素猜测词义策略（4.07），离析式语素语义策略（3.34），整体式词语学习策略（3.33），利用语素关系分析词义策略（3.30）。很明显，"分语素查词典策略""利用已知语素猜测词义策略"使学习者使用最多的，而"离析式语素语义策略""整体式词语学习策略""利用语素关系分析词义策略"则使用相对较少。我们认为，这种使用率上的差异表明，中级水平学习者已经意识到语素意义对词义的影响，所以相对于"整体式词语学习策略"，他们更倾向于关注语素意义与词义的关系，但对于两个以上音节组成的词，学习者对组词语素之间的语义关系却相对关注较少，尚未意识到语素语义关系对词义可能发生的影响，以及不同多音节词相同语素之间的关系。

第三类总策略"利用词语外部环境的策略"下有 5 个子策略，它们的使用率可以依降序排列如下：利用上下文语义线索猜测词义策略（3.76），利用课文内容策略（3.71），利用词组搭配策略（3.57），利用词典中的例句策略（3.48），利用词语句法位置猜测词性及大意策略（3.18）。总体上看，这 5 个子策略使用率之间没有很大的梯度差，可以分成三档：利用上下文语义线索和课文内容使用率最高，利用词组搭配和词典例句使用率居中，利用词语语法位置猜测词性及词义使用率最低。这个梯度在一定程度上显示，学习者在进行词汇学习的过程中更多地依靠语义，较少依靠语法。因此再利用词外条件方面上下文及课文内容所提供的语义线索就成为相对主要的策略。

第四类总策略"利用词汇语义关系知识策略"下有 5 个子策略，它们的使用率可以依降序排列如下：多义词各义项关联策略（3.67），同语素词联系策略（3.29），辨析近义词策略（3.09），同义类词联系策略（3.03），近义词、反义词联系学习策略（2.71）。这些策略依据使用率的梯度差可以分为 4 档：

第一档"多义词各义项关联策略（3.67）"使用率最高，说明中级水平学习者在学习词汇的过程中已经关注到汉语词汇的多义性。第二档"同语素词联系策略（3.29）"使用率略低，如果跳出总策略，与第二类总策略中的"离析式语素语义策略（3.34）"使用率相比，二者相当，说明中级水平学习者在学习汉语多音节词的时候，总体上对不同多音节词的相同语素有一定程度的关注，但关注程度还不高。第三档是"辨析近义词策略（3.09）"和"同义类词联系策略（3.03）"，这两类子策略在同类子策略中使用率相对低一些，这可能有两个原因：一个是在中级水平阶段学习者对汉语词汇系统的了解还有限，尚未建立起词汇系统的全局观念；另一个是在第二语言的学习过程中，词义的掌握从心理上讲，更多的是目的语心理词典的建立，相比较之下，词义离析比词义关联更为重要。第四档是"近义词、反义词联系学习策略（2.71）"，这个策略使用率最低，其原因既可以从这一组策略使用率的梯度来看，也可以从词汇系统来看。从组内各个子策略使用率的梯度来看，与词义内涵越是接近的策略使用率越高，说明明确的词义内涵是学习者容易把握的关键所在；从词汇系统来看，如前所述，由于中级水平阶段学习者对汉语词汇系统了解的有限性，可能导致他们对与词汇系统相关的目的语知识关注不够，而在"同义、近义"与"近义、反义"这两种关系中，后者由于其主要表现为词义间的逻辑关系尤其不被学习者重视。

　　第五类总策略"利用母语策略"下有4个子策略，它们的使用率可以依降序排列如下：利用相近的母语词学习汉语词汇策略（3.78），整体性母语依赖策略（3.36），母语翻译记忆策略（3.19），笔头翻译写作策略（2.43）。从这些子策略的使用率梯度可以看到几点：第一，在中级水平阶段学习者对母语依旧有较强的依赖性，说明母语是第二语言学习过程中一个不可小觑的助力；第二，倾向于利用母语中相近的词语来学习汉语词汇，主要是汉字文化圈学习者，说明这类学习者的优势所在；第三，写作时采用笔头翻译策略的使用率较低，说明在中级阶段这样的做法并不普遍，事实上，由于任何两种语言的词语之间都没有绝对的一一对应，这也是一个不可取的策略。

第六类总策略"利用重复来加强记忆策略"下有 3 个子策略，它们的使用率可以依降序排列如下：结合上下文重复记忆策略（3.62），口头、笔头机械重复记忆策略（2.92），制表记忆词语策略（2.24）。

在这三个子策略中，使用率较高的还是"结合上下文重复记忆策略（3.62）"，跳出总策略的框架，我们可以比较他与同类子策略的使用率。在第三类总策略"利用词语外部环境的策略"下有同类子策略"利用上下文语义线索猜测词义策略（3.76）"，其使用率与之相当，说明上下文是学习者比较重视的词义条件之一；后两个策略使用率不算很高，但从策略优化的角度看，"机械重复"不能算是最优的策略，从这一点讲，"口头、笔头机械重复记忆策略（2.92）"的使用率并不低。

五、研究结论

以上是对中级水平汉语第二语言学习者汉语词汇学习策略的调查与分析，通过对初中级至高级水平学习者的访谈，研究者搜集了以中级水平学习者为核心人群的学习者词汇学习原始策略共计 197 条，经过筛选、分析最终归纳为 6 类 24 子类。

经过对 6 类总策略的问卷调查，我们发现，在 6 类总策略中使用率最高的是第二、三类策略："利用语素语义知识（3.63）"和"利用词语外部环境的策略（3.54）"，其次为"利用母语策略（3.19）""利用汉字与词汇的音义关系知识策略（3.16）"和"利用词汇语义关系知识策略（3.12）"，最次为"利用重复来加强记忆策略（2.93）"。这种策略选择的取向与我们语言教学的基本思想是一致的，那就是语言沟通的前提条件是语义的理解，中级水平的学习者已经具有了这种意识，而这又为语言教学中关注语义理解提供了更为有利的理念上的支持。

24 个子策略的问卷调查进一步印证了我们上面的推测。在 6 类总策略中和在 24 个子策略中使用率都最高的有如下几个策略：分语素查词典策略（4.11），利用已知语素猜测词义策略（4.07），利用相近的母语词学习汉语词汇策略（3.78），利用上下文语义线索猜测词义策略（3.76），利用课文内容策略（3.71），多义词各义项关联策略（3.67），结合上下文重复记忆策略（3.62），汉字部件与词义关联策略（3.59）。它们几乎无一例外地与词义紧密关联。语素是词汇组成的基础，语素的意义直接影响词汇的意义。对于汉字文化圈国家的学生来说，母语词也是因为其在语义上与汉语词汇相近而被学习者较多地利用。这个子策略的使用率高应当跟本调查的 47 名被试中有 41 名来自日、韩、朝三国有关系，所以这个结论从理论上讲不具有普适性。在使用率较高的子策略中有三个都跟词语使用的上下文有关，这充分表明词语的掌握仅仅依靠查阅词典或母语翻译是不够的，词语的使用条件是一个不可忽略的因素。这也与我们语言教学中一贯的主张相合：要在课文中教词语。关联多义词义项策略的使用也与上下文策略相关着。由于词汇的语义往往不是单一的，一个词词义的确定，最终要在一定的语言条件下实现。这个策略的高使用率说明中级水平学习者已经建立起汉语词汇多义性的观念，这是一个可喜的现象。汉语是表意文字，今天的汉字往往就是古代汉语的词，成字部件同样如此，对汉字部件与词义关系的关注有助于学习者将汉字的学习与汉语词汇的学习关联起来，这与我们主张"字词衔接"的观点也是一致的。

　　本次调查还有两个方面的问题值得我们关注。一个是词汇语义与句法的关系，以往我们在教学中相对重视词汇的语法特征，比如词性，词语在句中充当的成分，等等。从这次调查的结果看学习者对这类策略的使用并不多，这说明词汇语义的掌握并不能完全依靠词汇的句法特征，这是一个有待我们进一步研究的问题；另一个问题是学习者虽然对语素语义及其与词汇的关系有一定的关注，但是从访谈及问卷调查的结果看，学习者对多音节词特别是双音节词的两个或几个语素在语义上的关系关注得并不多，这是值得我们注意的，在教学中应当加强引导。由于汉字的单个呈现方式，汉语多音节词语素间的语义关系往往容易被教学双方忽略掉，而它们对多音节词特别是双音节词词义的影响是不可忽视的。

本章参考文献

陈绂．谈日本留学生学习汉语复合词时的母语负迁移现象．北京师范大学学报（社会科学版），1998（6）．

方艳．留学生利用词汇语境学习策略之研究．云南师范大学学报，2005（3）．

冯丽萍．中级汉语水平外国留学生的中文词汇识别规律分析．暨南大学华文学院学报，2003（3）．

符淮青．现代汉语词汇．北京：北京大学出版社，1985．

符淮青．词义和构成词的语素义的关系．辞书研究，1981（1）．

符淮青．现代汉语词汇．北京：北京大学出版社，1985．

符淮青．现代汉语词汇（增订本）．北京：北京大学出版社，2004．

胡壮麟．语篇的衔接与连贯．上海：上海外语教育出版社，2003．

高立群，孟凌．外国留学生汉语阅读中音、形信息对汉字辨认的影响．世界汉语教学，2000（4）．

国家对外汉语教学领导小组编．高等学校外国留学生汉语言专业教学大纲．北京：北京语言文化大学出版社，2002．

国家汉语水平考试委员会办公室考试中心制定．汉语水平词汇与汉字等级大纲．北京：经济科学出版社，2001．

江新，赵果．初级阶段外国留学生汉字学习策略的调查研究．语言教学与研究，2001（4）．

江新．汉语作为第二语言学习策略初探．语言教学与研究，2000（1）．

李金钞．中、高级阶段的词语教学．第三届国际汉语教学讨论会论文选．北京：北京语言学院出版社，1991．

李炜东．外国学生汉语言专业本科系列教材汉语精读课本（二年级上册）．北京：中国社会科学出版社，2006．

刘颂浩．关于在语境中猜测词义的调查．汉语学习，2001（1）．

钱旭菁．词义猜测的过程和猜测所用的知识——伴随性词语学习的个案研究．世界汉语教学，2005，（1）．

钱旭菁．汉语阅读中的伴随性词汇学习研究．北京大学学报（哲学社会科学版），2003 卷（4）．

上海交通大学汉字编码组，上海汉语拼音文字研究组编著．汉字信息字典．北京：科学出版社，1988．

苏宝荣．词义研究与辞书释义．北京：商务印书馆，2000．

苏培成．二十世纪的现代汉字研究．太原：书海出版社，2001．

孙剑艺．汉语词汇学——汉语的字、词、词素探析．济南：山东大学出版社，2002．

孙俊．日本留学生汉语词汇学习过程中借用母语策略研究．北京第二外国语学院学报，2005（2）．

王艾录，司富珍．汉语的语词理据．北京：商务印书馆，2001．

王春茂，彭聃龄．多词素词的通达表征：分解还是整体．心理科学，2000（4）．

王宁．训诂学原理．北京：中国国际广播出版社，1996．

王宁．训诂学与汉语双音词的结构与意义．语言教学与研究，1997（4）．

王树斋．汉语复合词词素义和词义的关系．汉语学习，1993（2）．

吴霞，王蔷．非英语专业本科生词汇学习策略．外语教学与研究，2000（1）．

邢红兵．《汉语水平词汇等级大纲》双音合成词语素统计分析．世界汉语教学，2006（3）．

徐子亮．外国学生汉语学习策略的认知心理分析．世界汉语教学，1999（4）．

杨晓明．SPSS 在教育统计中的作用，北京：高等教育出版社，2004．

杨翼．高级汉语学习者的学习策略与学习效果的关系．世界汉语教学，1998（1）．

张和生．对外汉语词汇教学研究述评．语言文字应用，2005（9）．

张金桥，吴晓明．词形词义因素在留学生汉语词汇选择判断中的作用．世界汉语教学，2005（2）．

周一民，杨润陆．现代汉语．北京：北京师范大学出版社，1995．

朱志平．汉语双音复合词属性研究．北京：北京大学出版社，2005．

朱志平. 汉字教学与词汇教学的衔接. 国际汉语教学动态与研究，2005（4）.

朱志平. 双音节复合词语素结合理据的分析及其在第二语言教学中的应用. 世界汉语教学，2006（1）.

张联荣. 词典释义中的词义和语素义. 辞书研究，2001（2）.

朱志平. 汉语双音复合词属性研究. 北京：北京大学出版社，2005.

朱志平. 汉语第二语言教学理论概要. 北京：北京大学出版社，2008.

Craik，F. I. M. & Lockhart，R. S. Levels of Processing：A Framework for Memory Research. Journal of Verbal Learning and Verbal Behavior，1972(11).

Cronbach，L. J. An Analysis of Techniques for Diagnostic Vocabulary Testing. Journal of Educational Research，1942(36).

Cohen. Strategies in Learning and Usinga Second Language. London：Longman，1998.

Ellis. 第二语言习得概论. 上海：上海外语教育出版社，1999.

Ellis. The Study of Second Langiuage Acqusition. 上海：上海外语教育出版社，1999.

Laufer，B. The Development of Passive and Active Vocabulary in a Second Language：Same or Different? Applied Linguistics，1998(19).

Nation I. S. P. Teaching and Learning Vocabulary. NewYork：Newbury house Publishers，1990.

Nation，I. S. P. Learning Vocabulary in Another Language. Cambridge：Cambridge University Press，2001.

Palmberg，R. On Lexical Inferencing and Language Distance. Journal of Pragmatics，1988(12).

Stuart，Webb. Receptive and Productive Vocabulary Sizes of L2 Learners. Studies in Second Language Acquisition，2008(30).

Kathleen，Lorraine K. Tyler. Morphological and Semantic Effects in Visual Word Recognition：A time-course study. Language and Cognitive Processes，

2000(15).

Tan，Perfetti. Phonological Activation in Visual Identification of Chinese Two-Character Words. Journal of Experimental psychology：Learning，Memory，and Cognition，1999(23).

Zhou，Marslen-Wilson and Shu. Morphology，Orthography and Phonology in Reading Chinese Compound Words. Language and Cognitive Process，1999 (14).

Nation. Teaching and Learning Vocabulary. Boston：Heile and Heile Publishers，1990.

O'Malley，Chamot. Learning Strategies in Second Language Acquisition. 上海：上海外语教育出版社，2001.

Oxford. Language Learning Strategies：What Every Teacher Should Know. New York：Newbury House，1990.

Schmitt，N. and M. McCarthy（eds.）. Vocabulary：Description，Acquisition and Pedagogy. Cambrige：Cambrige University Press，1997.

顾永琦. Vocabulary Learning Strategies and Learning Outcomes // The International Language Education Conference. Hongkong，1994.

第四章 汉语句法习得与发展

句子是语言交际中最重要的单位，也是语言认知与习得研究中非常复杂的内容。对学习与教学两个过程来说，它都体现了综合能力的运用，因此一直是第二语言习得研究中的重点。

从汉语作为第二语言习得研究开始，汉语句法的习得就引起了诸多学者的关注。由于汉语的特殊性质，此类研究主要集中在有特殊标志、特殊句式、特殊语义的句法结构方面，包括"把"字句、被动句与"被"字句、疑问句、话题句、主谓谓语句、存现句、连动句、兼语句、比较句、"是……的"句、"得"字补语句、趋向补语、关系从句、不同语义关系的复句等。在这些研究中，既有对不同母语背景汉语学习者的对比分析，如施家炜（1998）对母语为英、韩、日语留学生和中国小学生22类现代汉语单句句式习得顺序的考察，刘谦功（2000）对韩语、英语背景留学生让步复句的习得顺序研究，冯丽萍、宋治洲（2007）对法、韩母语背景者汉语转折性关联词语习得的考察；也有对某一母语背景学习者汉语句法结构习得发展阶段的研究，目前此类研究以英语、日语、朝鲜语（韩国语）、越南语背景为主，如肖小平（2001）对越南留学生比较句习得顺序的研究、王亚琼（2011）对英语母语留学生汉语关系从句习得的考察、钱旭菁（1997）对日本留学生汉语趋向补语习得顺序的研究、黄玉花（2007）对韩国留学生趋向补语习得情况的分析、曹秀玲（2000）对朝鲜语学生汉语宾补共现句习得的研究等。从研究材料的来源上，数据收集方法大体上有三种：一种是收集学习者的自然语料（口头作文或书面作文，包括语料库），如刘谦功（2000）用自然语料（作业）分析和个案跟踪的方法对韩语、英语背景留学生让步复句的习得研究，杨德峰（2003）用语料库数据对英语母语学习者趋向补语习得顺序的研究；另一种是收集诱发语料（以问卷和测验为主要方式），例如钱旭菁（1997）用选择和翻译问卷的方法对日本留学生趋向补语习得顺序的研究，王亚琼（2011）使用翻译、定义任务对英语母语者关系从句习得的分析；第三种则是综合使用不同方法，如曹秀玲、杨素英（2006）用专题测试和自然语料分析对汉语话题句的习得研究，肖青（2009）使用自然语料和句法判断、句子产生等任务对韩国学生汉语主谓谓语句习得的研究。在得到语料或数据后，研究的分析角度主要也可分为两类：一类是通过对语料的综合分析对不同句式或同一句式不同种类的句法结构习得进行描述，如吴门吉、周小兵（2005）对意义被动句与"被"字句习得难度的比较研究，孙德金（2002）对"得"字补语句习得情况的考察；另一类则以偏误分析为主要方法，如赵宰德（2011）对韩国学生汉语关系从句习得的研究，成燕燕（2006）对哈萨克学生汉语"把"字句习得的偏误分析等。

通过上述从研究材料与对象、研究方法、研究角度等方面的分析和列举，我们可以看到句法在汉语作为第二语言习得研究中的重要地位和丰硕成果。如果将汉语句法习得研究与西方的第二语言习得研究进行比较，可以看到二者存在着很大的不同。西方的研究分为不同主题，有的是在生成语法学派、管辖约束理论的框架内研究第二语言的句法习得，例如关于句法成分位置变换的位移理论和制约理论、关于语义共指关系的边界理论等，其目的主要是检验普遍语法原则在第二语言习得中的可及性及其参数的设定原则，建立第二语言句法认知的理论框架；有的则通过某些句法结构，如否定结构、疑问结构、主题句与主语句、关系从句等习得的研究，描写第二语言句法习得发展的阶段性，建构第二语言句法习得发展的框架。而汉语作为第二语言习得的研究大多是探讨外国学习者对汉语某些句法形式的习得规律及其影响因素。这些研究结果描述了汉语学习者的句法学习与运用规律，为汉语教学提供了一定的参考。但是，从学科发展的角度说，仅有这些还是不够的，第二语言习得研究还应该分析语言的习得过程，解释学习者如何在语言学习与接触中逐渐获得抽象的目的语知识并形成其知识结构表征，回答"学习者如何通过有限的语言输入建构语法规则并产生无限的输出?"这一第二语言习得中的"逻辑问题",从而为能够更好地解释和预测语言习得的过程在理论上提供更多具有说服力的证据。

本章的内容分为四节,分别是对外国学生汉语转折性关联词语、汉语主谓谓语句、汉语存现句、汉语比较句习得的研究,其研究中所涉及的学习者的母语背景和汉语水平各不相同,语言样本的来源和分析方法也不一致,但它们有一个共同的思路,就是通过对汉语某一种句法结构习得的分析,描写外国学生在习得该句法结构时的总体规律与特点。希望这些内容既能够体现某一国别的外国学生、某一种句法结构的习得规律,同时又为建构汉语作为第二语言句法习得的理论框架提供参考。

第一节　外国学生汉语转折性关联词语习得研究①

一、研究目的

"关联词语是在语言学中一般用在复句内部各分句之间起关联作用,并表示一定逻辑语义关系的词语。"(邢福义,2001)在现代汉语篇章中,小句或段落之间都是有语义联系的。当表示不同的关系时,常常需要使用关联词语,否则可能造成语义不清。

据统计,在现代汉语中,表示转折关系的关联词语的使用频率要高于其他关系的关联词语。(罗日新,1995)而关于外国留学生写作材料的统计结果也表明,他们使用比较多的是转折、因果、假设类的关联词语,其中表示转折的最多。(辛平,2001)

那么对于数量丰富、意义复杂而又被较多使用的转折性关联词语来说,外

---

① 本节内容由冯丽萍依据硕士研究生宋治洲(导师:冯丽萍)硕士学位论文的数据与材料撰写。

国学生在理解和运用时表现出哪些规律？其习得的发展受哪些因素的影响？为此，我们将通过对不同母语背景的外国学生汉语语料的分析和统计来探讨其转折性关联词语的习得规律与发展。

二、研究过程

（一）转折性关联词语的选择与语料来源

转折性关联词语在汉语语法研究的初期已引起语法学家们的关注。《马氏文通》中对转折句的形式与意义已有所论述，随着研究的深入，诸多学者对此也都进行了专题研究，因而形成了关于转折复句和转折性关联词语在范围、分类、句法、语义、功能等方面的不同观点。

根据研究目的，以邢福义先生（2001）关于复句和关联词语的观点为主要依据，并参考国家汉办的《高等学校外国留学生汉语言专业教学大纲》，我们选择的转折性关联词语所形成的语义关系包括：突转关系（如……但是……）；让步关系，包括容认性让步（如虽然……但是）、虚拟性让步（如即使……也）、无条件让步（如无论……都）、忍让性让步（如宁可……也不）；假转关系，包括逆原因假转（如因为……否则）、逆条件假转（如除非……否则）、选择性假转（如要么……否则）。

研究分析所用的全部是自然语料，分别来自初、中、高汉语水平的韩国学生和法国学生的作文，共约 10 万字，其中出现包含转折性关联词语的复句 901 句。研究中选择语料的标准如下：全部为转折关系复句；所有转折复句均带有关联词语，对于意合转折句不予选择；错误的句子都是指转折性关联词语使用出现错误，对于句中其他成分的错误不予分析。

（二）转折性关联词语使用偏误分析

学生语料中出现的偏误表现在语法、语义、语用三个层面，由于语义的错误往往与语法有关，因此我们将从语法和语用两个方面对其偏误进行分析。我们首先对偏误进行分类和解释，然后通过数据分析探讨其偏误的分布以及所反映的学习者的使用规律。

1. 语法偏误

在复句的句法平面，表示逻辑语义关系的关联词语是句法常项，它所关联的小句是句法变项。（王维贤，1993）根据韩法学生转折性关联词语使用中出现的句法常项和句法变项错误，我们从以下几个方面进行分析。

（1）关联词语的缺失

这种偏误是指在具有转折意义的复句中缺少了表示转折关系的关联词语，这种缺失又表现在独立使用关联词语的缺失、固定双用关联词语的缺失、套用关联词语的缺失三种类型。

①独立使用的关联词语的缺失

在学生的语料中，出现了许多诸如下面结构的句子：

［1］我们现在知道五百个字了，我很高兴，我想去中国，【但】① 我还没有金钱，所以我要明年去。

［2］我有那么多朋友，【可】还是觉得我的弟弟给我最深的印象。

吕叔湘先生（1982）在《中国文法要略》中谈道："凡是上下两事不谐和的，即所谓句意背戾的，都属于转折句。所说不谐和或背戾，多半是因为甲事在我们心中引起一种预期，而乙事却超出这个预期。因此由甲事到乙事不是一贯的，其间有一转折。"例［1］中"我想去中国"，然而受到了"我还没有钱"的限制，前后两小句是一种转折关系。由于原句中缺少转折词"但"，因而使得句义不畅。同样，例［2］"还是"的前面也缺少一个转折词"但"或"可"。

②固定双用关联词语的缺失

现代汉语中的某些让步转折关联词语应该是成对出现的，比如"虽然……但是""即使……也""宁可……也不"，只有恰当地运用它们，才能使句子意义清晰。而在这方面，法语、韩语的情况很不一样，其复句中让步转折关联词语一般不成对出现。例如法语中 "*Quoique* nous soyons à la fin de juillet, il y a encore beaucoup de monde à paris.（尽管已经七月底了，可巴黎人还是很

---

① 加【】为笔者修改之处，下同。

多。）""Il joue un rôle important，*Quoique* discret.（虽然他很谦逊，他起的作用却很大。）"上述两例中都只在前句或后句中使用了单项的转折性关联词语"quoique"。韩语中的使用情况也一样，如"비록 여러번 실패했지만，그러나 그는 결코 상심하지 않았다.（虽然失败了很多次，但是他并不灰心。）"

受母语影响，在学生的语料中出现了很多这样的句子，如：

［3］虽然我是法国人，我都听懂他们说的话。

［4］尽管现代化会有一些坏处，对贫穷的国家会有帮助。

［5］宁可在家学习，我不去公园玩。

以上三句的错误都是后面的分句缺少相应的关联词"但是""但""也"，但这种情况多出现在汉语学习的初中级阶段，这应该是母语负迁移在关联词语使用中的反映，它随着学生汉语水平的提高而逐渐减少。

③套用关联词语的缺失

关联词语的套用是指在复句中表示不同层次的关联词语的连续使用。关联词语是复句的重要句法和语义标记，关联词语套用的情况可以直接反映出复句的包孕关系和包孕能力，如在"一方面固然 A，另一方面却 B"中，"一方面……另一方面……"表示的是并列关系，这是多重复句中最突显的第一层关系，"固然……却……"表示的是在这种并列关系中进一步的转折关系。因此，我们可以把前者即切分的第一层看成高层次的句法语义关系，把后者看成低层次的句法语义关系。在套用关联词语的复句中，学生的偏误较多出现在后者。例如：

［6］今天天气很好，所以【虽然】我有点儿累，可是还是陪妈妈去公园了。

［7］我要到中国去，可是【如果】我的中文水平不够高，中国人就听不懂我的话。

［8］虽然我想像来的人很多，但是【由于】颐和园很大，【所以】没（受）什么（影响）。

以上三句分别缺少了"虽然""如果""由于"三个连词。从句法和语义关系看，外国学生对于突显第一层语义关系的关联词语使用较好，所缺少的关联词语都是表示二级分句内低层次语义关系的词语。

综合上述"缺少关联词语"类的偏误，我们可以发现：（1）在较复杂的长句中，学生会使用类似"流水句"的形式，即将不同语义关系的小句并列使用而缺省表达语义关系的关联词语；（2）在固定双用的关联词语使用中，初级水平学生较多受母语迁移影响而缺省后一分句的关联词语；（3）在使用套用结构表达多层复杂语义时，学生可以较好地使用关联词语表达第一层突显的语义关系，但较多缺省蕴含在次级层次内的关联词语。

（2）关联词语使用错误

①错用搭配项

这是指错误使用搭配关联词语中的一项而产生的偏误。例如：

[9] 孩子过多不但不是福气，而【反而】是一个很重的负担。

[10] 她很喜欢读书，但是不喜欢说话。不是害怕别的人，可是【而是】她很腼腆。

[11] 不是因为是华裔，但是【而是】因为在我们国家重视中国人。

[12] 我不太喜欢的是那里的交通，特别是台北的交通很危险，在路上车子那么多，你不能走，一走就很可怕，而且【而】我在法国住的地方也不会是这种样子，我们的交通还可以。

以上句子都是错误地使用了关联词语中的搭配项。例[9]的后一分句提供了与前一分句不同或相反的情况，从语义上看不仅具有转折关系，而且包含更深的递进关系，因此应该把"而是"改为"反而"。例[10]前一分句用"不是"加以否定，后一分句应该从正面提出与前一分句不同的肯定性判断，正确的表达法应该是使用表示取舍关系的固定格式"不是……而是"。例[11]和例[12]中分别出现了"但是"和"而是"、"而"和"而且"的混用。从上述语料来看，此类偏误大多来自形似义近词语的干扰。汉语的关联词语中有很多具有相同的词素，如"而、而且、反而、而是、然而"，"但是、可是、而是"等，其意义也常有关联，如"而是—但是""而—然而"，受词形相近、词素相同的干扰，外国学生在使用过程中极易把它们混淆。

另一方面，韩法学生的母语对他们掌握这些关联词也是有影响的。如法语中的单词"mais"，是一个极为常用而又比较复杂的词，它的汉语翻译差不多可以对应所有的转折关联词语。例如：

[13] Ce n'est pas sa faute, *mais* la tienne. （这不是他的错，而是你的错。）

[14] Je ne viens pas avec vous. —— *Mais* tu avais dit que tu viendrais ? （我不和你们一起去了。——可是你说过你要去的呀?）

而且"mais"也可以表示递进关系，例如：

[15] Non seulement il est bon, *mais encore* il est gènèreux. （他不仅善良而且慷慨。）

甚至汉语表述中没有转折意味的句子，在法语中也可出现"mais"，例如：

[16] *Mais* oui，puisque je te dis que je suis d'accord，C'est que je suis d'accord. （当然了，既然我对你说同意，那就是同意了）。

这些复杂的对应关系也导致学生在汉语关联词语使用中将上述与 mais 对应的不同词语混用，这应该是语内干扰和语际迁移的共同影响。

②错用关联词语

此类错误是指虽然使用了转折关联词语，但实际上句子间并不存在该词语所表达的逻辑联系或语义连贯，关联词语的错误使用形成了一种"假连贯"或错误连贯。例如：

[17] 中国历史悠久，但中国人至今还在保留着历史的足迹。

[18] 她的性情很好，可是她的屋子很乱。

转折复句是指前一个分句与后一个分句之间存在某种蕴含关系或推断关系的句子。它们之间最基本的逻辑语义就是蕴含对立，也就是说在人们看来"A"在大多数情况下蕴含了"非 B"，而实际上却是"B"。因此"……，可是/但是"前后常常是一个逆常理的推理过程。例如：

[19] 我们已经离婚了，但还是好朋友。（王朔《无人喝彩》）

按常理来说既已离婚，那么一般来说双方不会成为朋友，即"离婚"蕴含着"不是朋友"（非 B），但实际上，我们还是好朋友（B）。又如：

[20] 汉的高祖，据历史家说，是龙种，但其实是无赖出身……（鲁迅《关于中国的两三件事》）

既是龙种，那想必不是一般的人，决不会与"无赖"沾边（非 B），但历史是不开玩笑的，"无赖"就是"无赖"（B），关联词语的使用使前后反差形成极大的对比。

我们再分析上述学生语料中的错句，可以看到它们前后的小句既不是蕴含关系，也不存在逆常理现象，均不符合王维贤（1994）所指出的，"使用'虽然……但是'关联词语的句子必须是前后句之间具有相反、相对或在一定程度上更高一级的关系"的条件，因此或者造成了语义不明，或者造成了语义偏差。

错用关联词语的另外一种形式来自于使用语义相关的词语。例如：

[21]【虽然】花掉家里全部的钱，也不能够让他安乐死。

"虽然"和"即使"尽管都具有让步句的意义，但两者的语义预设却是不相同的。一般来说前者多表示一种已然事实，而后者则表示一种假设。在例[21] 中，前半句"花掉家里全部钱"无疑未实现，只能是一种假设，因此"虽然"应改成"即使"。

（3）关联词语的位置错误

语序在形态不发达的语言里作用是十分重要的，每一个虚词在句子里的位置一般都是固定的，位置改变时语义就会发生改变或者造成错句。按照转折性关联词语的词性，可以将学生的词语位置错误分为副词错误和连词错误两类。前者如"没有才华的人获得工作，却有抱负的人、努力工作的人找不到工作"，"我选了艾克斯大学中文系的课，倒她选了马赛大学电影历史的课"，这两个句子中的转折副词在语义上都是正确的，只是在位置上有问题。后者如："虽然他跟两个朋友一块儿住，他但是觉得这所大学不太好。"一个关联词语是前置、后置还是非定位，同复句各分句的主语是否相同有关。（李晓琪，1991）对于

"但是"这一关联词不管主语是否相同，都应该是前置的，因此应该将"但是"置于主语"他"之前。

综合上述关于"关联词语使用错误"的分析，可以看出：（1）形近义近、具有相同词素的关联词语容易使学生在使用中产生混淆；（2）母语与汉语中具有多对一关系的词语容易使学生在使用中产生泛化倾向，将两种语言间某义项关系的对应迁移至词语的对应，将母语中比较宽泛的、不具有对应关系的义项也使用汉语中相应的词语来表达；（3）表转折关系的副词在位置上的错误显著多于转折连词，学生常常将副词误放于主语之后。

2. 语用偏误

语用含义是指"实际运用语言时，隐藏在字面意义后面的真正含义"，或称为"会话含义或言外之义"。（何自然，1988）这就是说，在言语交际中，话语往往具有双层语义：一是话语的句法意义（即字面意义）；二是话语的语用意义。前者是显性的，一看便知，而后者则是隐性的，须结合上下文才能理解，而这一点却恰恰是学生的学习难点，因此在他们所产生的句子中关联词语的语用含义常常出现问题。根据收集的语料，我们将语用偏误分为两类：误用和少用。

（1）误用

语用原则中有一条适应性原则，是指说话人为了准确恰当地表达自己的语用意图和目的所选择的话语形式（或言语行为）必须适合言语交际时的特定语境。因此在选择关联词语时就要考虑上下文，同样的语义使用不同的关联词语，其会话含义是不同的。邢福义先生（2001）在《汉语复句研究》中也谈道："辨察转折句式的语用价值，是深入认识转折句式的又一个角度。"

我们比较两个句子：

[22] a. 小张工作很积极，不过有时候比较主观。

　　　b. 小张工作很积极，但是有时候比较主观。

两句结构相同，但却有着不同的语义重心。a 句在肯定小张工作的同时，也委婉地批评了他，前半句是表达的重心而后半句只是对上文进行补充、修正，这里用"不过"转折语气较轻。b 句对小张的工作也肯定了，但语义重心却是在后半句，直陈他的缺点，转折语气较重。

从语料来看，外国学生普遍对转折关联词语的深层语义掌握不好，因而出现了较多"但是""不过""却"的混用，导致在学生的作文中（尤其是初中级水平）大量使用"但是""可是"。例如：

[23] 写字让我很高兴，可是我的水平不太高。

[24] 我的房间很漂亮，但是太小。

郭志良（1999）认为"转折关系语段，其核心语段所表事实的属性有时可制约着转折词语的选择"，转折连词"只是"可表达不如意的、不值得看重的或受到限制的事实。而例 [23]、[24] 中"水平不很高""房间太小"对作者来说正是不满意的事实，因此换成"只是"会更好地表达出作者的原意。

邢福义先生（2001）曾阐述过复句格式与复句语义关系之间的相互制约关系，认为复句格式一旦形成，就会对复句语义产生限制，选用何种句式直接反映出说话者的主观心态与情感。"虽然……但是"这种让转格式是偏句做出一种让步，正句说出正意，也就是说句子的重心落在后一分句，因而说话者使用转折复句时，总是会把需要特别强调指出的部分摆在"但是"之后。例 [24] 若不结合上下文来看，会认为作者抱怨房间狭小，感到不满意，但结合上下文会感到作者实际上是喜爱其房间的，但由于不明"虽然……但是"这种让转格式的语用含义而出现了表达错误。又如：

[25] 我选了艾克斯大学中文系的课，倒她选了马赛大学电影历史的课。

不仅"倒"的位置不对，而且从语用上来说也不如"却"恰当。因为"倒"多用于表示不期望、不如意或消极的意义，而"却"在这方面则不大有限制。（方绪军，2004）

（2）少用

一个词是不是少用，必须放在相应的上下文中才可断定，因为有些词语的有无对于无语境的句子来说，是很难判断的。例如：

[26] 大家以为是服务员送水来了，可是门外站着周总理，大家都吃了一惊。

　　[27] 凭一张照片，一个名字，在一个国际化大都市中寻找一个人，真如大海捞针，尤其当彼得得知莫斯科第三医院已经撤销的时候。但他没有放弃努力。

　　[28] 这里虽然用的是商量的语气，但新文艺口号诞生了。

　　情态是说话人对句子命题和情景的观点和态度。在汉语中，表示情态可以用语法形式，也可以用词汇手段，其中使用评注性副词是表示汉语情态的一条重要途径。（张谊生，2000）同样的语义，加上评注性副词后，作者的个人感情、情绪会立刻显现出来。我们再看以上三句的原句：

　　大家以为是服务员送水来了，可是门外竟站着周总理，大家都吃了一惊。

　　凭一张照片，一个名字，在一个国际化大都市中寻找一个人，真如大海捞针，尤其当彼得得知莫斯科第三医院已经撤销的时候。但他并没有放弃努力。

　　这里虽然用的是商量的语气，但新文艺口号毕竟诞生了。

　　我们可以体会出加上这几个副词后，上述句子转逆性情态增强。在我们所收集的《人民文摘》（2004 年 11 月）149 个转折复句中，带有评注性副词的句子有 50 个，约占总数的 33.6％。这或许可以说在汉语母语者的书面文章中至少有三分之一的转折复句是常使用这类副词的，而外国学生对这一点的掌握显然不足。例如：

　　[29] 成年人纷纷开始戒烟，可是与此相反年轻的吸烟者越来越多。

　　[30] 老师对你那么好，但你这样对待她。

　　以上句子都缺少副词"却"。关联词语"但是"和"却"的语义是不同的。"但是"侧重于客观叙说，多用于叙述性、说明性的表述中；而"却"则更侧重于对相关命题和情景的主观态度或评判，有更丰富的情态意义。从例[19]的上下文来看，作者很不理解为什么有那么多的年轻人要去吸烟，因此这个句子是想表示其诧异之情。但原句仅用"但是"只是客观地描述了人们对待吸烟的两种截然相反的态度，其诧异之情并没有反映出来。

　　在转折关联词语中，"而"的用法是比较复杂的，除上述谈到的将"而"与"而且""而是"等形近词混淆外，外国学生还常常漏用。例如：

　　[31] 我的兄弟是我的反面，我是一个很混乱的人，他是很整齐的人。

[32] 一、二环周围已经发展得很好了，三、四环的周围相比之下还是落后的。

在现代汉语中当表示相对或相反的两件事时，可以用"而"来连接前后两个小句，例如：

这里已经春暖花开，而北方还是大雪纷飞的季节。（《现代汉语八百词》）

例 [31] 中"我是一个很混乱的人"与"他（弟弟）是很整齐的人"正是一对相反的小句，因此应该在它们之间加一个"而"。

总体来说，外国学生在学习转折性关联词语时，容易掌握的是它们表示转折的概念或语法意义，但是在表达中很少主动使用"而""却""竟"等蕴含附加情态意义的词语。

以上我们对韩法学生使用汉语转折关联词语时产生的偏误进行了分类与解释，下面我们将对其偏误类型进行统计分析。

（三）韩法学生转折性关联词语偏误的统计与分析

表 4-1　韩语母语者转折关联词语偏误类型与数量表

错误类型 年级	语法偏误		语用偏误	
	出现频次	错误率	出现频次	错误率
初级	20	0.455	10	0.227
中级	14	0.424	8	0.243
高级	8	0.5	5	0.187

表 4-2　法语母语者转折关联词语偏误类型与数量表

错误类型 年级	语法偏误		语用偏误	
	出现频次	错误率	出现频次	错误率
初级	15	0.366	8	0.195
中级	10	0.4	4	0.16
高级	4	0.28	4	0.253

注：1. 出现频次是指每种类型的实际错误次数。

2. 错误率＝各年级中每种错误类型出现的次数÷各年级所有错误类型的总和。

对上述错误数据进行非参数检验结果表明：两种母语背景的学习者语法方

面的偏误在各水平间均表现出显著差异，而语用方面的偏误在年级间差异不显著。这表明语法偏误随着学习阶段的发展而呈现出递减的趋势，而语用的习得并未随学习者水平的提高而改善。

复句中关联词语位置错误可表现在前一分句和后一分句，我们对语料中前置错误与后置错误分别进行了统计，并对错误率进行了卡方检验，结果显示：$X2=38.111$，$P<0.05$，二者之间差异显著，需要搭配使用的关联词语在后一分句位置上更容易出错。

从以上偏误分析和数据统计来看，韩法学生在转折性关联词语的词性和位置错误方面存在着明显差异，连词较副词容易习得，后置关联词语比前置关联词语更容易出错。此外，对转折性关联词语语法结构的习得会随着语言水平的提高而较快发展，但是对关联词语语用含义的习得发展不显著。

（四）转折性关联词语的习得难度分析

我们首先以使用频率为指标分析韩法学生转折性关联词语习得的发展。

表 4-3　韩国学生转折性关联词语使用频率表

使用频率 项目	初级	中级	高级	平均使用率
可是	0.45	0.3	0.205	0.318
但是	0.24	0.315	0.440	0.332
而	0	0.041	0.018	0.020
却	0	0.02	0.018	0.013
虽然…… 但是	0.13	0.178	0.163	0.157
无论…… 都	0.01	0.051	0.042	0.034
不过（只是）	0.1	0.02	0.06	0.06
反而	0.02	0.025	0.018	0.021
相反	0.01	0.005	0.006	0.007
其实	0.02	0.02	0.024	0.021
否则（要不然）	0.002	0.013	0.006	0.007
即使……也	0.02	0.01	0	0.01

注：使用频率＝某项关联词使用次数÷该水平所有关联词使用次数。

仅从使用频率来看，韩国学生转折性关联词语中使用最多的三项是"可是""但是""虽然……但是"，它们所占的比例达 60％以上，而其他词语的使用频率则较低。

表 4-4　法国学生转折性关联词语使用频率表

项目＼使用频率	初级	中级	高级	平均使用率
可是	0.655	0.473	0.418	0.515
但是	0.115	0.192	0.283	0.197
而	无	0.008	0.036	0.022
却	无	0.04	0.055	0.048
虽然……但是	0.158	0.168	0.1	0.142
无论……都	无	0.055	0.027	0.041
不过（只是）	0.043	0.088	0.045	0.059
反而	无	0.04	0.018	0.029
相反	无	无	无	
其实	0.029	0.024	0.018	0.024
否则（要不然）	无	无	无	
即使……也	无	无	无	

上述数据显示：法国学生的语料中仍是"可是""但是""虽然……但是"三组词语的使用率最高，其他各项使用率很低，有些词语在低年级还不曾使用。

从两个结果来看，韩法学生转折性关联词语的使用情况大致相同，都是大量使用"可是""但是""虽然……但是"三项，而其他各项使用较少。

以上仅仅以使用频率作为习得发展的指标，但我们知道使用频率并不能完全反映习得情况，因为使用频率高的项目有可能使用并不正确，即使用频率高，不一定意味着最先被掌握。因此下面我们以正确率为指标做进一步分析。

表 4-5　韩国学生转折性关联词语的正确率分析

项目 ＼ 正确频率	初级	中级	高级	平均正确率
可是	0.92	0.908	0.918	0.915
但是	0.8	0.95	0.969	0.906
而	0	0.375	0	0.125
却	0	0.429	0.667	0.365
虽然……但是	0.538	0.829	1	0.789
无论……都	0	0.8	0.857	0.552
不过（只是）	0.6	0.8	0.715	0.705
反而	0.5	0.8	0.667	0.655
相反	1	1	1	1
其实	1	1	1	1
否则（要不然）	1	1	1	1
即使……也	0	0	0	0

注：正确率＝各项正确次数÷各项使用总次数。

从表中数据可以看出"相反""其实""否则"三个词在各个水平都没有出现错误，但需要注意的是，虽然这几个项目的正确率较高，结合前面的分析我们可以看出，它们的使用频率较低，因此是否能得出它们习得较容易的结论也还有待进一步证实。

"可是""但是"在三个年级的正确率也很高，平均正确率都达到 90% 以上；"虽然……但是"在三个年级的正确率呈递增趋势；"不过（只是）""反而""无论……都"在三个年级的正确率相对来说较高，但"不过（只是）""反而"出现了一些波动，说明它们的习得是不稳定的，这也许与这几个项目到中级阶段出现了多义、近义词有关。

"而""却""即使……也"三项的正确率最低，尽管正确率也在递增，但由于用例太少，甚至不用，因此很难从正确率上反映出学生习得的真实水平。

表 4-6　法国学生转折性关联词语的正确率分析

项目 ＼ 正确频率	初级	中级	高级	平均正确率
可是	0.758	0.847	0.804	0.803
但是	0.692	0.875	0.87	0.812
而	无	0	0.5	0.25
却	无	0	0.167	0.084
虽然……但是	0.409	0.81	0.455	0.558
无论……都	0	0.278	0.667	0.315
不过（只是）	0.73	0.818	0.804	0.784
反而	无	0.4	0.57	0.485
相反	无	无	无	
其实	1	1	1	1
否则（要不然）	无	无	无	
即使……也	无	无	无	

　　从表中数据看到：在法国学生的语料中，"其实"在三个水平中均未出现错误；"可是""但是"的正确率相比韩国学生来说低一些，但是与其他各项相比仍然是掌握得较好的连词。"虽然……但是"的正确率不是很高，且出现波动情况，说明该结构法国学生并未较好地掌握。"无论……都"在一二年级均出现较多错误，三年级的正确率也只有 66.7%，证明该结构对于法国学生而言难度较大。"而""却"的正确率最低，出现的阶段也较晚，说明它们是最难习得的。此外，像"相反""否则（要不然）""即使……也"在所考察的语料中没有用例，因此对它们的习得情况我们尚难推测。

　　通过比较我们发现韩法学生对转折性关联词语的习得趋势大体上是一致的，但同时我们也看到母语背景虽然对习得序列不构成显著影响，却会导致习得阶段和习得速度的差异。法国学生对转折性关联词语的习得速度普遍滞后于韩国学生，如法国学生的"而""却""反而""无论……都"等是到中高年级才有系统地出现（根据我们对两种学生使用教材的考察，这些语法项目在教材中出现的阶段大体是一致的），而且他们的错误率也普遍高于韩国学生。

（五）汉语母语者语料中转折性关联词语的使用情况

为了更好地分析外国学生对汉语转折关联词语的习得情况，我们收集并对比了汉语母语者语料中转折关联词语的使用分布。对比语料分别来自 2004 年电子版的《小学生作文选》中的作文，共计 150 篇，以及 2004 年 10 月、11 月、12 月三个月的《人民日报（海外版）》及 2004 年 10 月的《人民文摘》中全部文章。三者字数共计 9.8 万，其中共得到转折性复句 345 句（不包括意合型转折复句）。以下是其中主要转折关联词语的使用情况。

表 4-7　汉语母语语料中主要转折性关联词语的使用分布

百分比 项目	一年级	三年级	六年级	人民日报与文摘
可是	0.444	0.378	0.107	0.073
但是	0.238	0.178	0.286	0.282
而	0.016	0.200	0.179	0.26
却	0.111	0.067	0.089	0.124
虽然……但是	0.095	0.067	0.096	0.141
无论	0.016	0.089	0.088	0.033
不过	0.079	0.020	0.054	0.023
然而				0.056

注：表中数据是指各词语的使用率。

表 4-7 反映了不同年级的中国学生作文和报刊中对常见转折性关联词语的使用情况，从中可以明显地看到以下两个变化：一是词语的使用趋于分散，一年级时"可是""但是"两项在转折复句中的比例高达 68％，而其他几项加起来还不到 32％。这种情况到了六年级则发生显著变化，其他各项比例明显提高，如"而""虽然"已接近 20％，相反，"可是""但是"两项的比例却减少至 39％。二是书面语色彩较强的词语如"而""却""虽然……但是"的使用频率大大提高，其中"却""虽然"已经接近成人语料中的使用率。

通过上述数据我们看到同是母语者，由于年龄的不同，他们对主要转折性关联词的使用情况也是不尽相同的，在小学阶段各项关联词的使用也存在着发展过程，在这一点上，第二语言学习者与母语儿童存在着相似之处。但不同的是，母语儿童随着语言水平的提高，"却""而"等转折关联词语的使用逐渐接近于成人，而第二语言学习者在这些词语的使用上进步不明显。

（六）转折性关联词语习得发展序列的构拟

根据上述分析，并参考相关的研究结果，我们认为转折性关联词语的习得存在以下四个等级。

1. 易掌握、使用率高的词

"可是""但是"这两个连词，既可以单独使用也可以和"虽然"搭配使用。在所有的转折性关联词语中它们的使用范围最广，表达与上文意义相反、相对时可以用；前后两个语段表层意思谐和、相近甚至相同也可以用，对上文进行限制或补充说明时也可以用。（郭志良，1999）它们可以连接小句或句子，也可以连接词、短语、段落，所以它们的使用范围最广，频率最高，也最先习得。

"虽然……但是"也是很容易习得的一项，但较之突转类的"可是""但是"而言习得要稍难一些。尽管它和"可是""但是"都可以表示转折关系，但反映前后分句的预设却并不相同。突转句在于平说，上句不表示下句将转折，而"虽然……但是"则上句必先做出转折之势，预示下文的转折，否则不能使用。这正如《中国文法要略》中所说的"先承认甲事之为事实（一放），接下来说乙事不因甲事不成立（一收）"，因此在使用时前后必须是"擒纵、衬托"关系。（吕叔湘，1982）逻辑上逆转的差异必然导致认知加工上的不同，这就要求学习者在使用"虽然……但是"时先得有一抑，然后才能一扬，这样无疑会加大句法加工难度。

2. 易掌握、使用率低的词

"相反""其实""否则"这三个词是比较容易掌握的，首先它们在语义上比较单纯，其次它们差不多都有——对应的法语词或韩语词，如"相反""其实""否则"在法语中相应的词分别是"aucontraire""enfait""sinon"；在韩

语中的对应词是"口措肺""口角口""만약그렇지 않으면",因此当法韩学生
看到这几个词时,比较容易找到其母语中的对应词语。但由于这三个词有一定
的使用条件限制,所以它们的使用范围相对而言就会窄一些。如在句法上它们
一般要放在后一小句的开头使用,从语用上看这三个词也是侧重于表达主观态
度。像"相反""否则"多表示说话人的一种强调或提醒语气,而"其实"则
表示一种予以更正确认的语气,在它的前面常常会出现诸如"看上去""听起
来""以为"等表示不确定性的推测语义词语。

3. 较难掌握、使用率较低的词

"不过(只是,就是)""反而"的错误率都在 30％ 以上,一方面可能与这
几个词在韩语和法语中没有准确的对应词有关,另一方面也和它们的语义较为
复杂、语用上较难掌握有关。如"不过"的语义要比"可是""但是"轻得多,
它的使用多是在于补充修正上文或做轻微的转折,有把事情往小往轻说的意
思。而"反而"一词的语义背景则更为复杂,它包括以下四条使用规则:(1)
甲现象或情况出现或发生了;(2) 按说【常情】/原想【预料】甲现象或情况
的出现或发生会引起乙现象或情况的出现或发生;(3) 事实上乙现象或情况没
有出现或发生;(4) 倒出现或发生了与乙相悖的丙现象或情况。(马真,1983)
因此使用时必须符合以上四条中的全部或者 (1)(4) 两条才可以使用。但由
于韩法语言中并不存在准确的"不过(只是,就是)""反而"的对应词,所以
一般的词典大多把它们直接翻译成"可是""但是",结果必然导致学生对其理
解的混乱,出现随意使用或避免使用。

4. 难掌握、使用率很低的词

"而(表示转折关系)""却"的错误率相对来说是很高的,这可能跟"而"
"却"比较书面化有关。对于外国学生来说,他们大多尚未掌握口语与书面语
之间的区别,因而在表达时更倾向使用口语性更强的连词。此外,"而"的错
误率高还可能是因为其本身除了可以表示转折关系之外,还可以表示并列、递
进等多种关系,因此对它的掌握难度就会加大。同时,外国学生在选择关联词
语标明分句间关系时,一般倾向于选择典型性强、使用频率高或已经掌握的关

联词语，因此很多该用"而""却"的语境中他们倾向于使用"可是""但是"代替。

第二节　韩国学生汉语主谓谓语句习得研究[①]

一、研究目的与材料

在汉语作为第二语言的学习中，主谓谓语句式在教材中很早即已出现，如"我爸爸工作很忙"，"这个人我不认识"等，但是从各个阶段外国学生的使用来看，这种句式的出现频率是相当低的，所出现的句式类型也非常有限。导致这种语言分布规律与学生习得状况相分离的原因是什么？在汉语作为第二语言的学习中，主谓谓语句的习得表现出什么样的规律？制约这种习得规律的因素有哪些？本部分我们将对韩国学生的汉语主谓谓语句习得进行分析和探讨。

自丁声树先生在《现代汉语语法讲话》（1961）中正式提出"主谓谓语句"这一概念，此后的语法著作一般都沿用这个名称，将它作为汉语谓语的一个特殊类型。主谓谓语句在结构上的特点如下：句法成分可解析为"大主语＋小主语＋小谓语"，大小主语间无其他成分，"小主语＋小谓语"形成主谓结构共同做大主语的谓语，对大主语进行陈述或说明。在这一句法结构形式内，依据大小主语的语义特征和它们之间的关系，不同学者又有不同的分类。将相关的研究结果与《高等学校外国留学生汉语言专业教学大纲》以及中介语语料进行对照，我们确定以下 5 种句式为研究材料：

句式类型	例句
大小主语是领属关系	我身体很好。
大主语是受事	这个箱子我也无法打开。

---

① 本节内容由冯丽萍依据硕士研究生肖青（导师：冯丽萍）硕士学位论文的数据与材料撰写。

大主语是对象、范围、关涉的事物	这个话题我很有兴趣。
大主语或小主语是周遍性词语	我什么话都不能说。
大小主语是施动关系	他说话很快。

以下分别简称领属类、受事类、关涉类、周遍类、施动类。

二、基于中介语自然语料的主谓谓语句习得情况分析

（一）中介语语料中主谓谓语句的分布情况

中介语语料来自留学生的书面考试作文，均在不借助工具书、教材或他人帮助的条件下限时独立完成。从体裁方面看，分析说明性文章占 26.68%，记叙性文章占 73.32%。题材包括写人、叙事或陈述观点等。依照《高等学校外国留学生汉语言专业教学大纲》中对各汉语水平学生所应掌握的词汇和语法的数量要求，参照学生所使用的教材，将其汉语水平分为初级、中级上、中级下、高级四个水平。

从中介语语料中选出本文所要研究的五类主谓谓语句。句子切分参照赵淑华等（1997）确立的四个原则：（1）有完整的句法结构形式。（2）能表达相对完整的语义。（3）有成句的语调。（4）对复句的处理。复句中的分句，凡能独立成句的，按单句处理（忽略句中的关联词语）；如果只有一个分句能够独立成句，那么该句作为单句处理，其他不能独立成句的按不完全句处理；复句中的任何一个分句都不能独立成句的，还作为一个复句。依照这些标准从中介语语料中得到主谓谓语句 457 句，平均句长为 14.27 字。其中，正确的句子 335 句，正确率为 73.46%。各类句子所占的比例如表 4-8 所示。

表 4-8　中介语语料中各类别主谓谓语句的分布情况表

句子类型	句子数量/句	使用率	正确句数/句	正确率
领属类	168	36.84%	147	87.5%
受事类	80	17.54%	54	67.5%
关涉类	67	14.69%	52	77.6%
周遍类	106	23.25%	58	54.7%

句子类型	句子数量/句	使用率	正确句数/句	正确率
施动类	35	7.76%	24	68.57%
总计	456	100%	335	73.47%

注：1. 使用率＝某类别主谓谓语句的出现数量÷所有类别主谓谓语句的数量。

2. 正确率＝某类别主谓谓语句的正确数量÷该类别主谓谓语句的使用数量。

斯皮尔曼（Spearman）相关分析结果显示：主谓谓语句各句式的使用率和正确率之间相关不显著（$r_R=.203$，$p>.05$）。进一步分析发现：有的句式使用率和正确率一致，如领属类的使用率和正确率均较高；有的句式使用率和正确率不一致，如施动类的使用率较低，但正确率较高。为了分析各句式使用情况不同的原因，下面将其与汉语母语者的语料分布进行对比。

（二）中介语语料与汉语母语者语料的对比分析

考虑到中介语语料的体裁与题材问题，我们在作为对照的汉语自然语料中选择小说这种文类，因为小说中的内容不仅有叙事，也有人物描写或对某事的观点与评价，与中介语语料的性质类似。对照语料来自《王朔文集》（节选）和《骆驼祥子》，共约 57.8 万字，从中得到主谓谓语句 359 句，平均句长为12.05 字。其分布情况见表 4-9。

表 4-9　汉语语料中各类别主谓谓语句的分布情况表

汉语语料 句子类型	《骆驼祥子》		《王朔文集》		访谈类	
	句数	使用率	句数	使用率	句数	使用率
领属类	49	54.4%	71	30%	16	16.2%
受事类	16	17.8%	103	43.5%	37	37.4%
关涉类	12	13.3%	45	19.0%	39	39.4%
周遍类	12	13.3%	12	5.1%	5	5.1%
施动类	0	0	2	0.8%	1	1%
总计	89	99.9%	233	98.8%	98	100%

从表 4-9 可以看出，在不同小说中主谓谓语句的使用情况是不一样的。《骆驼祥子》中各类别的使用率从高到低依次为：领属类、受事类、关涉类、周遍

类和施动类；而《王朔文集》中各类别的使用率从高到低依次为：受事类、领属类、关涉类、周遍类和施动类。究其原因，可能是因为二者语体和风格的不同。《骆驼祥子》是一部以第三人称叙述为主要写作方式的作品，而王朔的作品中有大量的人物对话，口语性强。根据这一分布结果可以推测：这几类句式的表达环境与语用条件是不同的，领属类在客观描写或叙述时使用较多，而受事类在对话中使用较多。为验证以上推测，我们又选取了对话型的语料（访谈节目《对话》《实话实说》的文字录音）11.2 万余字，从中得到主谓谓语句 98句，平均句长 15.4 字。分析结果发现在对话中受事、关涉这两类所占的比例最高，然后才是领属类（见表 4-9），这与之前的推测一致。

对主谓谓语句在几种不同语料中的分布进行相关分析，结果显示：中介语语料中主谓谓语句的分布更接近《骆驼祥子》中的分布情况（$r_R = .941$，$p < .01$）。这可能是因为中介语语料来自第二语言学习者的作文，基本上都是叙述性或分析说明性话语，与《骆驼祥子》的写作风格类似。这一分析结果首先说明汉语学习者对主谓谓语句的使用分布情况与汉语本体语料的分布趋势一致；其次也提示我们在进行语料对比分析时应注意语体的同一性问题，不同的语体中句法形式的分布是不同的。对中介语语料中各类别主谓谓语句的使用率和正确率分别与汉语母语语料中的分布进行相关分析，结果发现，中介语语料中各类别主谓谓语句的使用率与汉语母语语料的分布相关（$r_R = .941$，$p < .01$），而正确率的相关不显著（$r_R = .740$，$p > .05$）。

留学生对主谓谓语句使用的正确与否与汉语自然语料分布之间不存在显著相关，这从一个角度说明：语言输入频率仅影响学习者对语法结构的使用，但并不直接导致他们对结构的习得和掌握。这说明语言习得还受到其他因素的制约，这种因素应该就是 Vanpatten & Sanz（2007）所提出的"语言习得处理模式"（该模式认为：语言习得包括 "Input－intake－developing system－output" 四个环节）和 S. Gass（1988）所提出的"第二语言习得模型"（该模型认为：第二语言习得包括"环境输入－已感输入－已懂输入－吸收－整合－输出"等环节）中位于输入和输出之间的环节，这些环节构成了语言习得的内部机制，这种机制导致了语言输入和输出之间的不一致，体现了第二语言习得自身的系统性和变异性特点。

以上我们对中介语语料中主谓谓语句的使用进行了分析，下面将对主谓谓语句的习得情况做进一步探讨。为了避免母语背景和语料分布偏态（即不同母语背景的语料分布不均衡）对分析结果的影响，下面的分析均依据语料库中韩国学生产生的语料，探讨韩国学生对汉语主谓谓语句的习得规律。

（三）韩国学生主谓谓语句的习得情况分析

表 4-10　不同水平的韩国学生使用主谓谓语句的正确率

	领属类	受事类	关涉类	周遍类	施动类
初级	66.67％	50％	54.55％	10％	75％
中级上	74.07％	33.33％	80％	55.56％	28.57％
中级下	90.90％	57.14％	75％	70％	100％
高级	90.22％	60％	93.75％	75％	90％

以正确率为指标，五类主谓谓语句在不同水平间的发展趋势表现出以下不同：领属类、周遍类均直线上升；受事类、施动类则呈现出 U 型模式，即先高后降之后又升高。那么韩国学生对主谓谓语句的习得发展存在着怎样的阶段性？下面依据蕴含量表分析其习得发展序列。

参照以往的相关研究成果，在蕴含量表中关于习得分界线选择了两个标准：一是 80％，即习得达到了相对稳定的状态；二是 60％，意味着超过了随机水平。

首先以 80％ 为习得标准，依照蕴含量表的操作程序进行下述检验：

A. 伽特曼复用系数（Guttman Coefficient of Reproducibility，Crep）

Crep＝1 — 1/5 * 4＝0.95

B. 最小边缘复用系数（Minimal Marginal reproducibility，MMrep）

MMrep＝6/5 * 4＝0.30

C. 复用修正百分比指标（Pre cent Improvement in Reproducibility）

％ Improvement in Reproducibility＝Crep — MMrep＝0.95—0.30＝0.65

D. 可分级系数（Coefficient of Scalability. Cscal）

Cscal＝％ Improvement in Reproducibility／（1－MMrep）＝0.65/0.70
＝0.93

上述结果显示：Crep＝0.95＞0.90，Cscal＝0.93＞0.60，由此可以认为该
语料蕴含量表是有效的、可分级的，在预测性上是有效的、准确的。

以 60％为习得标准考察各类主谓谓语句的习得序列（计算过程同上），结
果显示：Crep＝0.96＞0.90，Cscal＝0.92＞0.60，由此认为该语料蕴含量表也
是有效的、可分级的，预测性上是有效的、准确的。

将两个蕴含量表的结果进行对比发现，两个量表中所排列的主谓谓语句各
句式的习得序列基本一致，但是依据不同标准所得到的主谓谓语句各句式的习
得阶段有所不同（见表 4-11）。

表 4-11　各类主谓谓语句在两种习得标准条件下的习得阶段

水平	80％标准	60％标准
初级	——	领属、施动
中级上	——	关涉
中级下	领属、施动	周遍
高级	关涉	受事

依据蕴含量表得到的习得发展序列从前至后为：领属类、施动类＞关涉
类＞周遍类＞受事类。蕴含量表是以正确的语料为依据计算的，其结果反映了
以正确率为指标所得到的韩国学生对主谓谓语句习得的先后序列。那么对于使
用不正确的语料，它们反映了学习者何种语言习得状态和加工策略？导致使用
错误的原因是什么？为考察这些问题，下面将分析韩国学生中介语语料中主谓
谓语句的偏误。

（四）中介语语料中主谓谓语句的偏误分析

此处的偏误仅指出现在主谓谓语结构上的偏误。由于各句式所出现的偏误
形式不同，因此我们对每种句式内部的偏误类型进行分类与统计，结果如表
4-12所示。

表 4-12　各类主谓谓语句的偏误类型与数量

	多"是"	少"的"	副词位置错误	句法结构偏误	宾语位置错误	语义表达不当	回避使用	遗漏介词
领属类	3	14	2			2	4	
受事类	5		2	1	15	1		
关涉类	1			1			2	3
周遍类		1		21	4	3		
施动类		3	1				4	
总计	9	18	5	23	19	6	10	3

注：表中空白处表示该类主谓谓语句没有出现这种偏误。

从表 4-12 可以看出，关于主谓谓语句的使用，句法偏误的数量远远多于语义偏误，因此我们将主要对语法偏误进行分析。从上述统计结果可以看出：主谓谓语句各下位句式的偏误类型不同，而且呈现出明显的系统性。具体表现为：（1）领属类的主要偏误是"的"的遗漏，造成了形式上的"伪主谓谓语句"，如"＊他们发展速度不断增加"；添加"是"，如"＊我以后的老公是人品好"；不太接受处所名词的领属，而将其作为句首的处所状语，如"＊北京里美丽的地方很多"。（2）受事类的主要偏误是宾语位置错误，使用了"主＋宾＋谓"语序，也造成形式上的"伪主谓谓语句"，如"＊我们喜欢的东西买了"，"＊我中国菜还没习惯了"。另外一个明显的偏误形式是添加"是"，如"＊mp3 是韩国人一般都有"，"＊原因是我也不太清楚"。（3）关涉类的偏误不多，主要形式是介词的遗漏，而遗漏之后也产生伪主谓谓语句，如"＊我常常想家，可是（对）现在的生活很满意"。（4）周遍类的偏误集中于周遍性结构使用错误，主要有以下几种形式：①表总括义的大主语放在动词后，如"＊现在我能了解几乎所有的大学"；②小主语放在动词后，如"＊他的家一点儿也没有希望了"；③公式化倾向，将"一点儿也"当作一种公式化的短语使用，如，"＊当时我认识的人一点儿也没有"；④"一……也"和"什么都"混用，如"＊在中国我一次也没做什么事情"，"＊当时我三天三夜一个也没吃"，

"＊面对困难的时候有的人什么也不怕"。（5）施动类存在很明显的回避使用，如："主人很喜欢马里，因为他的工作非常认真。"从整句话的意思来看，应该是："主人很喜欢马里，因为他工作非常认真。"这里应该用主谓谓语句表达。除了用定中结构表达形成主谓句外，学习者还使用了不少动补结构，如"＊他学习得很好"。

偏误的出现反映了学习者所建构的汉语语法规则以及他们的言语加工策略，从上述偏误类型以及分布可以看出，韩国学生对汉语主谓谓语句的使用表现出以下两个特点：

（1）明显的主谓宾结构（SVO）倾向：无论是成分的添加，如"＊原因是我也不太清楚"，还是结构上的错误，如"＊现在我都知道所有的大学"，在形式上都产生了"SVO"格式。这种形式在偏误类型中占了较大比例。这也是Pienemann（1998）等许多人的研究中所发现的第二语言习得中普遍存在的典型顺序（canonical order）策略。

（2）明显的母语迁移痕迹：如普遍将处所词看作状语，添加介词"在/里"等。在韩语中处所名词后一般有词尾"俊"，翻译成汉语就是"在"或"里"，如汉语的"北京车很多"这个句子，韩语一般的表达是"合版俊□　□□□快 腹促"，所以韩国学生经常产生"在北京车很多"这样的句子。

如果我们将依据偏误分析所发现的韩国学生的句法加工策略与依据正确率和蕴含量表所排列的习得序列进行对比，会发现其中存在一个问题：中介语语料中有些主谓谓语结构是韩国学生在母语迁移和典型顺序策略的影响下所形成的伪主谓谓语句，也就是在形式上与主谓谓语结构类似的错误句法形式，而导致他们产生伪主谓谓语句的策略也同样影响着正确语料的形成。那么上述依据自然语料所排列的习得序列是否能真实地反映韩国学生对主谓谓语句习得的发展阶段？或者说，在自然语料中看起来使用率和正确率都很高的句式是否确实意味着学习者对它的习得较早？而正确率低的句式是否意味着习得困难？这些都需要做进一步的分析。这实际上也是利用自然语料分析法研究语言习得时所存在的一个最大不足：自然语料体现了学生主动输出的言语形式，它受到学习风格与交际策略等因素的影响，因此语料中所产生的句法结构并不能全面地反映学习者对句法的掌握程度。为了验证依据自然语料的正确率和蕴含量表得出的习得序列是否能真实反映学习者的习得情况，我们进行了下面的测验。

三、基于测验结果的主谓谓语句习得情况分析

（一）测验任务设计

根据自然语料分析的结果及研究目的我们确定了测验的任务类型与材料。测验内容是上文所确定的五类主谓谓语句，整个测验包括三种任务：语法判断、翻译、完成句子。句长和生词熟悉度均作为影响因素加以控制。

语法判断包括两部分材料。第一部分是五种主谓谓语句式的正确句和错误句，其中的错误句选择来自中介语语料。该任务的目的是探测学习者对各主谓谓语句的理解情况及这些句式在自然语料中出现偏误的原因。为进一步探讨典型顺序策略对韩国学生汉语句法习得的影响，在语法判断的第二部分采用了 5（五种句式，即领属、受事、关涉、周遍、施动）×2（主谓谓语句与主谓宾句）的因素设计。两部分测验材料的顺序经过随机化，在试卷中合并呈现。另外还加入了其他句式结构作为填充材料。

翻译任务为将韩语翻译为汉语。考虑到周遍类句子的特殊格式，周遍类的句子材料有两个，其他每类句式各一句。编制方法为首先选择上述五种主谓谓语句式共六句，请高级汉语水平的韩国学生将其翻译为韩语，然后作为测验材料呈现。也就是说，在翻译任务中，这些句子都是可以用汉语的主谓谓语句式来表达的。

完成对话采用了 2×5 的因素设计，第一个因素为语境（有语境、无语境），第二个因素为句式类型，共五种。在有语境的材料中，不同类型的大主语在句首给出，请被试继续完成句子；而无语境的句子中被试可以自由回答。加入语境因素的目的是为了探测学生对某句法结构"未习得"与"回避使用"之间的差别。另外加入四个填充材料。在施测前对汉语母语者的预测结果显示：在有语境的材料中，母语者使用主谓谓语句的倾向非常明显。

　　三种任务中的项目呈现方式均经过随机化。各题目都有韩语的翻译，语法判断和完成句子前都有完整的示例，保证被试完全理解任务要求。在正式施测前进行了预测并根据预测结果对材料进行了多次调整，整个问卷的完成需要25~30分钟。被试的汉语水平从低到高分为六个等级。共发放问卷130份，收回129份，其中未完成、随机回答5份，因此有效问卷为124份，占回收总数的95%。初步的数据统计结果显示：所有有效问卷的正确率均在60%以上，因此124份问卷的数据都参与了统计和分析。

（二）测验结果分析

1. 语法判断任务结果分析

　　语法判断采用五点量表，数字呈现方式为：2、1、0、−1、−2，即肯定正确、大概正确、不确定、大概错误、肯定错误。对语法判断任务1的结果进行方差分析，结果显示：句式主效应显著，$F(4, 741) = 34.728$，$p = .000 < .01$；水平的主效应不显著，$F(5, 741) = 1.482$，$p = .193 > .05$；句式与水平之间的交互作用不显著，$F(5, 741) = .962$，$p = .518 > .05$。也就是说韩国学生对5种不同主谓谓语句在接受程度上存在差异，而这种差异在各水平间的分布趋势是一致的。通过多重比较进一步检验各句式之间的差异，结果显示：韩国学生对5种主谓谓语句的理解中，受事类、关涉类显著好于其他句式。

　　对语法判断任务2进行的方差分析结果显示：句式的主效应显著，$F(1, 244) = 148.465$，$p = .000 < .01$。韩国学生对普通主谓宾句的接受程度显著强于主谓谓语句。

2. 翻译任务结果分析

　　根据翻译材料的设计方式，我们对翻译任务的结果采用使用和正确使用相结合的计分方法，即如果没有使用主谓谓语句计为0分，使用主谓谓语句但有误的计为1分，使用正确的计为2分。各类主谓谓语句在不同水平的使用情况见表4-13。

表 4-13　翻译任务中各句式在不同水平的正确率

水平	领属类	受事类	关涉类	周遍类 1	周遍类 2	施动类
初级上	22.73%	9.10%	45.45%	18.18%	50%	13.64%
初级下	9.10%	13.64%	52.27%	34.09%	81.82%	6.82%
中级上	5.26%	18.42%	80.56%	52.63%	76.32%	13.16%
中级下	20%	5.26%	57.5%	47.5%	77.5%	25%
高级上	12%	8.00%	72%	40%	86%	38%
高级下	0	7.14%	57.14%	53.57%	85.71%	35.71%
总计	12.10%	10.16%	59.76%	39.92%	64.73%	21.37%

注：1. 周遍类 1 指的是往大里夸张，周遍类 2 指的是往小里夸张。

2. 正确率＝某水平某类主谓谓语句的得分÷该水平该类主谓谓语句应得的总分。

对翻译任务的结果进行方差分析，结果显示：被试水平的主效应显著，$F(5, 694) = 3.814$，$p = .002 < .01$；句式的主效应显著，$F(4, 694) = 79.424$，$p = .000 < .01$；句式与水平的交互作用显著，$F(20, 694) = 1.758$，$p = .013 < .05$。因为出现了交互作用，所以继续进行了简单效应分析，结果显示：领属、受事类在六个水平之间没有显著差异；关涉类在初级下和中级上两个水平之间的差异显著；周遍类在初级上与其他水平之间的差异显著，但后面的几个水平差异不显著；施动类在初级上和高级之间的差异显著。这说明在学习过程中，对主谓谓语句的习得是渐进的过程，有的句式在较早阶段即被习得，而有的句式习得的困难持续时间则相对较长。这也验证了我们前面依据自然语料进行分析时所发现的各句式的正确率并不随着被试年级的升高而直线上升。从总体得分来看，翻译任务中被试并不倾向于主动使用主谓谓语句。

3. 完成句子任务的结果分析

在该任务的设计中，我们重点考察语境因素的作用。以语境为自变量进行的单因素方差分析结果显示：两种条件之间的差异显著，$F(1, 225) = 139.854$，$p = .000 < .01$，有语境条件下的成绩明显好于无语境的成绩。无语境条件下的关涉、受事类题目，被试都没有用主谓谓语句表达；但是在有语境条件下，主谓谓语句的使用数量显著提高。这一结果证明了被试在自然语料中

所使用的回避策略，即他们对某些句式不使用或较少使用并不是因为尚未掌握，当提供一定的语境时，被试能够选择使用与语境相符的语法结构。

4. 理解和使用之间的关系

测验中的三种任务反映了学习者对主谓谓语句的不同加工机制。将三种任务的原始分转换为标准分，对三种任务的得分进行相关分析，结果显示：语法判断与翻译之间相关不显著，$r_R = .015$，$p > .05$；与完成句子之间相关不显著，$r_R = .012$，$p > .05$；翻译与完成句子相关不显著，$r_R = .176$，$p > .05$。上述分析说明不同任务之间的成绩没有相关关系，语法判断中成绩好的句式在翻译和完成句子任务中成绩不一定好。考虑到理解、主动使用和被动使用的不同，我们对三种任务的成绩做了进一步的相关分析，结果显示：语法判断与完成句子任务中的无语境成绩之间相关不显著，$r_R = .036$，$p > .05$；而与完成句子任务中的有语境成绩相关显著，$r_R = .218$，$p < .05$。翻译与有语境成绩相关显著，$r_R = .244$，$p < .05$；与无语境成绩相关不显著，$r_R = .150$，$p > .05$，有语境与无语境成绩相关不显著，$r_R = .116$，$p > .05$。

在上述各项任务中，语法判断反映被试对语法结构的理解，翻译反映被试根据语义信息的生成，有语境反映被试强制性的生成，无语境则反映自由生成。从上述各相关分析的结果看：被动生成条件下学习者对句法结构的使用状况与他们对句法结构的理解之间存在相关关系。无语境条件下的生成反映被试对句法结构的主动使用，这一结果与被动生成、理解任务的结果之间没有明显的相关关系，说明这些不同的任务探测的是学习者对目的语句法结构的不同习得深度。

（三）基于测验结果的主谓谓语句习得发展序列

根据前面的统计分析，我们发现在不同的任务条件下，韩国学生对主谓谓语句的使用存在着很大不同。在自由产生任务中（包括翻译任务和无语境条件的完成句子任务），被试对各主谓谓语句式的使用不均衡，某些主谓谓语句的使用率很低，其原因可能与自然语料一样，来自于学习或交际策略因素的影响；但是在特定的条件下（包括语法判断任务和有语境的完成句子任务），他们还是能够理解或使用主谓谓语句。这就涉及对"习得"的界定问题。自由产生任务的结果反映的是学习者在自然状态下对目的语的使用，它包含主动使用、过度使用、回避使用、因策略导致的随机使用（如"伪主谓谓语句"）等多种情况；而特定任务条件下的结果则反映学习者在应该使用的条件下对目的语语法结构的使用情况。相对来说，后者因为在任务中对相关因素进行了控制，其结果更单纯，对习得状况的考察也更直接。因此我们将语法判断任务和有语境条件下完成句子任务的结果进行合并，对习得发展序列进行重新分析并依据蕴含量表进行检验，所得到的主谓谓语句的习得序列从前到后为：受事类＞关涉类＞周遍类＞领属类＞施动类。这一序列与前面依据自然语料所得到的结果有所不同，其原因来自于学习者的学习或交际策略所导致的两种语料性质的不同。由于测验材料是针对中介语语料中所发现的偏误及策略而设计的，其结果更直接地反映了学习者对主谓谓语句的习得状况，因此下面对问卷测验结果中被试对五类主谓谓语句的理解及使用做进一步分析，从而探讨其学习策略。

（四）基于测验结果的主谓谓语句习得策略分析

领属类：领属类在语法判断、翻译、完成句子三种任务中的得分分别为：3.02、0.25、1.31，翻译任务的成绩较低，从语料来看，主要的原因是使用了一般主谓句（如"他的工作很忙"）来代替主谓谓语句（"他工作很忙"），表现出明显的典型顺序策略。因为分析中介语语料时发现领属类主谓谓语句有两种主要的偏误类型：一是用一般主谓句（添加"的"）来代替主谓谓语句，二是因遗漏"的"而造成形式上的伪主谓谓语句，所以我们在语法判断中设计了这两类偏误的材料。分析结果发现：正确的领属类主谓谓语句、添加"的"的主谓句、遗漏"的"的错句这三类结构的总体平均分依次为：2.97、4.72、3.07。这首先说明在理解上，韩国学生在领属类主谓谓语句（如"他身体很好"）和普通的主谓句（如"他的身体很好"）之间，明显更接受后者；其次，遗漏"的"的得分很高，显然是被试母语迁移的结果。韩语中有双主题结构，句首可以有几个名词并列，所以大部分被试将汉语中遗漏"的"的错误句子

（"＊他房间很舒服"）判断为正确。从这一点也可以证明：在自然语料中大量出现的领属类主谓谓语句，并非完全缘自韩国学生的主动使用或较早习得，而是受母语迁移影响，在"无意"中遗漏"的"而形成的。这也就解释了依据自然语料和测验结果所得到的习得序列中领属类主谓谓语句位置的不同。

受事类：受事类在语法判断、翻译、完成句子三种任务中的得分分别为：3.56、0.21、0.95，该句式在语法判断中的成绩比较好，在翻译和完成句子中的成绩都很低，说明被试对受事类结构虽然接受程度较高，但并不倾向于主动使用。中介语语料分析发现受事类的主要偏误类型是受母语（韩语）的影响而使用"主＋宾＋动"语序，将受事宾语放在主语之后、动词之前。语法判断的分析结果显示：正确的受事主语句、"主＋宾＋动"语序的错句、"主＋动＋宾"语序的主谓句得分分别为：3.40、4.72、4.19。三者对比可以发现，对受事类主谓谓语句的理解存在很明显的母语迁移和典型顺序策略倾向，他们对"主＋宾＋动"语序、"主＋动＋宾"语序的接受程度非常高。因此，在受事类的翻译和自由完成句子任务中他们大多使用了一般主谓句，不过在有语境完成句子的条件下，他们对该句式的使用成绩较高。

关涉类：关涉类在语法判断、翻译、完成句子三种任务中的得分分别为：3.48、1.21、0.78。总体来说，对关涉类的理解和使用情况都比较好。在中介语语料分析中，关涉类的主要偏误是句首介词的问题和语序问题，所以在语法判断中分别有三种与关涉类主谓谓语句有关的结构——正确的关涉类句子、句首有介词的句子、关涉类主语放在动词后的错句，三者的平均得分分别为：3.48、3.51、3.50。被试对正确的句子与句首有介词的一般主谓句的接受程度没有差异，SVO语序的错句成绩也高于平均分，再次证明了典型顺序策略对他们句法习得的制约作用。同时也说明他们对话题位于句首的汉语关涉类主谓谓语句容易接受，但这究竟源自于母语语法的影响还是对汉语话题句的习得？对这一问题的回答还需要今后更深入的研究。

周遍类：语法判断、翻译、完成句子三种任务中的平均得分分别为3.29、1.16、1.55。总体来说，被试对周遍类的理解和使用情况都非常好。在中介语语料分析中，周遍类的主要偏误是：受事性质的小主语放在动词后（"＊我一点儿也没有钱了"），遗漏"都"（"＊那次晚会所有的同学参加了"）。分析结果显示：正确的周遍结构、受事在动词后结构、遗漏"都"的结构在语法判断任务中的得分分别是：3.56、3.61、1.42。这说明，周遍类句式作为一种相对公式化的结构，学习者对其理解和接受程度相对较高，而受事性质的名词在动词后的句法结构得分较高，这再次证实了典型顺序策略的作用；遗漏"都"类的错句得分较低，说明这并不是学习者普遍接受的偏误，或者说他们大多可以意识到这种错误，只是在使用时产生遗漏，这与他们在汉语程度副词结构习得中"都"的使用规律有相似之处。（李璐，2008）

施动类：语法判断、翻译、完成句子三种任务中的平均分为：2.74、0.43、0.69。总体来看，施动类的测验成绩较差。从施动句式的结构来看，它与其他类主谓谓语句的最大区别在于该句式中的小主语可以作动词，大小主语之间最直接、最常见的语义关系是施事与动作关系，因而该类主谓谓语结构的理解难度较大。中介语语料的分析发现施动类的主要偏误在于要么将小主语看作名词，使用定中结构表达；要么将小谓语看作补语，在小主语和小谓语中间添加"得"。语法判断任务中的测验材料包含了这两种结构，而正确的施动类与这两类结构在判断任务中的得分分别为：2.94、4.13、2.54。这组数据表明：被试普遍接受"爸爸的工作很忙"类的主谓结构而拒绝"李老师讲课很清楚"这样的主谓谓语结构；虽然在自由使用中出现了较多在小主语和小谓语中间加"得"的错误结构（如"＊他学习得很好"），但是在判断任务中他们对该结构的接受程度并不高，说明他们大多能意识到这类句子在语法结构上的错误，这与上面所谈到的周遍类结构中"都"的理解与使用情况类似。

从该部分的分析可以发现：首先，基于中介语语料所发现的各类句式的偏误类型及所推测的偏误产生的原因在问卷测验所得的结果中均得到了证实；其次也进一步说明中介语自然语料所体现的句法结构的使用确实受到了学习策略的影响；最后，主谓谓语句的习得受到言语加工策略、母语迁移、汉语句法结构特点等多种因素在不同层面的影响。

四、综合讨论

（一）主谓谓语句的习得发展序列

以蕴含量表为工具，依据自然语料分析所得到的韩国学生的主谓谓语句习得序列为：领属类＞施动类＞关涉类＞周遍类＞受事类；以测验中理解任务和有语境任务所得到的主谓谓语句的习得序列均为：受事类＞关涉类＞周遍类＞领属类＞施动类。

我们知道，"习得"是一个意义宽泛的概念。它存在着知道、理解、被动使用、主动使用等不同的习得深度，这些深度需要通过不同的任务来探测。相对来说，我们认为"被动使用"或强制性使用相对来说较为客观，其探测方式也更容易操作，因此我们用上述测验中有语境产生任务的结果作为评价习得的标准。原因在于：（1）语言的功能在于交际，因此习得不应仅体现在理解层面，而应通过产生任务来探测。（2）有语境产生任务的结果与理解任务的结果高度相关。从逻辑上来说，基于理解的使用避免了学习策略、交际策略等因素的影响，它应该比较客观地反映学习者对目的语语法规则体系的表征和加工。（3）自由使用的来源比较复杂。前面的分析也显示：依据自然语料所排列的习得序列中位置靠前的领属和施动类在偏误分析和测验任务中被证实有些是因母语迁移、学习策略等因素而产生的形式上的"伪主谓谓语句"。因此，以强制性任务的结果为指标，韩国留学生对汉语主谓谓语句的习得发展序列由易到难依次为：受事类＞关涉类＞周遍类＞领属类＞施动类。

（二）主谓谓语句习得发展的原因分析

从 20 世纪六七十年代第二语言习得研究开始到现在，学者们从不同角度提出了大量解释和预测第二语言习得发展过程和制约因素的理论，包括初期的行为主义理论、对比分析理论和普遍语法、先天语言机制理论，后来从认知加工角度进行解释的可加工性理论、竞争模式，以及近年来关注社会文化因素与语言习得关系的动态系统理论、浮现理论等。从理论的逻辑性、理论验证的可操作性、理论预测与实际习得过程的契合度这些因素考虑，我们更倾向于从认知加工的角度来解释汉语句法的习得过程。

Clahsen & Pienemann 等人的多元模式理论中提出了制约句法加工的三个主要策略：典型顺序策略（Canonical Order Strategy）、首位/尾位策略（Initialisation-Finalisation Strategy）、从属句策略（Subordinate Clause Strategy）。"典型顺序策略"是指学习者在学习初期阶段倾向于保持形式与功能直接映射的一种策略，在结构上体现为"基本语序（SVO）"，尽量避免句子内部成分的位移变化；"首位/尾位策略"是指不涉及句子结构内部成分的位移和变化，只是在句子首尾两个突显的位置上进行成分的移动；"从属句策略"，是指在主句中移动句子成分，而不涉及从属句内部的成分位移。按照 Clahsen & Pienemann 的理论，每一个策略都对应一种不同复杂程度的心理操作过程，不同阶段之间具有蕴含关系，学习者要学习新的规则必须克服前一阶段的加工策略的限制，语言发展的阶段性正是这些加工策略所制约和限制的结果。

在上述策略中，从属句策略与本研究讨论的主谓谓语句这种单句结构无关；首位/尾位策略是基于德语句法在疑问、强调句中词语的移位而提出的，对汉语句法习得的适用性和解释力受到限制。而典型顺序策略则明显地体现在主谓谓语句各句式的习得中。除了典型顺序策略以外，我们还可以发现影响韩国学生汉语主谓谓语句习得的两种因素。一是许多研究中发现的第二语言习得中的主题（话题）化倾向。Fuller & Gundel（1987）的研究中，以不同母语类型，包括母语为主题型语言（汉语、日语、韩语）和母语为主语型语言（阿拉伯语、伊朗语、西班牙语）的英语学习者进行的研究发现：在习得英语的过程中，两种母语背景者在产生英语时没有差别，他们的中介语中都有一个普遍的主题突出的特征。从我们上面的分析可以看出，韩国学生普遍接受话题特征明显的主谓谓语句，其中，话题化倾向最突出的受事类和关涉类结构习得难度最低，其原因也许来自于第二语言习得中普遍的话题化倾向。影响韩国学生主谓谓语句习得的另外一个因素是母语的迁移，韩语的语序是"SOV"，是主语与主题并存的语言，其句法中句首两个名词结构并列的范围大于汉语，两种语言间的这种对应关系导致韩国学生在句法判断任务中对形式上与汉语主谓谓语句句法结构相似、但语义特征不相符的"伪主谓谓语句"（例如遗漏"的"的领属类错句、小主语前置于小谓语前的受事类错句、关涉类错句）接受程度较高。

　　通过进一步分析我们可以发现：上述典型顺序策略、话题化策略、母语迁移是以不同方式起作用的。总体来说，典型顺序策略以相对独立的方式影响各种主谓谓语句的习得，导致在所有任务中被试对主谓句的测验成绩都显著好于主谓谓语句。话题化策略虽然影响韩国学生的主谓谓语句习得，但其影响方式受大小主语间语义关系的制约。位于习得序列前两位的受事类和关涉类句式，其共同特点是大小主语间无直接的语义关系，它们分别与句中的小谓语形成关联；而位于后两位的领属类和施动类句式的共同特点则是大小主语间分别形成了领属（如"我－身体"）和施动（如"他－工作"）的语义关系，这种关系有可能使学习者首先按领属关系和施动关系处理大小主语，对小谓语出现后句子语义的整合形成了障碍。至于母语迁移，其作用也不是决定性的。当该因素与典型顺序策略产生冲突时，后者起制约作用，因此，虽然韩语中有双主题结构，但仍然导致了学习者对主谓结构的明显倾向。同时，领属类、受事类、关涉类、周遍类在韩语中都有与汉语相同的表达形式，但上述这些在两种语言中都存在的结构在实际的汉语习得中表现出很大的差异，也证明了母语影响的非决定性作用。

　　再进一步分析我们可以发现：这些因素起作用的层面是不同的，其相互关系也非常复杂。典型顺序策略的作用发生在认知加工层面，其方式相对独立而且关键。话题化策略和母语迁移则受到不同程度的限制。例如，施动类的习得困难就源自于话题化策略与典型顺序策略的冲突，而领属类结构虽然在其母语中也存在，但由于母语迁移的作用弱于典型顺序策略，因而并未对其习得产生促进作用。对于受事类和关涉类结构，由于在话题化之后形成了明显的 SV 结构，同时母语中又有相应的结构作为促进，因而其习得难度最低。从这一习得规律我们也可以看出：第二语言句法结构的习得是一个受多种因素共同影响的复杂过程。

通过上述各部分的分析，关于韩国学生汉语主谓谓语句的习得与发展，可以得到以下结论：

（1）中介语语料中各类主谓谓语句的使用率与正确率不一致；自然语料与问卷测验的分析结果不一致；理解与使用的结果不一致；主动使用与被动使用的结果不一致。不同任务的结果反映了学习者对目的语知识规则不同的表征状态与习得深度。

（2）如果以基于理解的、有语境条件下的使用成绩为指标，韩国学生对汉语主谓谓语句的习得发展序列为：受事类＞关涉类＞周遍类＞领属类＞施动类。

（3）主谓谓语句的习得发展序列在很大程度上受到句法结构加工难度的制约；主谓宾（SVO）是最容易接受和产生的结构，也是学习者在第二语言习得中常采用的策略；句法形式与功能间的匹配关系越复杂，加工难度越高，习得越困难。

第三节　韩国学生的汉语存现句习得研究[①]

一、研究材料

关于汉语存现句的句法结构、语义特征、语用功能，在语法学界一直存在着分歧，但其中一些比较普遍的观点认为：存现句是"表示在什么地方存在、出现或消失了什么人或物的一种句型"（黄伯荣、廖序东：《现代汉语》，1997），在结构上可分解为 A 段、B 段和 C 段。其中，A 段为表示处所或方位的词或短语，即"空间主语"；B 段为表示存在、状态、位移的动词结构；C 段为表存在或隐现的名词短语，即"存现宾语"。A 段和 C 段的名词在量性特征和指称特征上有一定的要求，B 段动词结构则因动词意义和助词的不同而在时体特征上表现

---

① 本节内容由冯丽萍依据硕士研究生闵健（导师：冯丽萍）硕士学位论文的数据与材料撰写。

出差异。

从存现句的构成我们可以看到：动词结构的语义特征对整个存现句的句法结构和语义关系形成了制约，因此在总结语言学界对存现句研究成果的基础上，参照《高等学校外国留学生汉语言专业教学大纲》与学生的中介语语料，我们以动词为线索，确定以下四类句式为研究对象：

（1）"是""有"构成的存在句。例如：

窗外是一片草地。

山上有一棵枣树。

（2）一价动词构成的存在句（以下简称"一价动词存在句"）。例如：

台上坐着主席团。

天上飞着一只鸟。

（3）二价动词构成的存在句（以下简称"二价动词存在句"）。例如：

头上戴着一顶帽子。

纸上画了一朵红花。

（4）隐现句。例如：

天空出现一道彩虹。

屋里进来一个小偷。

上述四类句式在结构上具有几个共同点：都是完整的 A＋B＋C 结构；都是处所词语在前，表存在或隐现的动词结构居中，名词短语在后。四类句式因动词的不同而表现出意义的差别。

二、基于中介语自然语料的存现句习得情况分析

（一）语料来源

中介语自然语料来自韩国留学生的书面考试作文，体裁以记叙文和议论文为主，约30万字。根据学生掌握的生词量和所用教材将语料分为三个水平：初级（词汇量1000左右）、中级（词汇量2700左右）和高级（词汇量6000以上）。其中，初级水平作文约450篇，中级水平作文约300篇，高级水平作文

约 90 篇，不同水平的语料字数接近，约为 10 万字。语料中句子的切分参照赵淑华等（1997）确立的原则。

（二）自然语料中存现句的使用情况分析

在语料中共得到存现句 569 句，其中正确的句子 420 句，正确率为 73.81%，句式分布情况见表 4-14。

表 4-14　自然语料中存现句的分布情况表

存现句类别	句子数量	使用率	正确使用数量	正确率
"有、是"句	345	60.63%	265	76.81%
隐现句	52	9.14%	37	71.15%
一价动词存在句	67	11.78%	49	73.13%
二价动词存在句	105	18.45%	69	65.71%
总计	569	100%	420	73.81%

注：1. 使用率＝某类别存现句的使用数量÷所有类别存现句的总句数。

　　2. 正确率＝某类别存现句的正确使用数量÷该类别存现句的使用总句数。

由表 4-14 可见：在自然语料中，"有、是"句是留学生主要使用的存现句型，占全部存现句的一半以上（60.63%）；其次分别是二价动词存在句（18.45%）、一价动词存在句（11.78%）和隐现句（9.14%）。各句式的使用率虽然相差较多，但正确率之间并没有很大差异。那么不同类型的存现句在不同学习阶段的分布情况如何？下面通过表 4-15 做详细的分析。

表 4-15　不同水平学习者各类别存现句的使用情况

存现句类别	初级		中级		高级	
	使用数（句）	使用率（%）	使用数（句）	使用率（%）	使用数（句）	使用率（%）
"有、是"句	184	95.83	73	41.71	88	43.56
隐现句	1	0.52	35	20	16	7.92
一价动词存在句	2	1.04	15	8.57	50	24.75
二价动词存在句	5	2.60	52	29.71	48	23.76

注：使用率＝某类别存现句在某水平的使用数量÷该水平所有类别存现句的总数。

从表 4-15 可以看出，初级水平学习者使用的存现句主要是"有、是"句，使用率高达 95.83％，其他三类的存现句使用数量极少，从这一角度来说，这三类存现句在初级阶段的使用具有较大的偶然性，尚不具备进行习得分析的条件；到中级水平，隐现句和二价动词存在句的使用数量明显增多；相对而言，高级阶段的学习者使用一价动词存在句的比例明显提高。

存现句习得的发展不仅表现在句子数量的变化，同时也表现在动词的使用上。例如一价动词存在句在中级阶段开始集中出现，该阶段的学生使用的动词比较有限，主要是"住"和"坐"，例如：森林里住着一个老人；前面坐着一个人。到高级水平时，使用的动词种类和语义更加丰富，不仅有"趴""躺"等静态动词，而且出现了"飞""游"等动态动词。这实际上也就是近年来语言习得领域浮现理论所主张的"公式化结构使用——低域模式使用——提取构式"的语言习得过程。（O'Grady，2005；Geert，2008 等）

由于句式的使用数量与语境、任务要求等有较大关系，因此在保证使用数量的条件下，我们需要以正确率为指标进一步分析其习得状况。

表 4-16　中、高级水平学习者各类别存现句的正确使用情况

存现句类别	中级		高级	
	正确数（句）	正确率（％）	正确数（句）	正确率（％）
"有、是"句	61	83.56	78	88.64
隐现句	20	57.14	10	62.5
一价动词存在句	11	73.33	36	72
二价动词存在句	32	61.54	34	70.83

注：正确率＝某类别存现句在某水平的正确使用数量÷该类别存现句在该水平的使用数量。

从上述数据来看，有的句式正确率在中高级阶段均处于较低水平，如隐现句；有的句式正确率随汉语水平而提高，如"有、是"句和二价动词句。但各种句式在不同阶段均出现了较多偏误，那么韩国学生在存现句使用中会出现哪些类型的偏误？这些偏误反映了他们在学习中遇到的哪些难点？使用了什么样的策略？我们下面将通过偏误分析进行探讨。

（三）基于自然语料的存现句偏误分析

存现句的偏误主要表现为以下三种类型：（1）遗漏，即在存现句的某段遗漏了某个或几个成分而导致偏误，如"﹡房子有很多家具"，遗漏方位词"里"或"里面"；（2）误加，在存现句的某段添加了多余的成分而导致偏误，如"﹡北京里有很多名胜古迹"，误加方位词"里"；（3）误用，在使用存现句时，由于从两个或几个形式中选取了不恰当的结构而造成偏误，这种偏误有两个来源：一是语法偏误，如"﹡对面走过来我的朋友"，以有定名词代替了无定名词；二是语义偏误，如"﹡墙上挂了一幅画"（存现句本身是正确的，但与作者想表达的原意"墙上挂着一幅画"不符）。由于 A 段、B 段和 C 段不同的句法成分，这些偏误类型在不同位置的表现与分布也不相同，下面我们将分别对 A 段、B 段和 C 段的偏误类型进行具体分析。

1. A 段的偏误

存现句 A 段为空间主语，在语义上要求是有界的，但不同名词有界化的手段不同，从而导致了 A 段词语构成方式的复杂性。地名本身表示空间处所，具有有界特征，可以直接在 A 段做主语，不需要添加方位词语，例如："韩国也有很多古代建筑。"表示类名的事物名词则需要通过添加方位词语才能进入 A 段做主语，例如："椅子上坐着一个人。"而有些名词既可以表示处所，也可以表示具有执行功能的机构、单位等意义，因此方位词语可加可不加，例如："宾馆（里）有很多客人。"A 段处所词及其短语的复杂性成为一个学习难点，造成学习者在使用汉语存现句时，由于误加或遗漏方位词而产生偏误。例如："﹡椅子坐着一个人。""﹡韩国里也有很多古代建筑。"在语料中，这种添加或减少方位词的偏误占了较大比例。

与有界性相关的是 A 段主语在指称上要求是有定的，因此一般不能使用数量定语。学习者在使用存现句时在此位置上会产生误用无定名词的偏误，例如："﹡一张桌子上放着一本书。"这句话在特定的语言环境下是可以理解的（表示每张桌子上有一本书）。但是联系其上下文语境，在"房间里有一张桌子"之后，正确的表述应该为："（那张）桌子上放着一本书。"

在 A 段处所短语的使用上，我们还发现了一个现象：学习者习惯在名词前加介词，使 A 段表示处所的意义得到凸显，例如："＊在前面有一个漂亮的花园。""＊在门上贴着对联。"一方面，这种结构属于介词短语作状语，句子成了动词性非主谓句；另一方面，它与汉语母语者的语言习惯也不相符。

2.B 段的偏误

存现句 B 段的动词主要包括关系动词和动作动词。我们考察的存现句中的关系动词主要是"有"和"是"，二者出现在存现句 B 段时在结构上没有特别的要求，使用时不容易出错，所以 B 段的偏误主要发生在动作动词方面，类型以"遗漏助词"和"误用助词"为主。

在一价或二价动作动词构成的存现句中，动词的动作性被弱化，而状态性加强，所以存现句中的动词很少是光杆动词，后面大多需要助词。在学生的语料中出现了不少类似"＊电脑里放很多我的照片"这样的错句，这种偏误类型表明学习者对该类存现句的结构还尚未掌握。

该类存现句中 B 段动词结构主要以"动词＋着"和"动词＋了"的形式出现。一般认为："动词＋了"结构显示了状态的实现过程，具有动态义；"动词＋着"表示行为结束后的持续状态，具有静态义。（吴卸耀，2006）从认知角度看，带"动词＋着"的句子反映的是说话人对事物或状态的静态认知模式，其认知方向是说话人以现时观（present）表达说话人对某一事物在一个位置中状态存在的静态观察；而"动词＋了"的句子是说话人以回首观（retrospective）表达对某一事物在一个空间位置中动作行为或状态存在的运动认知模式。（王葆华，2005）这种观察角度和时间特征的不同主要依靠助词"了"与"着"来区别，而动态助词向来是汉语学习中的难点，因此学习者在使用该类存现句时产生了许多将助词误用或混淆的错误。例如在介绍自己的房间时，以"墙上挂了一幅画"代替"墙上挂着一幅画"，在描述图片时用"沙发上坐了一个人"代替"沙发上坐着一个人"，另外如"＊电脑里放很多我的照片""＊他的头上戴了红色的帽子"等都属于助词遗漏或"动词＋着"与"动词＋了"的误用。

3. C 段的偏误

存现句 C 段的存现宾语由名词短语构成，它在量性特征和指称特征上具有一定的限制。尤其是在"有"字句和隐现句中，由于这两类存现句的基本功能是引进新实体，C 段宾语表示类指，具有强烈的不定指特征，因此动词后的名词应该是无定的（陈平，1987；Yang ＆ Pan，2001），这种无定表现在当名词表示个体量时应出现数量词语，并且一般不与领属性定语结合使用，因为"领属性定语具有强烈的定指性质"（陈平，1987）。这种有定与无定的区别是韩国学生在使用汉语存现句时在 C 段部分表现出的主要难点，产生较多偏误。例如："＊教室里进来那个漂亮的女孩儿"中，用有定名词代替了无定名词；而"＊楼里跑出去孩子"中，则缺少了表示无定意义的数量词语。

下面是各偏误类型在不同水平语料中的分布。

表 4-17 不同水平存现句的偏误分布情况

	A 段				B 段		C 段	
	遗漏方位词	误加方位词	误加介词	误用无定名词	遗漏助词	误用助词	误用有定名词	遗漏数量短语
初级	11	8	20	5	1	1	8	6
中级	2	1	14	4	7	6	4	5
高级	1	0	9	2	11	14	4	3
总数	14	9	43	11	19	21	18	14

根据表 4-17 所反映的偏误分布情况可以发现，初级水平学习者的主要偏误有 A 段的误加介词、误加方位词、遗漏方位词和 C 段的误用有定名词、遗漏数量短语，其中 A 段的误加介词数量最多。结合前面的分析我们可以知道：初级水平学生在 B 段上出现偏误数量较少并非由于其习得情况好，而是在该阶段的存现句中主要出现的是"有、是"类句式。到中高级水平，误加方位词和遗漏

方位词的数量逐渐减少，误加介词的出现虽然少于初级阶段，但仍然是各水平的主要偏误类型。说明随着汉语水平的提高，学习者逐渐掌握汉语方位短语的构成方式与用法，但是存现句 A 段名词短语的句法功能与性质对他们来说还是一个难点，他们还未真正理解汉语存现句的句法结构。在中高级水平，除了 A 段的误加介词以外，B 段的遗漏助词、误用助词开始成为学习者的主要偏误类型。这是由于该阶段的学习者开始接触并使用"有、是"句以外的存现句，这些句式中的动词结构对助词的要求成为学生学习中的难点。而 C 段在无定名词短语构成上的偏误数量虽然随着汉语水平的提高而减少，但是一直持续到高级阶段。

通过从学习者水平和句式结构两方面分析偏误发展情况，我们可以总结出韩国学生汉语存现句习得的难点在于：A 段名词处所意义的构成、B 段"动词＋助词"的构成、C 段名词短语的无定性。按照各难点逐渐被克服的顺序，其由难到易的难度顺序是：B 段动词短语的结构——A 段名词短语的句法功能——C 段名词短语的无定性——A 段名词短语的有定性——A 段方位短语的结构。其中，B 段动词短语结构的困难主要是动词后助词的使用，它随着中级阶段的学习者开始使用动作动词构成的存现句而出现并持续到高级；A 段名词短语的句法功能困难主要在于学习者未真正理解该句式的句法结构，因而在名词短语前添加介词而凸显其语义，其结果是构成了非主谓句。

上面我们依据自然语料对韩国学生的汉语存现句习得进行了分析，但自然语料是学生主动生成的结果，无法避免使用策略造成的干扰，例如过度使用（即不该用而用）、回避使用（即会用而不用或少用）等，因此，下面将通过测验对通过自然语料分析所得到的存现句习得规律做进一步验证。

三、基于测验任务的存现句习得情况分析

（一）测验的设计与实施

根据自然语料的分析结果和测验目的，我们确定了测验的任务类型和材料。测验材料是本文考察的四类存现句；任务类型为看图写句子，在图片下面

给出需要使用的动词和名词。动词的提供方式有两种：一种是仅提供单个动词（如"放"），被试可以自由选择句法结构（例如：使用存现句"桌子上放着一本书"或普通主谓句"我的书放在桌子上"）；另一种是提供动词与助词，如"躺着"，这样就强制要求被试使用存现句来表达图片中的意义。该任务的目的是考察被试的回避使用问题，从而区分"未习得"与"已习得但回避使用"。

参加测验的被试为初级、中级、高级汉语水平的韩国学生，测验均匿名、独立完成。共发放问卷90份，收回有效问卷76份，其中初级水平28份，中级水平25份，高级水平23份；男性被试33人，女性被试43人；被试平均年龄23.4岁。

（二）测验结果分析

计分方式采用2分制，即正确写出存现句计2分；写出了存现句，但不完全正确，且错误类型属于存现句的错误，计1分；没有使用存现句，计0分。不同水平被试各类别存现句的平均得分如下。

表4-18　看图写句子任务中不同水平被试各类别存现句的平均得分（满分2分）

	"有、是"句	隐现句	一价动词存在句	二价动词存在句
初级水平	1.43	0.45	0.21	0.39
中级水平	1.6	0.73	0.33	0.4
高级水平	1.43	0.49	0.26	0.52
总平均分	1.49	0.56	0.28	0.44

由表4-18可见：被试对"有、是"句的使用情况最好，而其他三类存现句的使用均未到1分，其主要原因在于被试不倾向于主动使用。那么在被动使用的条件下，其存现句产生情况如何呢？

在问卷所设计的看图写句子任务中，我们设置了强制产生（即提供"动词＋助词"，如"躺着""挂着"）和自由产生（仅提供单独动词，如"放""坐"）两种条件，分别考察被试在不同条件下对一价动词存在句和二价动词存在句的使用情况。分析结果显示：在自由使用条件下，被试产生的普通主谓句（如"我的书放在桌子上"，"一个男生坐在沙发上"）得分显著高于存现句（x^2＝.000， p<.01）；强制性条件下存现句的得分显著高于自由产生条件下（x^2=.047，p<.05）。从这一结果来说，在特定的语境中，或者说提供动词结构的条件下学习者可以较好地使用存现句式，只是在自由产生时他们更倾向于使用普通的主谓结构。

在所产生的一价动词存在句中，主要的偏误类型有：A 段的误加介词，如"＊在沙发上坐着两个人"；B 段的遗漏助词和误用助词，如"＊树下趴一只狗"（遗漏助词），"＊天空中飞了一只鸟"（误用助词）；C 段的误用有定名词或特指名词，如"＊床上躺着我的妈妈"。这些偏误类型与自然语料的分析结果一致，说明是韩国学生在存现句习得中普遍的难点。

关于隐现句的产生，测验中设计了四种图片，预设的存现句分别是："对面开过来一辆车。""天空出现了一道彩虹。""房间里飞走了一只鸟。""花园里跑出去一只狗。"除动词"出现"外，另外三个句子都属于 B 段是由"V＋趋向动词"构成的隐现义结构。测验结果显示：由"出现"构成的隐现句在各水平的使用情况都较好，平均得分 1.53。但"V＋趋向动词"结构在三个水平都很少使用，被试更多地用"一只狗跑出去了"，"一辆车从对面开过来"这样的主谓句。从这一角度说，在隐现类存现句中，由"出现"构成的句式结构对韩国学生来说习得最容易，而"V＋趋向补语"类结构的习得始终比较困难。

四、讨论

（一）汉语存现句习得的影响因素

上面我们通过自然语料分析、偏误分析、测验探讨了韩国学生在使用汉语存现句时所表现出的一些规律，总结了汉语存现句习得中的难点。那么造成这些规律和难点的原因是什么？前面的分析已经比较明显地体现了 SVO 策略的影响，如"很多韩国人住在五道口"，"一个男孩儿坐在教室里"等，这同时也表明他们对存现句的句法功能还不太了解。除此之外，存现句结构本身有哪些语言学因素影响韩国学生的汉语存现句习得？下面我们对该方面的因素进行分析。

1. 动词本身的语义

"有、是"句从初级阶段开始已被习得,理解和使用情况远远好于另外三种类型的存现句。在有些语言中,"拥有"和"存在"是用相同的形式来表达的(如汉语中的"我有一本书"和"这个学校有三千学生")。这种语言属于标记性低的语言,因此在习得中处于优先位置。

在隐现句的习得中,"出现"类的理解和使用均好于"V+趋向动词"类结构。从动词语义的角度讲,"出现"本身的语义非常直接,在构成上也不需要其他成分。而"V+趋向动词"结构本身就是汉语学习中的难点之一,而且它所表示的隐现意义也是存现句句式意义所赋予的,该动词短语本身并不具有隐现的含义。这一区别导致两种类型的隐现句在习得上不同的难度。

在一价动词存在句和二价动词存在句的习得上,虽然"坐""躺""飞"等动词均在较早阶段学习,但中级水平学习者仍较多使用"坐"等表静态的动词,而"飞"类表动态意义的动词构成的存现句在高级阶段才开始较多出现。关于存现句的功能,一般认为:存现句中的动作动词"自主性"被弱化,主要表示动作结束后事物存在的状态,而在这种自主性弱化和表存在状态的语义功能上,静态动词显然比动态动词更具典型性,因此由前者所构成的存现句也先于后者被习得。

2. 处所短语构成的复杂性

在存现句的构成上,A段需要使用处所短语,但处所短语的构成规则如何?如前面所说,有的名词必须加方位词,有的一定不可以加,而有的则可加可不加。有些名词既可以表示处所,又可以表示机构,如"学校";有些名词必须与方位词结合使用,如"桌子上",而这种结构又可以表述为"在桌子上"。汉语处所词语的这种复杂性与韩语相比又形成了更为复杂的对应关系。在汉语存现句使用中,多数学生能意识到A段对于处所义的要求,但如何表达处所义?这是其习得中的难点,因此在他们使用汉语存现句时,添加介词(如"*在学校有很多留学生")或缺少介词(如"*房间有一张桌子")的错误比较普遍。

（二）韩国学生汉语存现句的习得规律

通过上述对不同汉语水平韩国学生自然语料中汉语存现句使用情况的分析以及问卷测验的结果，我们发现在韩国学生汉语存现句的习得过程中有以下特点和规律：

第一，在四类存现句中，学习者对"有、是"句的习得情况最好，该句式结构在初级阶段即能够被理解和主动使用，在中、高级阶段的习得也比较稳定；在隐现句中，"出现"类习得明显好于"V＋趋向动词"类；在一价动词存在句和二价动词存在句中，表静态意义动词构成的句式习得先于表动态意义的动词构成的句式。

第二，在不同的任务条件下，韩国学习者对存现句的使用情况不同。在提供特定动词结构的语境中，他们能够使用一价动词存在句和二价动词存在句，但是在无语境条件下，他们更倾向使用SVO句。

第三，在存现句习得中，A段名词处所意义的构成及其句法功能、B段动词后对助词的选择、C段名词的有定与无定是三个主要的难点，但是其难度不同，A段名词短语添加或减少方位词、C段误用有定短语的错误首先被克服，而A段的误加介词和B段动词后的遗漏、误用助词则一直持续到高级阶段。

第四，存现句的句法功能、动词意义特征、处所短语的构成方式是影响韩国学生汉语存现句习得的重要语言因素。

第四节　美国学生汉语"比"字句习得研究

一、研究目的

表示比较关系的"比"字句是一个使用频率较高的句式，也是汉语学习者习得过程中的重点和难点，学习者在"比"字句的使用上经常出错，错误的出现甚至会延续到高级阶段。为什么会出现这样的情况？学习者是如何习得汉语的"比"字句的？在各种"比"字句式的使用上呈现出怎样的特点？是否存在使用偏好？哪些因素影响了学习者对"比"字句的使用？学习者对"比"字句的习得情况对我们关于比较句的教学与研究有何启示？本研究试图针对这些问题，采用频率分析的方法对美国留学生习得汉语"比"字句的情况进行一番考察并在此基础上做出分析。

从 20 世纪 80 年代开始，国内的一些研究者运用对比分析的方法对汉语和一些外语在比较句上的差异进行了探讨，涉及的语言包括日语（靳卫卫 1986）、法语（贾秀英 1996）、英语（李成军 2003）、韩语（柳英绿 2002）等，而随着偏误分析方法与中介语理论的提出，很快比较句的偏误研究也取得了一定的成果。这类研究以李大忠（1996）、刘峰（2004）、王茂林（2005）等的研究为代表，他们的研究对比较句的偏误类型做了归纳总结，对偏误的成因，主要从母语迁移、目的语知识的过度泛化、交际策略的使用、该项语法自身的复杂性、教材编写的不足、课堂教师教学引导的影响等因素加以解释。同时，对比较句的习得研究也渐趋细化，出现了区分不同母语背景、不同学习阶段学习者的研究，如胡亮节（2006）以泰国留学生为研究对象，肖小平（2005）以越南留学生为研究对象，柳多利（2005）、陈珺（2005）则研究韩国留学生；沈怡（2006）专注于研究初级阶段的留学生，张蕾（2008）则对初、中、高三个阶段的留学生的偏误都做了考察分析。

随着第二语言习得研究的不断发展，研究者们越来越意识到偏误分析方法自身存在的一些局限性，频率分析因此应运而生。在频率分析中，分析者统计学习者使用某种语言结构形式的频率，比较不同时期的为表达相同语法功能而使用的语言结构形式，从而描绘出学习者语言发展的路径。国内目前也有研究者开始采用这一分析方法，其中，王建勤（1999）的研究是该类研究方法的代表。王建勤（1999）的《表差异比较的否定结构的习得过程》通过对北京语言大学"汉语中介语语料库"中外国留学生表差异比较的否定结构"和/跟……不一样"在不同阶段的使用频率的统计分析，勾画出学习者的这一特定表达形式的习得过程。文章发现各阶段不同类型结构的出现率呈现出不平衡性，并详细分析了各阶段、各变体结构之间的相互关系，在此基础上总结出学习者习得过程所必经的三个阶段：（1）新规则的获得阶段；（2）规则的分化阶段；（3）整合阶段。文章认为其中第二个阶段是学习者整个习得过程中最为精彩的阶段，对这一阶段的分析可以为现有的习得理论及新的理论假设提供客观依据。

二、研究设计

（一）汉语的"比"字句句式

在汉语语法本体研究及对外汉语教学中，对"比"字句式的分类方式和具体类别虽然稍有不同，但总的来说较为统一，分歧不大。我们考察了目前所出版的六部语法大纲①，并参考了卢福波（2005）和陈珺、周小兵（2005）的研究，对各家所出现的"比"字句进行归纳整理，共得出以下两大类 13 小类的"比"字句式：

①介词性"比"字句

句式一：A 比 B＋形容词

　　　　他比我高。

句式二：A 比 B＋形容词＋数量、程度补语

　　　　比我高三厘米/姐姐比妹妹漂亮得多。

句式三：A 比 B＋更/还/再＋形容词

　　　　这儿比那儿更热。

---

①　这六部语法大纲分别为：

（1）王还主编：《对外汉语教学语法大纲》，北京，北京语言学院出版社，1995。

（2）孙瑞珍主编：《中高级对外汉语教学等级大纲（词汇、语法）》，北京，北京大学出版社，1995。

（3）杨寄洲主编：《对外汉语教学初级阶段教学大纲（一）》，北京，北京语言文化大学出版社，1999。

（4）国家对外汉语教学领导小组办公室汉语水平考试部编：《汉语水平等级标准与语法等级大纲》，北京，高等教育出版社，1996。

（5）国家对外汉语教学领导小组办公室编：《高等学校外国留学生汉语教学大纲（长期进修）》，北京，北京语言大学出版社，2002。

（6）国家对外汉语教学领导小组办公室编：《高等学校外国留学生汉语言专业教学大纲》，北京，北京语言大学出版社，2002。

句式四：A 比 B＋心理动词/能愿动词＋宾语

　　　　姐姐比妹妹爱打扮。/他比我能喝。

句式五：A 比 B＋提高、减少类动词＋数量宾语

　　　　今年的产量比去年提高了三百公斤。

句式六：A 比 B＋一般动词＋程度补语

　　　　他比我跑得快。

句式七：A 比 B＋一般动词＋宾语＋一般动词＋程度补语

　　　　他比我打球打得好。

句式八：A 比 B＋早、多、难、先＋一般动词＋宾语/程度补语

　　　　这个汉字比那个汉字难写一些。

句式九：A 比 B＋更/还/再＋动词＋宾语

　　　　他比我更喜欢猫。

句式十："不比"句

　　　　他不比你差多少，你别瞧不起他。

②动词性"比"字句

句式十一：A 比不/得上 B＋那么/这么＋形容词

　　　　　这儿的风景比不上我的老家。

句式十二：A 跟/和/与/同 B＋比，……

　　　　　你跟他比，你哪个方面都差一些。

句式十三：A 跟/和/与/同 B＋比起来，……

　　　　　这儿跟那儿比起来，环境差不多。

我们将根据上述句式的框架，对收集到的比字句语料进行考察分析。

（二）研究对象及语料搜集方法

本研究的被试均为在美国学习汉语的美国大学生，共 9 人，其中包括几名华裔学生。他们在参加该项研究之前均已在大学进行过为期 30 周、每周约 7.5 个小时的课堂汉语学习，所使用的教材为美国出版的《中文听说读写》（Integrated Chinese），各学生具体情况见表 4-19。

表 4-19　跟踪调查实验的被试情况

	年龄	性别	家庭背景	母语
C1	19	男		英语
C2	19	男		英语
C3	19	男		英语
C4	19	女	父、母为华人	英语、汉语普通话
C5	19	女	母亲为华人	英语
C6	19	男	国际学生，秘鲁籍	西班牙语
C7	19	男	父、母为华人	英语、汉语广东话
C8	19	男	父、母为华人	英语、汉语普通话
C9	19	男	父、母为华人	英语、汉语广东话

注：参与者以字母 C1、C2、C3……代表。

以上 9 名被试中除了 4 名毫无中文背景的学生外，还包括 4 名父母均为华人的学生和 1 名母亲为华人的学生。根据笔者的调查了解，这 5 名华裔学生在家庭中都多少使用一些汉语（有些是汉语方言）与家人进行交流。但无论其背景如何，在进行课堂汉语学习之前，都参加了该校组织的汉语水平分班考试，根据他们的书面和口语成绩被划归到零起点班。

我们于 2009 年 6 月至 2009 年 12 月对上述 9 名学生进行为期 7 个月的跟踪调查，收集学生在此期间所写的作文。之所以选择作文作为考察对象，主要是考虑到只有在完整的语篇环境下才能正确判断学习者对比较句的真实使用倾向及准确度。本实验未采取任何诱导性的方式来促使学生使用比较句，因此可以说是学生在最自然的状态下，基于自身表达的真实需要而主动使用的语料。7 个月中每个学生的作文篇数为 10 篇，各篇平均间隔 21 天左右，共收集到 90 篇，总字数约 27000 字，共得到包含"比"字的用例 43 个，其中 1 个句子①由于不知所云而被剔除，全部 42 个用例中，介词性"比"字句用例为 36 个，占 85.7%，动词性比字句用例为 6 个，占 14.3%。所有用例见附录。

---

① "美国也有的比不上的习俗，这个特有的联合。"这个句子不知所云，下文也无法给我们提供理解前句的有用信息，很难判断"有的"中的"的"属于什么性质。

三、学习者"比"字句的使用情况

（一）各句式的使用频率

表 4-20 "比"字句各句式使用频率

句式	介词性"比"字句										动词性"比"字句			其他①
	一	二	三	四	五	六	七	八	九	十	十一	十二	十三	
出现例数	15	14	2	0	0	1	0	1	0	1	1	0	5	2
使用频率（%）	35.7	33.3	4.8	0	0	2.4	0	2.4	0	2.4	2.4	0	11.9	4.8

如表 4-20 所示，被试对比字句式的使用，使用频率方面句式一、句式二最高，达 15 和 14 个，其次是句式十三，5 个，句式三、六、八、十、十一、十三的使用频率都很低，都没有超过 2 个，而其他几类句式甚至根本没有出现。介词性"比"字句的使用率高于动词性"比"字句。另外，在全部 36 个介词性比字句中，34 个属于结果项是形容词性的，而只有 2 个是动词性的（"我觉得住在房子里比住在公寓里容易认识邻居"，"原来这个日子是一个 Ireland 的节日，但是现在美国比 Ireland 庆祝得多"），只占 5.6%。王茂林（2005）的研究也发现了同样的现象，在他搜集到的全部 264 个介词性比字句中，形容词性的结果项多达 211 个，而动词性的只有 19 个，占 7.1%。由此可见，这两者的使用频率呈现出明显的不平衡，而且普遍存在于第二语言学习者的中介语之中。事实上，现代汉语中结果项为动词性短语的句式使用频率并不低，根据我

---

① 这类中的两例使用的是介词性的"比"。

们对约 100 万字的兰开斯特语料库的测查①，在 525 个介词性比字句用例中，结果项为动词性短语的用例有 229 个，占 43.6%。由此可见学习者在这种句式使用上的不平衡性是其中介语特有的特征，与母语者的使用频率不一致。那么造成这种现象的原因是什么呢？原因可能是多方面的，而就我们所能掌握的事实而言，我们考虑至少包括以下两个方面的因素：

第一，教学因素。我们考察了这批学生在学习汉语的过程中所使用过的全部教材②，发现在所用的教材中，与比字句相关的语法项目共出现过四次，第一次为句式一、句式二、句式三、全部为形容词性的结果项；第二次为比字句的意义否定句式"A 没有 B……"和形式否定句式"A 不比 B……"，其中出现的例证也都是形容词性的结果项；第三次是对句式二的复习，主要强调形容词后的数量补语，如"……多四个学生"，"……贵二十块钱"等；第四次为比较句的否定句式"A 不如 B……"，其中出现的例证除了一个"你的指导教授不如我的指导教授负责任"的结果项是动词性的以外，其他均为单个形容词。此后，再没有出现过任何介词性"比"字句的教学语法项目。由此可知，学生在学习比字句的过程中输入的语言知识是相当有限的，主要接触的是形容词性的结果项。如果教师疏于补充动词性结果项方面的语言知识，那么由于课堂教授的语言知识不完整，再加上非目的语的学习环境的限制，在语言输出上就呈现出不平衡性。教材的编纂者对动词性结果项这个语法项目的忽视应引起对外汉语教学界的重视。

第二，比字句本身的语言复杂性。动词性结果项的比字句相对于形容词性结果项的比字句要复杂得多。首先在动词的使用上就有严格的要求，并非所有

---

① 兰开斯特汉语语料库（The Lancaster Corpus of Mandarin Chinese，简称 LCMC）是 Tony McEnery 与肖忠华于 2003 年 6 月初步建设完成的现代汉语平衡语料库。该语料库项目是由英国兰开斯特大学语言学系承担，由英国经社研究委员会资助设立的。LCMC 语料库是严格按照 Freiburg-LOB Corpus of British English（即 FLOB）模式编制的汉语书面语语料库。

② 他们只用过两套教材，一套是在美国出版的《中文听、说、读、写》（Integrated Chinese），Tao-chung Yao，Yuehua Liu 编著，Cheng & Tsui Company 出版；一套是北京师范大学内部使用的短期培训教材《中国掠影》。

动词都可用于比字句。而有关哪类动词能出现在比字句中，研究者们发现情况是相当复杂的。就目前的研究来看，大致可以明确的是，在语义上，"动词短语必须是能够量化的，或是可以度量的"（Li & Thompson，1981）。从语义来说，程度是形容词固有的本质属性，然而具有程度属性的动词却是少数，因此动词本身较难于进入比较句式。根据研究者们的研究①，在语义上的四大类动词（动作动词、状态动词、关系动词、能愿动词）中，后三类动词具有程度属性，能出现在比字句中，但总体数量不多。具体而言，包括心理动词，能愿动词，提高、减少类动词，"有＋宾语"，带使令动词的兼语短语，有前置修饰性形容词（如"多""少""早""晚""难""易"等）的动词、带"得"的程度补语的动词等。这少数动词出现在比字句中又有较多的形式上的限制，比如其前后都必须有一定的词语共现才能成立。比字句中能表示比较结果的动词有如此复杂的状态，而教学中却甚少提及，通常只是简要的顺带性的举例，那又如何能在学习者的应用中得以充分体现呢？

此外，由于动词出现对句法有一定的要求、限制，因此动词性结果项的比字句在句法上就相当复杂，重动句、状动结构、动补结构、连动句、兼语句、祈使句等复杂的句法都可能牵涉到比字句的句子加工过程中，如果在初级阶段学习者没有输入这些语言知识，或者学习了却还没有完全掌握，那么就对此后生成比字句构成障碍。汉语学习者在生成动词性结果项的比字句时所面临的巨大障碍和挑战，使他们在语言输出时普遍采取回避的策略，这也许是为什么这类句式出现频率不高的一个重要原因。

（二）"比"字句的构成要素

1. 比较项

（1）比较项的句法类型

关于比较项的句法类型，吕叔湘（1980）指出："比"的前和后可以是名

---

① 刘月华、潘文娱、故韦华：《实用现代汉语语法》，152页，北京，商务印书馆，2001。

词、动词、形容词、小句，前和后的词类或结构一般相同。由此我们可将比较
项的句法类型分为四类：名词与名词性短语、动词与动词性短语、形容词与形
容词性短语、小句。根据这一分类，我们考察了被试的介词性比字句的比较项
的句法类型。

表 4-21 介词性"比"字句中比较项的句法类型统计

比较项的构成	数量	用例	使用者
名词与名词性短语	31	我家的晚会比兄弟会的晚会小。	除 C5 外各考察对象均使用
动词与动词性短语	4	生多几个孩子比只生一个孩子好一点。	C6：1 C7：2 C9：1
形容词与形容词性短语	1	为了别人开心总是比为了自己开心好。	C8：1
小句	0		

由上表可以看出，被试在比较项的句法构成上呈现出不平衡性。名词性的
比较项占绝大多数，动词性和形容词性的比较项非常少，而小句构成的比较项
则根本不出现。这种分布情况是否与以汉语为母语的使用者的语料的分布情况
相一致，还有待我们对母语语料的考察来加以证实。不过就个人语感而言，这
一情况估计与母语的情况差别不会太大。从人类的认知来说，名词具有指称功
能，是各词类中成员最多、最具开放性的类别，因此比较两个事物的不同，用
名词来指称不同的事物是最直接、最简便的，因此在语言中也是使用率最高
的。另外，被试所用的比较项一般比较精练短小，构成成分简单，没有复杂的
小句做比较项，这也符合汉语水平不高的学习者的言语交际策略——尽量避免
使用复杂的句法结构，以免出错。同时，我们也注意到，跟汉语母语者的情况
一样，被试的前、后比较项在词类或句法结构上一般也相同，这种前后句法类
型甚至句法结构相同的比较项出现得最多。例如：

我家的晚会比兄弟会的晚会

哲学比历史

秘鲁的比其他的南美洲国家的

公立学校的教育不比私立学校的教育

圣诞节比生日

为别人开心比为自己开心

住在房子（此处意为英语的"house"，即独栋住宅）里比住在公寓里

以上均可看出前后比较项的句法类型甚至构成成分的结构是极其一致的。然而，正如汉语也同时存在大量不一致的前后比较项一样，被试在这方面也呈现出变化，而且具有自己的特征，下面将进一步说明。

（2）比较项的省略

尽管我们考察的美国学生比字句的比较项在结构上大多数呈现出前后一致或者说平行的状况，然而在语料中我们也发现了为数不少的不一致的情况。例如：

[1] 乡下是更好的地方，学生可以运动，吃滋补的饭，等等，比城里的学校好得多。C1

[2] 这一年，我在美国住的时间比在秘鲁的多十个月。C6

[3] 坐公共汽车比较好，因为公共汽车比出租汽车便宜。我觉得也比纽约公共汽车安全。C9

[4] Novaok 咖啡吧也有好早饭食物，但是比 The Hop 的食品清淡一点。C4

分析语料，我们可以发现这些美国学生的比较项有以下几个明显的特征：

第一，已经开始出现根据上下文省略比较主体的用法，但是还不太熟练，有一些根据语境可以省略比较主体的地方并没有省略，如例[3]。例[3]中没有把第二分句中的"公共汽车"省略掉，但是把后面另一句的比较前项"北京的公共汽车"省略了。

第二，已经开始把名词性"的"字短语作为一种简略形式用于比较句中，但是这种形式的使用还不普遍。在调查中我们发现，"的"字省略形式集中地出现在一、二人的用例中，而有的人则在可以省略的语境下也不使用"的"字

省略形式，呈现出个体差异的特征。对比省略和完全形式的使用频率，大多数比较项还是没有经过省略的完全式。

第三，虽然出现了"的"字短语的省略形式，但是没有发现进一步省略"的"的用例。例如：

[5] 我也觉得秘鲁的文化比美国（的）好得多。

[6] 这一年，我在美国住的时间比在秘鲁（的）多十个月。

（注：括号为笔者所加）

换句话说，就所考察的有限语料来看，被试在整体上似乎倾向于前后比较项在表层语义类型上的一致性，一般不出现不一致的情况，即便是在语境允许的情况下。这点与汉语母语者的使用倾向不太相同。

一般来说，比字句要求前后比较项在语义类型上是一致的，然而在实际语言中，汉语比较句的前后比较项存在大量的语义类型不一致的情况，比较灵活。例如：

[7] 他的年纪比我爷爷大。

[8] 她比小时候长得更俊了。

[9] 你先走，你的路比我远多了。

[10] 他去广州比去北京的机会少。

一般认为，这种语义类型的不一致是语言上的省略、隐含等手段造成的，这种由于成分的省略而导致的语义类型差异不独汉语存在，其他语言的比较句也存在着不同程度的省略比较项构成成分的现象。（曹逢甫，1990）可以说，追求语言的经济性是所有人类语言的共性，在言语表达上，为了适应语义简洁明晰、迅速传递信息的需要，人们往往把不影响理解的重复的语言成分省略掉，这种省略后的表达形式甚至比所谓完全形式使用得更普遍，更自然。从汉族儿童学习第一语言的过程我们也可以发现比较句的省略在一定意义上是自发的、本能的。李向农、周国光、孔令达（1991）在汉语儿童如何习得比字句的研究中发现一个有趣的案例就可以证明这一说法。

……（被试与取样人一起吃红萝卜，被试拿手里的萝卜跟取样人手里的萝卜比）我比你大。（取样人：啊？你比我大呀？）我的萝卜比你大。（取样人：萝卜比我大呀？）我的萝卜根比你大。（取样人：还不对。）我吃的萝卜比你大。（取样人：还不行。）我吃的萝卜比你吃的萝卜大。（5.5 岁）①

文章随后这样评论这一现象：

取样人多次反问和否定，意在引出完全式，而被试完全未察觉到 b（指比较基准——笔者）有什么不合适的地方（事实上没有不合适之处），直到 a（指比较主体——笔者）再也无可改易时，才想到可能需要补充 b。这说明这一时期的儿童对于运用简略式已经达到纯熟乃至定势的程度。

作者由此认为：

儿童习得比字句是从完全式开始的，而在习得简略式之后，他们在使用策略上通常倾向于选用简略式而回避完全式。

应该说，作者的细致观察的确反映了儿童习得比较句的重要特点——喜欢使用简略式，然而是否就可以由此得出"儿童习得比字句是从完全式开始"这一结论却有商榷之处。我们知道，儿童习得语言的最大特征就是由简到繁，由语义简单的独词句发展到语义丰满的长句，这是基于儿童认知能力不断发展完善而出现的必然过程。因此，很难说儿童习得完全式先于简略式，即首先学会说结构更复杂的完全式然后再学会说相对简单的句子。另外，在实际言语交际中，成人对这类完全式并不使用或者不太经常使用，把所谓的省略部分补充出来反而显得不自然，不符合中国人的语言表达习惯。因此，在言语交际中学习母语的儿童最有可能首先接触到的应该是简略式而不是完全式。只有当儿童的认知能力发展到了一定阶段，理解、逻辑推理能力提高了，他们才可能知道简单形式背后所蕴含的繁复、精确的完全表达。相反，成人学习比较句的过程则与儿童不同，他们具备了成熟的认知能力，具有相对完善的概念系统，对事物的类别范畴及属性有清晰的认识，因此他们的比较句的加工首先建立在概念清

---

① 李向农、周国光、孔令达：《儿童比较句和介词"比"习得状况的考察和分析》，载《语文建设》，1991（5）。

晰完整的逻辑推理基础之上，是先从完全式开始，然后再逐渐发展为简略式的。这可以解释为什么在我们所收集到处于汉语从初级水平向中级水平过渡阶段的美国学生的实际语料中完全式多于简略式的原因。这也从一个方面反映出成人习得第二语言"比"字句与儿童习得母语"比"字句的不一致，二语学习者习得完全式早于简略式，儿童习得母语是简略式早于完全式。

　　尽管儿童自然地使用了所谓的简略形式，但是有些常用的简略形式却没有出现。李向农等（1991）的研究发现，有两类句式在儿童比字句中找不到。一类是"A比什么都X"，一类是表示同一人或物现在和过去相比较，"A比B+X"，例如"你比以前胖了"。他们认为原因可能在于比较基准B在前一句中表示周遍性的泛指，在后一句中与比较主体A构成不同类的比较项（一指人，一指时间），超出了儿童思维关联和句式变换的能力，因而未能习得。值得注意的是，被试的比较项也呈现出跟儿童习得母语比较句相似的情况，在我们的语料中，同样没有发现上述特别提到的两个句式。特别是语料中有一个句子非常有意思，"我的爸爸常常告诉我健康比别的东西都重要"，在这个句子中，比较基准"别的东西"可以替换为"什么"，然而却并未如此替换。还有，被试在使用简略式时，也只是最多将比较项省略到"的"字结构为止，没有再进一步省略下去，如"秘鲁的文化比美国的好得多"，比较基准可以省略为"美国"，但是学生没有出现这种省略，原因可能正如李向农等说的，比较主体与比较基准在语义类别上变得"不同类"了，违背了人类的认知习惯，不符合人们对比较项必须属于相同语义范畴、具有可比性的想法。另外，从母语迁移的角度来看，尽管学习者的母语英语的比较句也存在不同程度省略比较项构成成分的现象，但是却不允许出现这种语义范畴不同的比较项，这也是导致学习者不尝试进一步省略的原因。这样的简略式的语义是依靠语境来推知的，是一种语言上的约定俗成，因此学习者在没有接触到足够的这种简略式的情况下，就不可能自我主动输出这样的句子。由此可见，成人第二语言习得在某些方面又跟第一语言习得具有某种相似性，都不同程度地受认知水平支配。

2. 结果项

从表 4 来看，我们发现，被试在比较结果项上偏误率相对低一些，甚至完全没有出现很多研究者提到的一些常见的结果项的偏误。比如"我现在在比刚来北京时非常忙"，"她的嗓子比我的好得很"，"所以北京的游人比别的城市很多"。这是不是说被试学生在这个方面完全习得了呢？我们认为这很值得讨论。

在分析学生用例的结果项时，我们发现它们具有这样一些特征：第一，动词性结果项大大少于形容词性结果项，这种情况与本族语者的使用情况不同，其形成原因我们已在前文做了分析；第二，句子中表述结果的部分尽量用词简单，基本上为单个形容词，说明学习者在运用比字句时有回避复杂语言形式的"简化"倾向；第三，在表述差别程度时普遍倾向于使用"形＋得多"的形式，这个形式作为一个整体模块已经为学生习得。在学生的用例中还有"形＋多了""形＋一点""形＋数量词"的用例，但都没有"形＋得多"出现的次数多，而且这几种形式的使用者也有一些有意思的现象。表 4-22 是介词性"比"字句中结果项为形容词性的成分的数据统计。

表 4-22 介词性"比"字句中结果项为形容词性的成分统计

结果项的构成	数量	例示	使用者（引号后为用例数）
单个形容词	14	（1）哲学比历史好。 （2）不过，洛杉矶的冷天气是（比）汉诺威的暖和的。 （3）因为公共汽车比出租汽车便宜。	C1：1 C2：1 C3：1 C6：3 C7：3 C8：3 C9：2
形＋得多	6	（1）新泽西的春天不但比冬天暖和得多，而且还比夏天凉爽得多。 （2）我也觉得秘鲁的文化比美国的好的（得）多。	C1：2 C4：1 C6：2 C7：1

结果项的构成	数量	例示	使用者（引号后为用例数）
形＋多了	2	（1）达特茅斯大学餐厅的饭吃起来还是很好吃的，比我高中的餐厅好多了。 （2）但是我觉得圣诞节比生日好多了。	C8：2
形＋一点	4	（1）洛杉矶早上跟晚上比中午凉快一点。 （2）生多几个孩子比只生一个孩子好一点。	C4：1 C7：3
形＋数量词	3	（1）我的姐姐比我大八岁。 （2）这一年，我在美国住的时间比在秘鲁的多十个月。	C6：1 C7：2
更/还/再＋形容词	1	（在南美洲，教育十分不好是理所当然，）再说，秘鲁的比其他的南美洲的国家的更坏。	C6：1
其他	2	（1）所以我觉得公立学校的教育不比私立学校的教育差到哪里。 （2）在正常的乒乓球中，一个人的目的是要打球打得比他的对手快和准确。	C7：2

　　"A 比 B＋形容词"是"比"字句最基本、最简单的结构形式，也是最先学习的句式，这个句式的结果项的结构最为简单，相应地，被试掌握得也最好。不但使用频率最高，而且使用者也明显最多。研究者们已经发现，学习者在交际中会对目的语的形式和功能加以减缩以避免犯错，这种交际策略尤其集中体现在初学者和语言程度不高的学习者身上。在语义上，"形＋得多"与"形＋多了"是相等的，考察被试的教材，发现教材是同时列出"形＋得多""形＋多了"两种形式的，没有特别强调哪一种形式，但前者的使用频率和使用者都比后者多，后者的使用甚至仅出现在一个实验对象 C8 的身上。王茂林（2005）也发现，在 30 万字的留学生中介语语料库中，"……比……得多"的用例多达

58 个，相对于目的语语料 100 万字只有 11 个用例的情况要高得多。这说明在第二语言学习者身上普遍存在着这个结构使用过泛的现象。这一方面可能是因为教学引导的关系。这是学习者较早接触到的比字句式，而且是汉语表比较差异幅度的核心句式，在教学中教师可能偏重于教授和练习这一格式，因此印象最深；另一方面也可能与目的语内部的语言知识类推有关。使用频率的大差别可能跟两者的表层句法形式的复杂性相关。学习者在学习汉语的过程中必然接触到汉语的一个重要的语言特征——补语标记"得"，知道要对动作或状态进行评价、判断或描写时，必须采用带"得"的情态补语，如"说得不太好"，"跑得快"，"高兴得很"，这样在比字句中自然会较易接受使用"……得多"来评价差别程度；而"……多了"这一形式中的"了"是必不可少的成分，却与学习者之前所学的动态助词"了"的概念之间存在很大的差距，故较难接受"了"来表示程度。

"A 比 B＋更/还＋形容词"这一句式是有语用含义的句式，使用这一句式时，句子必然具有一个预设意——B 本身在所比方面已然具有很高程度。被试的教材中，对比字句中"更"一词的解释非常到位，将其解释为"even"，相当于"甚至"的意思，在例句上又特别突出体现比较基准 B 已在某方面具有高程度，这样就有助于避免学生犯错。考察被试仅有的一个用例，我们发现学生使用这一句式的语境是正确的也是必要的，可以说该生已掌握了这一句式的重要语义特征。

我们原来设想，受母语英语的影响，美国学生在结果项上会出现许多程度副词位于形容词之前的偏误（其他研究者的研究也确实证实了这一偏误在学习者的语料中普遍、大量存在），然而在这一次的语料调查中却没有发现一例这类型的错误，原因颇值得思索。我们推测，原因部分可能源于教材指导的有效性。被试的教材中明确地将"今天比昨天一点儿冷"，"今天比昨天很冷"作为错误列出，显然起到了提示作用。另外一个重要因素是，由于我们搜集的语料形式是书面语料，是经过一段时间完成的作文，根据语言输出监控假说（Krasen，1985），学习者有更多的时间专注于形式，有较多的"监控"，因此错误也就得到有效的过滤。这就给我们的教学以一定的启发：在教材编写时，如果能将那些普遍、大量存在的偏误明确指出，给学习者一定的说明提醒，对于正确习得会相当有益。当然，由于我们的语料规模有限，可能未能完全反映被试的真实情况，如果语料规模更大一些，也不排除可能出现此类错误。

（3）比较标记

考察被试的"比"字句的比较标记，我们发现有两个用例比较典型：

［11］北京是一个很有趣的城市，比我的家乡和达特茅斯大学都很不一样。

［22］在达特茅斯大学，我们的周末娱乐比一般的大学周末娱乐有一点不一样。

在这两个用例中，学生应该使用"跟/和"而不是"比"来构成等同比较。考察学生的学习背景，我们还进一步发现一个值得注意的现象。上述两个偏误例全部出自于一人，而对照该实验对象较早时候的比字句用例，我们发现该学习者其实已经正确输出了差比句式，而且无论在句式、构成成分的句法位置和词性上都呈现出较为多样的状态，显然该学习者已经在比字句的使用上处于相对熟练的阶段，为什么还出现这种偏误？考察学习者使用的教材，发现教材中明白无误地指出了差比标记"比"和等比标记"跟"的区别，显然这方面的知识已经学过了。另外，我们还注意到，这一现象的出现具有普遍性，李大忠（1996）、刘峰（2004）、王茂林（2005）、柳多利（2005）等都发现了学习者将表示差比的比较标记误用于表示等比的句子中，而且出现在不同母语背景的学习者身上，既有日语、韩语，也有英语、泰语。由此看来，这一类型的偏误显然不能从母语的负迁移上得到完满的解释①，因此，我们不能不思考：究竟是

————————

① 单从英语表示比较的句式来看，跟汉语一样，英语也使用不同的词语和句式来表示等比和差比，二者也不能混同。参看以下例子：

差比：He is **more** interesting **than** his brother.（他比他的兄弟有趣。）

London is **less** crowded **than** Paris.（伦敦没有巴黎那么挤）

等比：They are **as** keen to join in **as** we are（他们跟我们一样渴望加入。）

His walkman is **the same as** the one I used to have.（他的随身听跟我以前的那个一样。）

引自 Ronald Carter & Michael McCarthy：Cambridge Grammar of English. Cambridge：Cambridge University Press，2006.

什么因素阻碍了学习者正确习得差比句的比较标记呢？

从汉语比较句的历史发展来看，比字句表示差异比较的语法功能在一开始并不是其专属功能，专门表差异比较的句法形式是"X＋形容词＋于＋Y"（黄晓惠，1992；史佩信，1993），如"季氏富于周公"（《论语·先进》）。比字句取代"X＋形容词＋于＋Y"形式成为差异比较的主要表达形式是经过了漫长的句法演化过程的。像汉语中大多数介词一样，今天的介词"比"是从动词"比"发展演化而来的。"比"字最早的词义之一是表并列，是动词，"比"作为动词的"X 比 Y＋W"句法形式在汉魏六朝大发展，能表示超过、不及、等同等各种比较结果。这些用法一直延续到明代，句子中"比"的动词意义越来越弱，逐渐虚化。随着动词"比"演化为表示抽象语法意义的比较标记，其语法意义也逐渐向表示差比的方向倾斜，因此，到明清时期，虽然表示各种比较的用法还偶有出现，但"X 比 Y＋W"终于取代一直占统治地位的"XW 于 Y"的差比格式而成为单纯表示差比的主流句式。

汉语比字句的句法演变是一个长达两千多年的漫长过程，它的发展体现了人类对客观世界从混沌到分化、从具体到抽象、从简单到复杂的认知发展过程。值得注意的是，这个发展过程也同样出现在儿童的认知发展过程中。从儿童比较句的实际语料上看，我们确实发现了其中出现一些与汉语比较句历史演化进程中用法相似的句子。根据笔者对自己孩子的观察，在她 3 岁 11 个月时，她曾产生过以下这些句子：

［13］（在谈论一个比自己小的孩子时，说那个孩子年龄比自己小，所以不能从很高的地方跳下来），他现在不能跳，他三岁了，他就比我一样了。

［14］（谈别的孩子的玩具），她的比我的不好看。

李向农（1991）对儿童习得母语比较句的研究也曾记录下这样的用例：

［15］我们家那个、那个桌子比、比、跟这个桌子这下面的这个东西不一样。（5 岁）

上面例子中出现的停顿、支吾表明语言发展水平比较高的儿童（5 岁）处在摆脱早期不成熟的用法的干扰而迈向正确的母语表达形式的阶段，也可以说是认知水平发展到一定阶段的具体体现。从这些真实的语料，可以看出儿童在使用比字句时，并没有意识到介词"比"只具有表达差异比较关系的功能，而不具有表达所有比较关系（超过、不及、等同）的功能。儿童的这种母语习得过程与汉语比较句上千年的历史发展轨迹看起来巧合的现象，实在值得研究者们注意，曾有学者提出儿童母语习得和语法化的历史演变在总体上相平行的观点。（杨成虎，2005）

在习得比字句的过程中，无论儿童习得母语还是成人学习第二语言，都存在着共同的偏误现象，这一共同现象能给予我们什么启示呢？

根据国内外儿童心理学的研究，儿童在习得母语时，先习得实词，如表示实物的名词、表示具体动作的动词（C. A. Ferguson，1973）；在词汇意义上，先习得描述人和动物的行为动作的词，其次习得趋向动词、心理动词和存现动词（郭小朝、许政援，1991）；在句法结构的发展上，由较少语法规则的单、双词句阶段发展到有较多修饰语、成分间制约严密的复杂句（朱曼殊，1979）。总的来说，儿童的语言发展过程也表现为从混沌一体到逐步分化，从结构松散到逐步严谨，从压缩呆板到逐步扩展灵活的认知发展特点（王永德，2001）。具体到"比"字句的习得上，表现为先习得意义实在的"比较"义动词"比"，用"比"连接两个比较的对象，表示确立两个事物之间的可比关系，再由此得出比较结果。此后随着儿童认知能力的发展，语言输入的增长，他们对"比"字的认识再进一步向抽象的意义发展，认识到"比"在句子中是一个抽象的句法标记，只在表示差别的句子中才使用。这一从实到虚的过程体现了人类认知思维从具体到抽象不断发展完善的过程，是一个不可逾越的人类大脑认知机制的必然发展阶段。从这一角度来思考，我们才明白为什么在不同母语背景、不同学习阶段、不同学习能力、不同学习经历的学习者的语言事实中大量发现这样相似的偏误。简而言之，人类共同的认知发展过程与"比"字这一差异比较标记的误用有一定的关系。

导致比较标记习得困难的另一原因还体现在汉语比字句本身的语言难度上。虽然"比"已经发展出意义很虚的比较标记的用法，然而在共时的语法层面上，与古汉语相似的意义实在的用法却仍然大量保留。比如动词性比字句的存在，"拿 A 跟 B 比，……"，"A 比起 B 来，……"等比字句仍然具有泛比的语义功能。客观上，"比"的用法的复杂性也干扰了学习者对介词性比字句的习得，造成混淆。

四、"比"字句研究小结

通过对美国学生"比"字句习得的考察和分析，我们可以总结出以下几点：

第一，总的来说，本研究中的美国学习者在比字句的习得上处于发展中的中级偏低的阶段，无论在句式的使用频率和使用种类上都还不够完全充分。基本掌握了结果项为形容词性成分的比字句，动词性比字句零星出现，句式一、二是使用得最多最成熟的句式。进一步开始尝试使用比字句的一些变体形式，从这方面来说，学习者对比字句的习得还是动态向前发展的。

第二，具有动词性的比较结果项的比字句并未习得，在众多用例中仅出现两例，其中一例还是错误的用例。造成这个情况的原因可能是教学上输入的不足。动词性的比较结果项的比字句在各比字句句式中是大头，句法结构具有复杂性，对动词的语义也有特殊的要求，而学生在输出上的空白提示我们教学中存在盲点。

第三，从学习者的偏误可以看到，教学对习得还是具有影响的，特别是对避免一些偏误的出现还是具有作用的。美国学生的比较结果项中并未出现程度副词居于形容词之前的偏误，如"我比你很高"。虽然从母语和汉语的语法规则来看都存在造成这种负迁移的可能性，但是我们从调查中发现却并不具有必然性，可见教学的干预还是具有作用的。

第四，学习者学习外语汉语和汉族儿童习得母语汉语在初级阶段都产生过相同的偏误，这一事实提醒我们考虑第一语言习得和第二语言习得在某个语言特征的习得过程中可能具有某种一致性，这种一致性可能基于人类共有的认知能力。当然，第一语言习得与第二语言习得的差异性也同样可以从成人与儿童的认知水平的差异得到解释。总之，第一语言习得与第二语言习得并不如某些研究者所说的，是完全一致或完全不一致的两个过程。

附："比"字句全部用例

介词性用例：

被试	用例	编号
C1	乡下是更好的地方，学生可以运动，吃滋补的饭，等等，比城里的学校好的多。	1
	我家的晚会比兄弟会的晚会小，	2
	可是比兄弟会的晚会方便得多。	3
C2	哲学比历史好。	4
C3	不过，洛杉矶的冷天气是汉诺威的暖和的。	5
C4	新泽西的春天不但比冬天暖和得多，而且还比夏天凉爽得多。	6
	Novaok 咖啡吧也有好早饭食物，但是比 The Hop 的食品清淡一点。	7
C6	在南美洲，教育十分不好是理所当然，再说，秘鲁的比其他的南美洲的国家的更坏。	8
	要是学生们上课的话政府会给父母钱，那个总数比孩子在街上可以赚高得多。	9
	所以新闻工作者觉得有人们喜欢报纸的目的比给人们世界上的有权利的新闻重要。	10
	但是我的朋友比她快。	11
	不管你是来自什么地方的，人们都应该觉得那个国家比全世界好。	12
	这一年，我在美国住的时间比在秘鲁的多十个月。	13
	我也觉得秘鲁的文化比美国的好得多。	14
C7	洛杉矶早上跟晚上比中午凉快一点。	15
	洛杉矶的夏天比别的季节热一点。	16
	生多几个孩子比只生一个孩子好一点。	17
	把一个孩子带大比多一些孩子便宜。	18
	新房子的小区比老房子的小区安静得多。	19
	大家都知道有学问的人赚钱赚得比没有学问的人多两、三倍。	20
	所以我觉得公立学校的教育不比私立学校的教育差到哪里。	21

续表

被试	用例	编号
	有的时候，公立学校还比私立学校好。	22
	我的姐姐比我大八岁。	23
	我的爸爸常常告诉我健康比别的东西都重要。	24
	北京是一个很有趣的城市，比我的家乡和达特茅斯大学都很不一样。	25
	在达大，我们的周末娱乐比一般的大学周末娱乐有一点不一样。	26
	在正常的乒乓球中，一个人的目的是要打球打得比他的对手快和准确。	27
C8	波特兰的冬天就有一点冷了，下得雨比春和秋天下得多。	28
	原来这个日子是一个爱尔兰的节日，但是现在美国比爱尔兰庆祝得多。	29
	除了这些小麻烦以外，我基本上喜欢我的名字，总是比理查德好。	30
	达特茅斯大学餐厅的饭吃起来还是很好吃的，比我高中的餐厅好多了。	31
	但是我觉得圣诞节比生日好多了。	32
	为了别人开心总是比为了自己开心好。	33
C9	坐公共汽车比较好，因为公共汽车比出租汽车便宜。	34
	我觉得也比纽约公共汽车安全。	35
	我觉得住在房子里比住在公寓里容易认识邻居。	36

动词性用例：

C3	不过，我的名字比起来同学们的不错。	37
C6	他们对美国的喜爱是比不上的。	38
C9	跟穷人比起来，富人很容易超过规定。	39
	美国的习俗跟中国的习俗比起来算得很少。	40
	跟别的美国城市跟纽约比起来，别的城市都算上挺安静，比较缓慢。	41
	跟别的大学比起来，达特茅斯大学的学生是最喝酒的。	42

本章参考文献

曹逢甫．汉语的句子和子句结构．王静译．北京：北京语言大学出版社，2005.

曹秀玲．对朝鲜语为母语的学生汉语宾补共现句习得的研究．延边大学学报（社会科学版），2000（3）．

曹秀玲，杨素英．汉语作为第二语言话题句习得研究．世界汉语教学，2006（3）．

陈珺，周小兵．比较句语法项目的选取和排序．语言教学与研究，2005（2）．

陈珺．成年韩国学生汉语比较句习得考察．广州：中山大学博士学位论文，2005.

陈平．释汉语中与名词性成分相关的四组概念．中国语文，1987（2）．

成燕燕．哈萨克族汉语"把字句"习得的偏误分析．语言与翻译，2006（3）．

丁声树．现代汉语语法讲话．北京：商务印书馆，2002.

冯丽萍，宋治洲．外国留学生转折性关联词语习得顺序研究．语言学与应用语言学研究（第二辑），2007.

方绪军．表示转折的"倒"和"却"．语言科学，2004（5）．

高小平．中高级阶段越南学生 17 类"把"字句的习得顺序考察．语文学刊，2008（14）．

郭小朝，许政援．儿童早期语言发展中动词和动词结构的运用与句子的建构．心理科学，1991（6）．

郭志良．现代汉语转折词语研究．北京：北京语言文化大学出版社，1999.

黄晓惠．现代汉语差比格式的来源及演变．中国语文，1992（3）．

黄伯荣，廖序东．现代汉语．北京：高等教育出版社，1997.

黄玉花．韩国留学生汉语趋向补语习得特点及偏误分析．汉语学习，2007（8）．

胡亮节．泰国学生汉语比较句习得偏误分析．昆明：云南川师范大学硕士学位论文，2006.

贾秀英．汉法比较句的差异．山西大学学报，1996（1）．

靳卫卫．汉日语中比较句的异同．语言教学与研究，1986（2）．

李成军．英汉典型比较句句法特征探．湘潭师范学院学报（社会科学版），2003（6）．

李大忠．外国人学汉语语法偏误分析．北京：北京语言文化大学出版社，1996.

李璐．初级阶段韩国留学生的汉语范围副词习得研究．北京师范大学硕士论文，2008.

李向农，周国光，孔令达．儿童比较句和介词"比"习得状况的考察和分析．语文建设，1991（5）．

李晓琪．现代汉语复句中关联词的位置．语言教学与研究，1991（2）．

刘峰．留学生汉语比较句偏误分析．广州：暨南大学硕士学位论文，2004.

刘谦功．外国学生汉语让步式复句习得研究及教学新思路．北京语言大学，2000.

柳多利．面向对外汉语教学的比较句研究．北京：北京大学博士学位论文，2005.

柳英绿．韩汉语比较句对比．汉语学习，2002（6）．

卢福波．对外汉语教学基本句型的确立依据与排序研究．语言文字应用，2005（4）．

吕叔湘．中国文法要略．北京：商务印书馆，1982.

吕叔湘．中国文法要略//吕叔湘文集（第一卷）．北京：商务印书馆，1990.

罗日新．关联词语分布态势及奥秘所在．辽宁师范大学学报，1995（1）．

马真．说"反而"．中国语文，1983（3）．

钱旭菁．日本留学生汉语趋向补语的习得顺序．世界汉语教学，1997（1）．

沈怡．初级水平外国留学生汉语比较句习得研究．上海：华东师范大学硕士学位论文，2006.

施家炜．外国留学生 22 类现代汉语句式的习得顺序研究．世界汉语教学，1998（4）．

史佩信．比字句溯源．中国语文，1993（6）．

孙德金．外国留学生汉语"得"字补语句习得情况考察．语言教学与研究，2002（6）．

王葆华．存在构式"着""了"互换现象的认知解释．外语研究，2005（2）．

王建勤．表差异比较的否定结构的习得过程．世界汉语教学，1999（4）．

王茂林．留学生"比"字句习得的考察．暨南大学华文学院学报，2005（3）．

王维贤．现代汉语复句新解．上海：华东师范大学出版社，1994.

王亚琼．英语母语者汉语关系从句的习得研究．北京师范大学硕士论文，2011.

王永德．基于认知发展的儿童汉语句法习得．宁波大学学报（教育科学版），2001（4）．

吴门吉，周小兵．对意义被动句与"被"字句习得难度比较研究．汉语学习，2005（1）．

吴卸耀．现代汉语存现句．上海：学林出版社，2006.

肖青．韩国留学生汉语主谓谓语句的习得研究．北京：北京师范大学硕士论文，2008.

肖小平．越南留学生汉语比较句偏误分析及习得顺序考察．桂林：广西师范大学硕士学位论文，2005.

辛平．对11篇留学生汉语作文中偏误的统计分析及对汉语写作课教学的思考．汉语学习，2001（4）．

邢福义．汉语复句研究．北京：商务印书馆，2001.

杨成虎．语法化与母语习得．宁波大学学报（人文科学版），2005（6）．

杨德峰．对英语母语学习者趋向补语的习得顺序——基于汉语中介语语料库的研究．世界汉语教学，2003（2）．

张蕾．留学生习得汉语比较句研究．西安：陕西师范大学硕士学位论文，2008.

张谊生．现代汉语副词研究．上海：学林出版社，2000.

赵淑华，刘社会，胡翔．单句句型统计与分析．语言教学与研究，1997（2）．

赵宰德．中级汉语水平韩国留学生汉语关系从句习得研究．北京：北京师范大学硕士论文，2011.

朱曼殊，武进之，缪小春．幼儿口头言语发展的调查——1. 幼儿简单陈述句句法结构发展的初步分析．心理学报，1979（3）．

Ferguson, Charles A. and Slobin, Dan Isaac. Studies of Child Language Development. New York：Holt and Winston Inc. ，1973.

Fuller, Gundel. Topic-prominence in Interlanguage. Language Learning，1987(1).

Gass，S. Integrating Research Areas：A Framework for Second Language Studies. Applied Linguistic，1988(2).

Geert，P. The Dynamic System Approach in the Study of L1 and L2 Acquisition. The Modern Language Journal，2008(2).

Krashen，S. The Input Hypothesis：Issues and Implications. London：Longman Group Limited，1985.

O'Grady，W. Syntactic Carpentry：An Emergentist Approach to Syntax. London：Lawrence Erlbaum Associates，2005.

Pienemann，M. Language Processing and Second Language Development. Amsterdam：John Benjamins Publishing，1998.

Seidenberg，M. S. Language Acquisition and Use：Learning and Applying Probabilistic Constraints. Science，1997(275).

VanPatten，B. From Input to Output-A Teacher's Guide to Second Language Acquisition（从输入到输出—第二语言习得教师手册）．北京：世界图书出版公司，2007.

第五章　语用学与汉语语用习得

　　第二语言教学的最终目的之一就是使学习者具备交际能力，其中语用能力是交际能力的重要组成部分。我们不仅要教给学生怎样说出语法正确的句子，还要告诉学生这些句子在什么样的场合下使用才是最得体、最恰当的。"一个人习得了一种语言，就意味着具备了这种语言的语言能力和语言交际能力"，而"语言能力指的是一个人掌握语言要素和语用规则的能力。语言要素和语用规则也可以统称为语言知识"。① 语用规则是构成语言知识的主要内容和具备语言能力所必须掌握的内容之一，因此语用习得研究也是二语习得研究不可或缺的内容之一。

　　可是在对外汉语教学过程中我们常常遇到这样一些情况：一个高年级的外国留学生往往用从出租车司机那里学来的话和自己的老师打招呼，让老师很不自在；一位外国留学生在跟老师打电话时，在电话中听老师问还有没有别的事儿时，不明白老师是在准备结束谈话，反而继续说别的事情；另外一位外国留学生在啤酒厂的卫生间里问老师，您品尝他们的啤酒了吗，让老师哭笑不得。这提醒我们一个在汉语教学中，甚至是整个第二语言教学中长期被忽视的一个问题，我们以往只重视词汇、语法等语言知识的习得，"却几乎不关注学习者如何才能运用这些外语知识在具体交际环境中恰当地以言行事"②。"我国的外语习得研究至今还没有把语用习得放到应有地位，原因在于还没有充分认识到

---

　　① 吕必松：《对外汉语教学概论讲义》，35 页，北京，国家教委对外汉语教师资格审查委员会办公室，1996。
　　② 陈新仁：《语言教学中的语用学》导读，9 页，北京，世界图书出版公司，2006。

提高语用能力对提高交际能力的决定性作用。"① 而汉语第二语言语用习得研究，也可以称作中介语语用学（interlanguage pragmatics），"……我们对这个领域的研究还处于幼稚阶段，我们对第二语言学习者如何习得说话的规则（rules for speaking）仍是知之甚少"②。

近年来，国外第二语言语用习得研究有了很大的发展，国内外语（英语）教学界也逐渐跟上了国外的脚步，与前两者相比，汉语第二语言教学对语用习得研究却几乎鲜有涉足，"处于幼稚阶段"③。针对语用规则是语言教学不可或缺的内容和目前对外汉语教学中不受重视的现状，本章在第一、二节简单介绍基本概念和研究概况之后，第三节着重从外国学生的语用失误入手，从各种角度分析出现失误的原因，提出了解决办法。在分析语用失误的过程中，我们发现对汉语的语用规则进行总结是当务之急，因为汉语语用本体研究的缺乏，使得汉语二语教师没有现成的语用规则作为语用教学的内容。因此第四节"汉语语用知识概要"在第三节的基础上对汉语的语用规则进行了总结，虽简陋，但毕竟是面向对外汉语教学语用规则的一次总结，希望得到批评指正或添枝加叶，以期能"集腋成裘"，让对外汉语教师在进行语用教学和外国留学生进行语用学习时能有所参考。

第一节　语用学及语用习得的基本概念

通常情况下，语用学被认为是"一门研究如何理解和使用语言、如何使语言合适、得体的学问"④，于 20 世纪七八十年代成为一门独立学科。总体上分为英美学派——微观语用学（micropragmatics）（语用学的分相论），欧洲大陆

---

① 刘润清、刘思：《语用习得的认知特性和影响因素述评》，218 页，载《外语教学与研究》，2005（3）。

② 施家炜：《国内汉语第二语言习得研究二十年》，载《语言教学与研究》，2006（1）。

③ 同上。

④ 何自然、陈新仁：《当代语用学》，6 页，北京，外语教学与研究出版社，2004。

学派——宏观语用学（macropragmatics）（语用学的综观论）。微观论认为语用学与句法、语义、音系学一样是语言学的一个分支。而宏观论则认为凡是与语言的理解和使用有关的都是语用学的研究对象，将语用学看成是语言功能的一种综观。二者的区别是前者认为语用学有基本分析单元，把语用学放在与其他语言学科并列的地位，而后者则认为语用学覆盖其他语言学科，没有基本分析单元，是从认知、社会、文化等角度对语言使用所做的综合研究，主张凡是与语言理解和使用有关的都是语用学的研究范围。微观语用学的研究对象包括：指示语（deixis）、前提（presupposition）、会话含义（conversational implica-ture）、（直接与间接的）言语行为（speech act）、会话结构（conversational structure）、会话分析等。主要理论有格莱斯（Grice）的会话含义理论和的合作原则 cooperative principle（CP），奥斯汀的言语行为理论，莱可夫等人的礼貌、面子观等。本章所关注的语际或者说语用习得的研究，在某些方面属于微观语用学的研究范畴，如在研究礼貌原则、合作原则、直接或间接言语行为的理解、拒绝与感谢言语行为的习得等方面时，就倾向于分相观的研究。宏观语用学的研究对象包括语篇分析、人类交际文化学（ethnography of communica-tion）以及从语言交际的认知、社会和文化角度所进行的语用学的跨学科研究，如跨文化语用学（cross-cultural pragmatics）、语际语用学（interlanguage pragmatics）、社会语用学（societal pragmatics）等。主要理论有顺应论、关联论和模因论等。语际语用学或者语用习得关于跨文化交际、文化适应模式、群体关系中的社会心理理论、语用负迁移等方面的研究，就属于语用学的综观论研究。

　　语用习得研究对语用学也有自己的定义："The perspective on pragmatics we adopt is an action-theoretical one, viewing pragmatics as the study of people's comprehension and production of linguistic action in context."① 我们

---

① Gabriele Kasper & Shoshana Blum-Kulka. *Interlanguage Pragmatics*. Oxford: Oxford University Press，1993：3.

把它翻译为："语用学是关于人们在语境中如何理解和产出语言行为的研究。"这个定义相对比较宽泛模糊，相对于此，本章更倾向于选择前一种定义，即"语用学是一门研究如何理解和使用语言、如何使语言合适、得体的学问"①。这更符合大多数人对语用学的理解。

语用习得简单地说就是对语用知识的习得，又被称为语际语用学或者中介语语用学（Interlanguage pragmatics，简称ILP），或者语际语言（中介语）的语用研究，是"二语习得和语用学这两个子学科的第二代交叉学科，是一个次生合成术语（second-generation hybrid)"（Kasper & Blum-Kulka，1993）。它既是二语习得研究的一个分支，又是语用学研究的一个分支。在第二语言语用习得领域，语际语用学被定义为：Interlanguage pragmatics has consequently been defined as the study of non-native speakers' use and acquisition of linguistic action patterns in a second language。② 我们将其翻译为：语际语用学是对非母语者如何使用和习得第二语言言语行为模式的研究。从上面的定义可以看出，语用习得的研究可以分为两个方面：一是关于二语的使用，主要考察非本族语使用者在目标语中对言语行为的生成和理解；二是关于二语的学习，主要考察二语学习者如何发展目标语中言语行为的施事能力及其理解能力。这两个方面在语际语用学的研究领域中有充分的体现。语际语用学兴起于20世纪70年代末80年代初，以1981年 G. Kasper 的 *Pragmatische Aspect in Der Interimsprache*（*Pragmatic Aspects of interlanguage*，《中介语的语用方面》）为标志，已有20多年的发展史，主要研究领域包括：二语交际中的语用理解、二语语用意识语用能力的发展、二语言语行为的生成、影响二语语用能力发展的因素（学习环境、语法水平、社会情感因素、个体差异等）、语用迁移、二语语用交流效果、课堂语用教学对语用学习的影响等方面。这些方面的研究虽然属于二语习得的研究范畴，但是最初都受到语用学研究理论的很大影响，如前文

---

① 何自然、陈新仁：《当代语用学》，6页，北京，外语教学与研究出版社，2004。

② Gabriele Kasper & Shoshana Blum-Kulka：*Interlanguage Pragmatics*. Oxford：Oxford University Press，1993：3.

提到的格莱斯（Grice）的会话含义和话语产生的认知心理模式理论、塞尔（Searle）的言语行为理论、海姆斯（Hymes）的交际能力理论等，体现出很强的学科交叉性，正是这个特点使语用习得研究的方法也呈现出相同的特点。

语际语用学的研究方法借鉴了二语习得、语言人类学、语言学、认知心理学、跨文化交际学等学科的语料收集和分析方法。总体上可以分为纵向的历时研究方法和横向的共时研究方法。具体的研究方法会因研究目的和研究对象的不同而有所差异。例如，在研究语用迁移时，是对二语学习者的会话进行分析，语料的收集是真实话语，采取的口语语料收集方法有引发谈话、角色扮演等。在研究学习者对第二语言言外之意的理解时，采用书面问卷形式，如多项选择问卷。其他的书面问卷形式还有程度性问卷调查、话语完型法等。另外还有口头和书面形式都有的自我报告、面谈、出声思维报告（边想边说记录）、日记等。这些二语语用习得的研究方法，Kasper 在 *Pragmatic Development in a Second Language*（2002）一书的第三章专门做了介绍。国内只有何兆熊的《新编语用学概要》（2000）中做了与上述差别不大的研究方法介绍。公开发表的论文只有李怀奎、李怀宏《国内外语语用习得实证研究的数据收集工具的质量评估》（2007），对国内关于外语语用习得实证研究工具质量中的问题进行了研究。而对外汉语教学界则没有这方面的研究。

尽管语用习得研究取得了一定的成果，也逐渐形成了自己的研究领域和研究方法，不断有新的论著出现，国内外二语习得研究界也在一定程度上意识到语用习得研究的重要性并逐渐加强这方面的研究，但是与语用学其他领域的研究相比，语用习得的研究还很不充分；与二语习得研究的其他领域相比，语用习得研究还是处在比较幼稚的阶段，仍然需要给予更多的重视和研究。而与学界对整个语用学研究的重视程度相比，二语习得领域对语用习得的重视和研究，都远远不够。我们可以看到语用习得以不同的名称出现在语用学著作的不同章节里，如语用习得、语用学与跨文化交际、语用学与外语教学。（何自然、陈新仁，2004）再如，跨文化与跨语言的语用研究（何自然、冉永平，2009）、跨文化语用研究（何兆熊，2000）、语用学与外语学习、外语教学（冉永平，

2006），说明语用习得已经成为语用学的一个比较醒目的研究对象。但在相当
多的二语习得著作里，却鲜有语用习得研究的影子。下文会具体说明这一研究
领域已经取得的成果和比较欠缺的方面。

第二节　第二语言语用习得研究综述

语用习得的研究最早始于 20 世纪 70 年代末期的美国，最早的研究如关于
间接言语行为理解的研究（Carrel，1979）、关于语用意识的研究（Rintell，
1979；Walters，1979）、语用和话语能力的横向发展研究（Scarcella，1979）、
纵向研究（Schmit，1983）等，而 kasper 在 1981 年出版了《中介语的语用方
面》，正式确立了语际语用学的学科地位。随后的一些研究分别涉及语际语用
学研究的各个方面，如语用迁移（Scarcella，1983；Olshtain，1983）、社会情
感因素对语用能力发展的影响（Schmit，1983）、课堂教学对语用习得的作用
（Wildner-Bassett，1984）等，初步形成了这一学科的研究领域，并形成了自己
的研究方法。

20 世纪 90 年代中期以前，中介语语用学多是从静态的角度对目的语的语
用理解、语言表达，以及对目的语言语行为、礼貌原则、面子原则的理解和使
用、语用迁移、语用表达的产出等进行了研究，如"母语和非母语道歉行为的
感觉和实施"，"抱怨言语行为的中介语特征"，"中介语的请求暗示"，"纠正言
语行为中的跨语言影响"，"母语和非母语互动中不得体回应的分析模式"等
（Kasper，第二、三章，1993），从 90 年代后期开始，已经向考察二语学习者
如何发展语用能力发展方面转移，比如对 L2 语用特征和语用能力的形成和发
展过程的研究，如《第二语言中的语用发展》（Kasper & Rose，2002）。再如
Ellis（1992）受到形态句法习得顺序研究的启发，对语用习得顺序进行了研
究。这些都是对第二语言语用习得的过程所进行的动态观察和研究。

在诸多的研究成果中，由 Kasper、Blum-kulka（1993）编辑出版的 *Inter-
language pragmatics*，K. Rose 与 Kasper（2001）编辑出版的 *Pragmatics in*

language teaching，G. Kasper 与 K. Rose（2002）编辑 *Pragmatic Development in a Second Language*，这三本著作集中了中介语语用学研究的主要成果，尤其引人注目。根据书名就可以看出，第一本处在语用习得研究的初步形成阶段，有概论的性质。第二本聚焦在课堂语用教学与语用能力形成的关系方面，第三本著作则聚焦于语用能力的发展上。

国内首先进行语际语用学研究始于 1996 年何自然先生的论文"什么是语际语用学"，此后语际语用学在英语外语教学中蓬勃发展起来，和国外的发展轨迹类似，最初的研究多集中在静态、狭义的语用学范畴方面，如中国的英语学习者道歉、致谢、委婉语、建议、拒绝等言语行为在跨文化交际时所显示出与英语母语者的差异、中国的英语学习者语用失误和语用策略的研究等，其后渐渐过渡到宏观语用学和二语习得结合，如刘润清、刘思"语用习得的认知特性和影响因素述评"（2005）简单介绍了顺应论、最近发展区理论、语言社会化理论，还有李蜜蜜"最近发展区理论视野中的二语语用发展探讨"（2006），唐素华"从语言顺应论语用能力的培养"（2008），滕延江"联结主义与第二语言习得研究"（2006）等，对语用能力的发展研究虽然有增多的趋势，总体来说这方面的研究也是刚刚起步，研究并不是很深入，很多方面如注意力和学习者动机、学习者社会身份和语用学习的关系、性格年龄等个体差异和 L2 语用发展的关系等，除了有王雪梅的"EFL 学习者语言能力、语用能力性别差异研究及其教学启示"（2006），姬小玲"语言顺应论看二语习得中语法能力和语用能力发展的关系"（2006）等几篇论文外，也鲜有涉及，而且所发表刊物的级别也不是很高，说明这方面的研究还有待加强并且应该受到业界的重视。

而国内对外汉语教学中的语用习得研究形势很不容乐观，有丁安琪"欧美留学生实施'建议'言语行为模式分析"（2001），唐玲"汉语拒绝言语行为及东南亚华裔留学生习得情况分析"（2004），王芙蓉和刘振平"欧美留学生汉语拒绝言语行为习得研究"（2006），李月侠"泰国学生习得汉语过程中的语用失误分析"（2009），大部分都在二语使用过程中的静态研究分析上，也就是上述的第一个阶段，与二语习得相结合的第二个方面没有涉及，因此，这方面研究的空间非常大。

综观国内外二语语用习得的研究概况，总体呈现出以下几个特点：（1）语用习得是新的交叉学科、新的研究领域，还有巨大的发展空间，汉语第二语言语用习得在这方面的研究更有潜力。（2）由单一的语用学理论向多学科交叉发展，尤其是与认知心理学、社会心理学、二语习得相结合，把语用习得看作是一种心理过程或社会实践，是语用习得研究的总体趋势。（3）这些新的研究方向和研究重点并未受到重视，国内外语教学界各方面都有涉及，并且有加强的趋势，而对外汉语教学则不仅需要在对二语使用方面的静态描写继续深入，更要从动态角度加强对语用能力的发展过程进行研究，跟上语用习得研究发展的脚步。

分析语用习得受到忽视的原因，我们会发现：

（1）"不知者不怪"，人们（包括外语教师和汉语教师）总是对外国人的语用偏误持一种比较宽容的态度。

（2）只强调语法形式的正确，而忽略了表达的得体性和合理性。

（3）兼修语用学研究与二语习得研究的混合型人才比较欠缺。

（4）研究的难度比较大，耗时耗力。

（5）汉语语用学本体研究的欠缺，造成对外汉语教师缺乏系统的、可参考的、正式发表并被普遍认同的语用规则作为语用教学和学习的内容。

基于对外汉语教学中语用习得研究所处"幼稚阶段"的现状和语用规则的重要性，在后面的两节里，本文将从最基本的中介语语言事实——外国留学生的语用失误出发，先进行偏误分析，然后分析偏误产生的原因和解决方法，并在此基础上总结出汉语的语用规则，以供二语学习者和汉语教师参考。

第三节　外国学生语用失误分析与解决对策

第二语言语用习得从开始学习到完全习得的过程是存在于第二语言学习者的大脑中的，我们无法直接看到整个过程是怎样发展的，我们唯一可以看到的是习得过程中的产物——中介语。因此对中介语中的偏误进行分析，是进行习得研究的最基本和最直接的方法。因此本节对所收集到的外国学生语用失误进行偏误分析，从中可以看出语用知识习得的大致情况。外国留学生语用失误主要分为语言语用失误、社交语用失误和肢体语言语用行为失误等三类，出现失误的主要原因有：受语言水平的限制，汉语语用知识的缺乏，机械操练的教学方法，受母语语用与文化迁移影响，目的语环境的宽容等因素。文章随后依据现有的语用习得理论，提出避免失误和教学方面的解决对策。比如显性教学更直接迅速，更能增强学习者的信心；输入强化会加强效果，提升语用意识；演绎法有助于缩短自下而上的学习者自己归纳语用规则的时间、效率更高等。

对于语用失误的描写，英语中有很多种不同的术语，如"pragmatic failure"，"learners' error"，"pragmatic violation，communicative inappropriateness"等，不同的表述方式表明对语用失误的不同理解和定义。最早且最宽泛的当属 Jenny Thomas 的定义，她采用"pragmatic failure"一词并认为"语用失误是不能理解所说话语的意义"（the inability to understand 'what is meant by what is said'①）。这里的意义不仅包括了言外之意的理解，还包含了对言内之意的理解。出现这样的界定并不奇怪，因为最初的语用学研究是与意义的传达密切相关的。科德（P. Corder，1967）采用 learners' error 一词，是从语言教学和学习者的角度进行理解的。Ninio & Snow（1996）则使用 pragmatic violation（语用违规）一词，强调了语用失误是对语用规则的违反。海姆斯（D. Hymes，1972）使用"communicative inappropriateness"（交际不当）一词，是从交际能力、交际不得体性的角度对此问题进行论述的。在中国学术界，比较倾向于用"语用失误"或者"语用偏误"来表述。比如，何自然认为语用失误是"人们在言语交际中，因为没有达到圆满的交际效果的差错"②，这更多的是从交际的效果来考察的。钱冠连则认为是"指说话人话语中无意触

---

① Jenny Thomas. "Cross-cultural Pragmatic Failure." *Applied Linguistics*，1983（2）.

② 何自然：《语用学与外语教学》，载《外语教学》，1988（2）。

犯对方的错误"①，强调了说话人的主观意图。

本文综合各家之说，采用"pragmatic inappropriateness"一词，并将其译为"语用失误"，认为语用失误就是说话人虽然说出了语法上正确的句子，但却因为无意中忽略了语言之外的语境因素（如时间空间、说话对象、社会规约、语用规则、文化传统）而造成言语表达的不得体现象。这样的定义强调了以下几个要素：

（1）与语法错误进行了区分，说明语用失误并不是句法层面的问题。

（2）区分了"无意"与"有意"。"无意"是主观上没有，因此是"失误"，而"有意"则是挑衅性的言语行为，不属于"失误"。

（3）强调了语境因素。语义学和语法学分别研究的是语言内部的意义和句法意义，而语用学研究的是语境意义。这种语境包括言语的上下文语境，而更多的是指言语交际外部的外部相关因素，如时间地点、场合对象等客观因素；说话人的身份地位、思想性格、职业修养、处境心情、语气态度等因素；还有一类属于言语交际的大背景因素，如文化传统、风俗习惯、时代特点等。

（4）言语表达。这里的言语表达不仅包括所说出的言语，也包括言语表达的行为。也就是语用失误不仅包括语言方面的失误也包括言语行为方面的失误。

（5）不得体性（inappropriateness）。这与本章最初的关于"语用学"的定义保持一致，语用学是研究语言得体性（felicity）的学问。这种"失误"是因为说话方式不妥，或者不符合表达习惯，或者不合时宜等不得体性而产生的失误，并不是完全意义上的错误（mistake）或者"语用失败"（pragmatic failure）。这样处理可以使得很多语用失误现象得到合理的解释，比如非母语者言语交际中的不得体性，尤其是许多轻微失误往往会因为母语者的体谅和理解或者被认为并非有意冒犯而被容忍甚至忽略，这种现象在跨文化交际或者对外汉语教学中经常发生。而使用"错误""违规"或者"失败"这样的词却过于严

---

① 何自然：《语用学与英语学习》，223 页，上海，上海外语教育出版社，1997。

格、强烈，容易给外国学生造成心理负担，影响学生学习的积极性。

语用失误根据说话人母语背景的不同可以分为母语者的语用失误和跨文化交际中的语用失误。对外汉语教学中外国学生的语用失误以及外语教学中的语用失误都属于后者。此外，还可从影响总体交流效果的不同程度，将语用失误分为轻微失误、一般失误和严重失误①。在对外汉语教学中一般轻微失误都可以容忍，有的一般失误也可以被容忍，其实这也是对外汉语教学甚至整个语言教学界忽视语用教学的原因之一。Jenny Thomas 还将语用失误根据所涉及的内容分为语言语用失误（pragmalinguistic failure）和社交语用失误（socio-pragmatic failure）(1983)。国内关于语用失误的研究大部分集中在对中国人的外语教学中，尤其是英语教学中，而对外汉语教学中，对外国留学生的语用失误分析却刚刚起步。本文尝试对外国学生学习汉语过程中的语用失误分为三种类型：语言语用失误、社交语用失误和肢体语言语用行为失误三类，并在此基础上分析产生失误的原因，提出解决办法。

一、语言语用失误

在涉及两种语言的跨文化交际中，语言语用失误被定义为："Pragmalinguistic failure is basically a linguistic problem，caused by differences in the linguistic encoding of pragmatic force. It occurs when the pragmatic force mapped by the speaker onto a given utterance is systematically different from the force most frequently assigned to it by native speaker of the target language，or when speech act strategies are inappropriately transferred from L1 to L2."②（译为：语言语用失误从根本上说是一个语言问题，是由对语用含义进行语言编码的不同而造成的。语用失误在以下几种情况下发生：当说话者对某句话所

---

① 胡庚申：《国际交流语用学——从实践到理论》，126 页，北京，清华大学出版社，2004。

② Jenny Thomas. "Cross-cultural Pragmatic Failure." *Applied Linguistics*，1983 (2).

理解的语用含义与其目的语母语者所理解的语用含义出现了系统差异的时候，或者言语行为策略不合适地从第一语言迁移到第二语言的时候。）这个定义揭示了以下几个要点：

（1）语言语用失误的本质：语言问题。因为语言语用失误主要表现在对某个语言形式所包含的语用含义理解不当而造成的失误。如选择了不合适的语调语气、句式、语体等。

（2）产生语言语用失误的原因：不同语言语用含义编码的不同、母语负迁移。

（3）语言语用失误发生的时间：说话人对某个言语语用含义的理解不同于母语者的语用含义。这包括两种情况：①非母语者使用目的语的表达方式不符合本族语者的语言习惯；②把言语行为策略从第一语言（母语）不合适地迁移到第二语言中。

（4）语言语用失误是系统的，不同于母语或目的语系统。

根据这个定义，笔者搜集了外国学生的语用失误①，并按照所涉及的内容和失误原因分为以下五类：语气语调类语用失误、词汇语义类语用失误、句型语法类语用失误、语体风格类语用失误和教学、学习与交际策略类语用失误。

（一）语气语调类语用失误

中国人有句俗话，叫作"锣鼓听音，说话听声"，意思是听别人说话要听说话人的口气和态度。不同的语气和语调所表达的语用意义是不同的，语调在书面语中的表现往往是容易被忽视的标点符号，在口语中就更难捕捉了，外国学生对这种不是反映在书面上的比较抽象的语气语调很难把握，很容易选择不合适的语气和语调，造成语用失误。

例如，一位韩国女生诉说前一天遭导游抢白而备感委屈的遭遇，教师经过仔细询问才知道，原来这位女生没听懂导游所说话的意思，就问导游："什么

---

① 下文中的举例除了特别标注出的以外，均来自笔者和同事的教学实践和亲身经历，全文举例统一编号，便于查证。

意思?"（降调）可是导游反问："你说什么意思!!"（例1）学生问这句话的时候用了降调，而用降调的疑问句在汉语中表达出的反诘、质问甚至批评的语用含义她是不明白的。此时，使用升调或者加上语气词"啊""呀"，就会因语气缓和而显得很有礼貌，不会含有责问、质问甚至批评之意。

再如，一位韩国学生在给导师发的手机短信中这样写道："老师，论文提纲怎么样了，请您跟我联络!"（例2）虽然短信中用了有明显标志的礼貌用语"请"和"您"，但是最容易忽略的标点符号却把句子的语气变成了没有礼貌的命令句，虽然不影响交际的内容，但是收到短信的这位老师其心情不言而喻。这种失误也是偏误率非常高的一类。本章第四节将对各种疑问句的语用含义做一总结，此处暂不赘述。

在日常交流中，句子的某些需要突出或强调的部分要重读，重音位置不同，所表达的意思和感情也会有很大的差别。外国学生如果注意不到这种差别，选择了错误的句子重音，导致强调的内容不同而产生失误。例如，一位学生赞美老师："这件衣服看上去很好。"（例3）正确的说法句重音应该落在"很好"上，如果句重音落在"看上去"上，就会让听者觉得言外之意是"实际上不怎么样"，会引起听话人的不满。[①] 外国学生能说出合乎语法规范的语句已属不易，这种句子重音在表达方面的差异很难察觉。

（二）词汇语义类语用失误

在千变万化的交际环境中，语言不仅仅是说话，而是可以"以言行事"的，这是因为语言还具有字面意义之外的"言外之意"。了解一句话背后的真正用意，而不仅仅是字面意义，才能保证交际的成功。

例如，一位学生给老师打电话，说完事情后，老师问："你还有什么事吗?"这位学生没有理解老师的真正用意是想要结束谈话，说："让我再想想，对了，还有……"（例4）同样是打电话，在接近谈话结束时老师说："那就这样吧!""再见"还没说出口，学生却说："怎么样?"（例5）实际上是学生没有

---

① 孙德华：《留学生汉语语用失误的归类分析》，载《现代语文》，2006（3）。

弄清说话人的真正用意，或者说是没有理解老师的间接言语行为。

再如，韩国学生 A 对靠近窗户的德国学生 B 说："今天天气真冷啊！"学生 B 回答说："德国也很冷。"学生 A 只好说："能不能帮忙关一下窗户，谢谢！"学生 B："哦！"（恍然大悟，去关窗户）（例 6）在这个例子中，学生 B 的语用失误在于没有理解学生 A 第一句话的真正含义和用这句话表达请求含义的间接言语行为。

还有一种词汇语义类失误是指称错误（dexi failure），主要是对代词的特殊用法没有掌握。在千变万化的口语交际中，汉语代词，尤其是人称代词所表达的含义常常因为不同的语境、不同的说话者和想表达不同的感情色彩而发生变化，外国学生常常很难掌握。最常见的是"我们"和"咱们"的区别：

"咱们"是表示包括说话人和听话人双方。"我们"不包括听话人在内。但在口语中"咱"有时候也可以表示"你们"的意思，例如："师傅，咱们这儿有手机充值卡卖吗？"（例 7）有时也可以借指"我"，例如："咱们不是没见过嘛！当然不知道这是什么花儿了！"（例 8）除了上述意思之外，"咱们"因为把交际双方都包括在内，因此还具有和听话人"不分彼此"的含义，因此具有"套近乎"和拉近二者的关系的语用功能，例如："咱们走，别理他们！"（例 9）"我们"在一定的语境下也可以表示"我"的意思，例如："在这篇文章中，我们只研究了现象，没有说明原因。"（例 10）这样的表达，比直接用"我"显得谦虚。这是人称代词所表达的语用含义，这方面细微的语用差别很容易被学生甚至老师忽视。

再如，有不少的外国学生对"人家"可以表示"我""别人他/他们/某些人"这三种意思常常不理解，觉得难以捉摸。例如："别让人家笑话。"（例 11）这个句子中"人家"是"别人"的意思。"快把字典给人家！"（例 12）这里"人家"是"他/他们"的意思。"怎么这么晚才来，人家都担心死了！"（例 13）这里的"人家"是"我"的意思，而且在表示"我"这个意思时，说话者往往是女性，还有一种撒娇和使性子的感觉。因此，有时说话者不同，也会影响代词所表达的含义。教师在给学生讲解时，要提示男生不要随便用"人家"代替

"我"，否则容易闹笑话。

　　第三种词汇语义方面的语用失误是因为不理解一些词语的深层文化含义，忽略了不同语言文化之间的差异造成的。因为词汇不仅仅是词，词汇还承载着这种语言的文化，因此词汇的文化含义也是词义的一个重要组成部分。比如一些隐含文化含义的成语、俗语、惯用语，一些表示颜色的词和动物名称所代表的深层文化含义等，外国学生往往很难理解。胡金、周华娟就谈到电视剧《北京，我的爱》的一个情节，就是因为中韩两国对"吃豆腐"一词所代表的文化含义理解不同而产生的误解。一个韩国男生对刚刚从公安局出来的中国女生说："这回你可要请我吃豆腐了！"结果可想而知，因为"在韩国，如果一个人摆脱了牢狱之灾，那么他的亲人、朋友会请他吃豆腐来表示洗清罪过、摆脱霉运；而在中国，对一个女孩说'吃豆腐'则是占便宜的意思，带有调戏的意味"。(例 14)[①]

　　在汉语教学过程中也常常有这样的例子。运动会上，一位外国学生描写运动员说："他跑得像狗一样快！"（例 15）中国人听了感到不快。这是因为不同文化中动物所隐含的意思也是不同的。再如老师问一位学生："你家里有几口人？"学生回答说："我家里有五口人，爸爸、妈妈、姐姐、我和皮特。"老师问："皮特是谁？是你弟弟还是妹妹呀？"学生回答说："是一只狗。"（例 16）老师很奇怪，因为在中国文化里，狗是不能作为家庭成员的。

　　第四种词汇语义方面的语用失误是因为选择了不恰当的词语，混淆了同义词不同的使用场合而造成的。汉语中有很多意思相同或相近的同义词、近义词，但是这些同义词使用的场合却有所不同，因此，根据不同的场合选择使用哪一个恰当的词语，也是需要外国学生学习的。

　　例如，一位外国学生说："我们的会话课老师是女人。"（例 17）"我们班有 5 个女人，6 个男人。"（例 18）这种情况笔者在教学过程中屡屡碰到。这些句

---

　　①　胡金、周华娟：《浅析外国留学生在跨文化交际中的语用失误》，载《考试周刊》，2009 (51)。

子语法上没有问题，但听起来很别扭（尤其是前一句）。学生不明白"女人"只有和"男人"一起用时才表示性别，单独用时甚至有一点歧视女性的含义。而且平时表示性别时中国人常用"女的""男的"，不用"男人""女人"。因此例 17 应改为："我们的会话课老师是女的。"再如听力考试中常见的题目中有这样的问题："女的想让那男的买什么？"外国学生往往回答说："女人想让男人买礼物。"（例 19）"女人"在汉语中通常指的是成熟的女性，不用于确指某类人，对学生一般都用"男生""女生"或者"男孩儿""女孩儿"，有可爱、喜欢的含义。所以例 18 应改为："我们班有 5 个女生，6 个男生。"在中国文化的价值观里，把人的年龄往小了说是对人的赞扬。但是在英美文化中，成年女子更愿被称为"woman"而不喜欢被别人称为"girl"，因为"girl"的含义引申为幼稚，不成熟。

其他如"夫人""爱人""老婆""媳妇""妻子""配偶""太太""内人"使用的场合和时间都是不同的，外国学生在学习这些同义词时，应当特别注意不要混淆同义词使用的不同场合。

（三）句型语法类语用失误

句子根据不同的语气可以分成陈述句、疑问句、祈使句和感叹句四种类型。不同的句类可以表达不同感情色彩和主观态度。如果外国学生对这些感情色彩和主观态度掌握不好，选择了不合适的句类，就会因此造成语用失误。

例如，想表达"让我进去"的意思时，用祈使句"让我进去！"（例 20）表示命令，语气比较强烈，不是很礼貌。"让我进去吧！"加上语气词，语气则比较缓和委婉，表示请求和恳求。而用疑问句"让我进去好吗？"来表达请求和商量，语气和态度更加诚恳，更有礼貌。

外国学生在和中国人进行交流时，也会因为忽视了句类所表达语义的不同而出现失误。例如，老师布置了大量作业，学生们面露难色抱怨到："老师，我们不做。"（陈述句）（例 21）老师这个时候看着大家央求的表情说："你们应该说：'老师，我们不做行不行？'把陈述句改成正反疑问句，向老师征求意见，才更有礼貌。如果你们说'我们不做'，意思是'我不愿意做也不想做'。

有故意和老师作对的意思，老师听了会生气。"

再如，有一位韩国留学生询问主管教务的老师："老师，不参加学分考试不行吗？"（例22）这是一种否定疑问句，在汉语中这种句类往往表达反问之意，有质问、责问的含义，甚至带有强迫的意味，显得很不礼貌。应该改为正反疑问句并加上语气词："老师，不参加学分考试行不行啊？"这样表达询问、请求、商量的语气才更为合适，更有礼貌。

还有一些语法语用失误是因为不了解一些词在语法用法之外还有其他的语义造成的。例如，外国学生常常忘记形容词前不加"很"是表示对比的意思，一位留学生说："马克的汉语说得好。"（例23）老师纠正，应该说"马克的汉语说得很好"，要加"很"，要不然别的同学会生气，因为不加"很"隐含了"别的同学说得不好"的意思。对"很"的这种意思和用法学生常常很难理解。

（四）语体风格类语用失误

这类语用失误主要是外国学生选择了不合适的语体造成的。因为在语用过程中，根据不同的语境、交际范围和交际对象的不同，会形成不同功能风格的语言表达形式，这种形式就是不同的语体。语体一般分为口语和书面两种。例如，在同学之间的日常谈话，可以使用随意谈话的口语体，而正式场合或者写文章时，书面语则更为合适。由于外国学生词汇量有限或者不明白不同语体之间的差异等原因，也会出现语体表达方面的不当。

例如，一位外国学生写一篇关于中西文化差异的论文，认为在公共场合大声说话是不礼貌、不合适或者不得体的，他写道："这样做是不像话的。"（例24）与其前后文风格大不相同，很不合适。一位华裔学生这样写道："我要我自己能说汉语和写汉语好像英语那么快。"①（例25）还有一位美国教授在学术报告会上说"我媳妇"（例26），也很奇怪。这些语用失误都是因为忽略了口语和书面语的差别。如果再进一步细分，语体还可以细分为礼仪语体、正式语体、商议语体、随便语体、亲切语体等五种，关于这五种语体的语用知识在下

---

① 朱志平：《汉语第二语言教学理论概要》，84页，北京，北京大学出版社，2007。

一节中会有阐述，此处不再赘述。

（五）教学、学习与交际策略类语用失误

在对搜集的语用失误进行分析整理时，我们发现有一些语言语用失误不是外国学生由于对已经学过的语言知识的语用功能掌握不足造成的，而是由于教学策略、学生所采取的学习策略和交际策略造成的。

第一种语用失误是因为学生尚未输入或者学到合适的说法，受语法和词汇知识的限制而导致的。这种输入欠缺是由两方面造成的，一是教师没有向学生教授；二是学生没有自学到。这类失误外国学生在学习的初级阶段频频出现，出错率最高。[①] 例如问老年人或者年纪比自己大的人："你几岁了?""你叫什么名字?"（例 27）这个时候学生尚未学到"您多大年纪了?""您贵姓?""怎么称呼您?""您贵庚? 高寿啊?"这样的说法，所以只能采用自己会说的句子。并非学生有意冒犯，只是他们不会。如果没有向学生输入这种信息，除非学生自己学习，否则期望学生自己说出恰当、地道的说法是不可能的。

再如学生没有学过"过奖，过奖"，在别人夸奖他的时候，只能按照母语的说法翻译过来说"谢谢"，或者用已经学过的"哪里，哪里"，是不可能说出"过奖，过奖"的。（例 28）同样，当外国学生因为发音不准确而被中国人误解时，他会说"对不起，我的汉语说得不太好"或者"不好意思，我的发音不太好"。（例 29）在没有事先学习的情况下，不能期望学生说出"请多包涵"，"请您海涵"，"见谅"这样地道的汉语句子。这种词汇语法语言知识的欠缺是限制语用能力发展的首要因素。另外，如果学生没有学过一些禁忌语的委婉说法，也很容易出现失误。例如"死"的委婉说法"不在了""没了""牺牲""逝世""过世""去世"等，当学生想表达自己的意思时，只好用最基本的那个词，出现失误在所难免。

当然是不是在初级阶段就给学生输入相对超出教学大纲的而且相对较难的词汇和语法，是值得商榷的。但是，从避免学生语用失误的角度出发，又有一

---

① 孙德华：《留学生汉语语用失误的归类分析》，载《现代语文》，2006（3）。

定的必要，如果没有这种输入，期望学生自己说出完全符合汉语语用习惯和规则的语句是不可能的。这种由于输入不足所造成的语用失误可以从学生和教师两个方面得到解决：对教师来说，需要加强输入，要教给学生；对学生来说，可以自己学习，自己进行输入。

第二种语用失误是因为外国学生所采取的交际策略——套用母语或者第一语言中的日常习语造成的。在具体的口语交际环境中，外国学生碰到不知道该怎样回答的时候，最简单和直接的方法就是把母语中的表达照搬过来，语用失误由此产生。

例如，一些美国学生在问候中国人的时候常说："嗨，怎么样？"（例 30）中国人常常感到莫名其妙："什么怎么样啊？说什么呢？"这虽然不是什么严重的语用失误，但从英语"Hi，How are you doing?"直译过来的痕迹显而易见。或者打招呼时说："你好吗？"（How are you?）（例 31）其实中国人互相打招呼时只说"你好！"而不用疑问句。因此以上两种表达都不是地道的中国人问候的方法，在中国人看来不是具体的关心，好像例行公事，显得不太真诚。

中国人在感谢服务人员（服务员、司机）时，对方回答"不客气"或者"应该的"，"这是我的职责"都是合适的，但是学生很难理解后面两个。因为大部分美国学生认为回答"应该的"，"这是我的职责"意味着他们是被迫或者出于工作的需要而做的，而不是自己愿意或者喜欢这样做的。同样，中国人说英语时，面对别人的道谢，也常常把汉语翻译过去，回答"That's my job/my duty"，同样会闹笑话。

还有一种语用失误是由于学生所采用的学习策略和教师的教学方法造成的，最常见的是学生背诵课本上的句型导致语用失误。

例如，在一次春游活动中，汉语老师和几位外国学生一起爬山，相互并不认识，老师问其中一位学生："你是哪国人？"学生回答道："我是德国人，你呢？"（例 32）这位老师哭笑不得，因为老师觉得学生根据老师的面貌和长相应该理所当然知道老师是中国人，可是学生为什么还要这样说呢？经过询问后，才发现这是学生把初级汉语课本上的句子背了下来，碰到相同的问话，就不假思索，脱口而出。造成这种语用失误的原因从学生角度分析，是学生所采用的机械记忆的学习策略造成的；从教学角度分析，教材和教师所采用的机械操练句型的教学方法也难逃其责。

二、社交语用失误

社交语用失误指交际中因不了解或忽视谈话双方的社会、文化背景差异而出现的语言表达失误①。其中包括错误地判断了交际的时间、地点、场合、对象等微观背景因素，或者文化传统、风俗习惯、时代特点等言语交际的宏观背景因素。此外，说话人的身份地位、思想性格、职业修养、处境心情等因素也属于微观的背景因素。Jenny Thomas 认为发生此类语用失误的原因是："……由不同文化对于影响语言选择的参数（parameters）的不同评价的错配（mismatches）造成，这些参数包括损益观念（size of imposition）、社会距离（social distance）、相应的权利义务（relative rights and obligation）等。"② 也就是说造成失误的根本原因是第二语言与第一语言语用规则的不同和错配。比如礼貌准则、面子准则、质的准则、量的准则等。根据社交语用失误涉及的内容和产生原因，我们从忽略微观背景因素、忽略宏观背景因素而造成的语用失误和言语行为语用失误等三个方面来进行阐述。

（一）忽略交际的时间、地点、场合、对象等微观背景因素而发生语用失误

在具体的语言交际过程中，交际活动总是在一定的时间、地点、场合与某些特定的交际对象之间发生，这些就是所谓的具体语境或者交际的微观背景因素，这些因素在一定程度上决定和影响着交际双方选择使用得体的话语。如果在这方面考虑不周，就会发生语用失误。

例如，汉语课堂上，美国学生常常举手并大声说："老师，我要上卫生间。"（例 33）让老师觉得很奇怪。原来在他们的国家（美国），学生这个时候

---

① 何自然：《什么是语际语用学》，载《国外语言学》，1996（1）。

② Jenny Thomas. "Cross-cultural Pragmatic Failure." *Applied Linguistics*，1983（2）.

必须向老师说明，而在中国，尤其是在大学阶段，给老师示意一下，甚至不用示意悄悄走出去即可。

在学习了一段时间汉语之后，学生掌握了"就事问事"的问候方法，看到别人在看书就问候说："你看书呢？"晚上说："还没睡呢？"但在不考虑交际场合的情况下，语用失误就会产生。例如本章开头的例子，学生在啤酒厂卫生间里问老师"老师，您喝了他们的啤酒了吗？"（例 34）忽略了说话的地点和场合，令老师哭笑不得。

再如，一位美国留学生用很流利的汉语跟教过他多年，很熟悉的男老师打招呼："哥们儿，你还没死呢！"（例 35）因为老师曾经告诉他，这种打招呼的方法可以用在非常熟悉的男人之间，但是他却忽略了二者之间的地位差别。

这些真实的案例说明，即使看起来很容易的语用规则，在千变万化的实际交流中，仍然会出现这样或那样的失误。

（二）忽略中国文化传统、风俗习惯与时代特点等宏观背景因素而发生语用失误

除了交际发生的具体时间地点，语言交际发生所处的宏观文化传统、风俗习惯、时代特点等，也会影响交际的效果。而这些宏观背景因素很容易被忽略，或者因为没有意识到这些因素之间的差异而发生语用失误。

例如，有个美国女学生偷偷问老师，"中国为什么有那么多的女同性恋？"老师很吃惊，问她为什么这样想，她说："你看，有那么多的女孩子拉着手，她们都是同性恋吗？"（例 36）因为在美国，这种情况多半是像她所说的那样。事实上，在中国这是很正常的。在古代甚至 20 世纪 80 年代，女孩子之间公开拉手可以，男女之间公开拉手反而不正常。现在是 21 世纪了，很开放，男女之间公开拉手也很正常了。这位美国学生对现在的情况可以理解，但是对两个女孩拉手还是大惑不解。这些都是文化传统不同、时代不同的原因造成的。

因此，在给外国学生开汉语课的同时，也开设中国概况、文化、历史和哲学等课程，目的就是让学生对整个中国的文化时代背景有所了解，促进学生的语用理解能力和跨文化交际能力的发展。

再如，欧美学生对中国"上下有义，贵贱有分，长幼有序"（《管子》）的文化传统了解不够深入，不理解辈分高的人、年龄大的人对辈分小的人、年龄小的人有权威，因此很难理解为什么说"我是你爷爷/爸爸/奶奶/姑奶奶"是骂人话，而说别人是"孙子""儿子"也是骂人话。但在英语母语者之间，老年人有时会慈爱地称年轻人为"son"以表示亲切，而并没有侮辱他人的意思。在中国尊敬老人，给老年人让座、帮他们拿东西是美德。但在美国，这样做会使他们觉得自己老得无用了，他们可能会拒绝这种善意的帮助。

有时候，忽视两国的文化差异，选择了不合适的话题也容易造成语用失误。例如关于"性"的话题中国人是很少涉及的。与此相关的身体部位、生理卫生方面的词汇和话题也很少涉及，不便公开谈论。必须要说时都会使用委婉语，比如用"洗手"或者"出去一下"代替"上厕所"。女生用"肚子疼""不舒服"代替女性每个月的生理周期来向老师请假等。另外夫妻关系、家庭成员之间的矛盾、疾病等也是不便谈及的话题。与信仰伊斯兰教的印尼同学、土耳其同学和阿拉伯国家的同学交流时，要注意回避"猪""猪肉"等词语。

中国人不喜欢"不吉利"的话题或话语，如"死亡""交通事故"等。随着中外交流的日益深入，中国人也接受了一些西方的观念，比如年龄、收入、婚姻状况在大学学生和大学老师、外企员工中也不便谈及。

（三）言语行为方面的语用失误

1. 称谓与称呼言语行为失误

中国人喜欢用官职、职业作为称呼，以表示尊敬；还喜欢用亲属称谓称呼非亲属甚至是陌生人，采取一种"套近乎"的策略来缩短交际者的心理距离，以期建立一种较亲密的人际关系。但是这些规则也不绝对，像"修理工""门卫"等就不能像"老师""大夫""师傅"一样作为呼语。而且一些能够当面当作呼语的，背后就不能再用那个词来称呼了。比如中国女人把丈夫的父母当面叫作"爸""妈"，但是不当面的时候就叫"公公""婆婆"。其他一些词，如称呼陌生人"大姐""姐姐"都没问题，但当转述时再说"大姐"或者"姐姐"时，就很容易让人产生误解。例如，一位韩国学生向教师转述："姐姐说新的

HSK 考试很难。"老师误认为她的姐姐来北京了，就问她，她回答说："我昨天碰到三年级的姐姐。"（例 37）原来不是她的亲姐姐，而是学姐，但韩国语的表达是用"姐姐"这个词，学生是从韩国语直接翻译过来而产生了失误。汉语称谓与称呼所表达的微妙的文化含义很难把握，在中国不同地方又各不相同，因此外国学生常常出现失误。

2. 赞美与恭维言语行为失误

中国人向来以谦虚作为美德，谦虚在中国文化中占据首要地位。谦虚也是中国人礼貌原则中最重要的一条准则，甚至有时候不惜违反质的准则和量的准则来表示谦虚和礼貌。但这会使西方人感到十分不习惯，甚至有些尴尬，因为西方人认为过分的谦虚是虚伪无礼的表现。与中国文化更侧重首先遵守谦虚准则相比，英美文化则更倾向于首先选择尊重客观事实，遵守"质、量的准则"和"一致准则"。这在中美应答赞美时的不同中就可以明显看出：当听到"你的文章写得真好"这样的称赞，美国人会用"谢谢"来表示"认同赞美者的说法"，遵守"一致准则"。如果这种赞美是客观事实的话，也同时遵守了质的准则和量的准则。而中国人此时则会说："哪里哪里，还差得远呢！写得一点儿也不好。"用"尽量贬低自己"的方法来表示谦虚和礼貌，遵循了"谦虚的准则"，但却违反了质、量准则和一致准则，让很多美国人听了很不快。

如果交际双方都站在自己的语用原则立场上，那么美国人会觉得中国人很虚伪，不客观，甚至贬低了自己的欣赏水平，威胁了自己的积极面子。中国人听了美国人的回答也会有"这个人怎么这么不谦虚啊"的想法。当然，随着国际交流的日益频繁深入，加上双方对外国人的宽容态度，这些失误也逐渐被理解接受，但如果外国学生能用更符合汉语语用习惯的表达方式，才是真正"学到家"了。

另外，西方人对别人的赞美是以"我"（主观）为出发点进行表述的，而中国则是从客观角度出发，这种不同常常会引发语用失误。例如，一位刚刚开始教书的老师走进教室，她的一位美国学生说："老师，我太喜欢你的围巾了！"老师的第一反应是："那我送给你吧！"（例 38）产生这种失误的原因之一是学生套用了英语的表示恭维和赞美的表达方式，原因之二是教师本人错误地把这种恭维言语行为理解为一种表示请求的间接言语行为。

3. 问候与寒暄言语行为失误

在中国，除了谦虚之外，对他人的关心与尊重也是一条非常重要的语用原则。这种关心和尊重体现在交际的各个层面，比如问候、送别、建议和劝告等言语行为，因而对这一条原则掌握不好也是造成语用失误较多的原因。中国人互相问候和寒暄的时候，总是具体而微地涉及生活的各个方面表示关心，而且问题越具体表示关心程度越高，关系更亲近。如"去哪儿？""吃（饭）了吗？""找到女/（男）朋友了吗？""你换新发型了！""瘦了啊！""最近在哪发财呢？""工作辛苦不辛苦啊？挣钱多吗？"具体而微，无所不包。以致很多外国人都认为这些涉及个人隐私而因此倍感不快。而中国人却认为"你好""早上好""下午好""晚上好""嗨"这样的问候更像例行公事，显示不出对对方的真正关心。在中国人的心目中一句"你好"根本比不上"感冒好点了吗？"的关心程度。后者会让中国人觉得关系更亲近，感觉更温暖。

4. 致谢与道歉言语行为失误

外国学生致谢和道歉言语行为很少发生严重的语用失误，但是也有一些不太符合汉语表达的习惯。比如说，为了感谢别人借给他笔或者书用，外国学生常说"谢谢你的笔"，"谢谢你的书"（例39），这会让中国人感到很奇怪。这个人这时候，用汉语只要说"谢谢你"就可以了。因为中国人觉得重要的是感谢人，或者感谢整个事件，应该说"谢谢你"或者"谢谢你借给我书"，而不是感谢没有生命的物体本身。

在道歉之后，中国人的一些应答也让外国学生为难。例如，一位美国学生讲述自己的亲身经历：他旷课了，在跟老师解释原因之后，老师微笑着说"没关系"，但还是在考勤本上记录为旷课，学生说："老师，这是'有关系'啊，不是'没关系'啊！"从而认为老师说假话，没有遵循"质的准则"。（例40）而老师是为了在交谈中避免直接的冲突，维持和谐的关系，遵循了"一致准则"。对中国人来说，按照规定进行记录，与老师所说的"没关系"没直接关系。

5. 违反保全面子准则的言语行为失误

有一些准则是涉及中国人的面子保全准则的。如中国人要维护自己在社会交往中的面子，维护和谐美好的气氛，常常会违反质的准则和量的准则来遵循面子保全的准则。而外国学生常常在这个方面"操作不当"，例如一位留学生畅谈自己对理想的看法，当着老师的面说自己"最不喜欢当老师，当老师没有钱"等，让老师很尴尬。（例 41）还有一些面子准则如"不当面揭短"，不要直接指出地位高、年龄大、有身份人的错误，会伤害对方的面子，更不能当面顶撞、反对、揭露地位高的人，会严重威胁到对方的面子，引起不快甚至反感。

以上是外国学生在跨文化交际中出现的比较常见的言语行为语用失误，还有一些言语行为语用失误，并不是像上述语用失误一样以具体的言语行为表现出来的，而是外国学生在接受中国人的言语行为时，对某些言语行为感觉到难以理解、感到不舒服、不快甚至难以接受，这也是一种语用失误，可以说是比较"弱"的语用失误。这种语用失误有以下几种情况：

首先是外国学生难以理解中国人的请求与建议言语行为。一般来说外国学生在对中国人进行请求与建议言语行为时，遵循得体准则和礼貌准则，很少发生语用失误，但是在理解、接受中国人的请求与建议言语行为方面显得比较困难，不太适应，有时甚至感到不快。例如常常有美国学生向教师抱怨，为什么中国人请求他们帮助的时候那么直接和理直气壮。（例 42）原来英美文化中"请求"言语行为要遵守严格的得体准则，尤其注重表达的间接性（李军，1998），而中国人则更倾向于使用直接的请求方式，这让美国人有些难以接受，有时甚至感到被冒犯。

Brown 和 Levinson（1978）在"面子保全理论"（Face-saving Theory）中把面子"分为消极面子（negative face）和积极面子（positive face）两类。消极面子是指不希望别人强加于自己，自己的行为不受别人的干涉、阻碍。积极面子则是指希望得到别人的赞同、喜爱。威胁听话人消极面子需求的言语行为是指说话人干涉了听话人行动自由的那些言语行为，如命令、请求、提醒、建议、劝告、威胁和警告等。威胁听话人积极面子需求的言语行为是指说话人表明他不关心听话人的感情、需求等，如表示不赞同、批评、蔑视、抱怨、指责、侮辱、反驳等"。①西方人认为提议、邀请等言语行为可能伤害他人的消极面子，因此，一旦这类言行遭到谢绝，发话人就不再坚持下去，以确保对对方的礼貌。而中国人在说话人谢绝提议、邀请等言语行为后通常不会立即罢休，而是要千方百计地让对方接受自己的言行……这种言语行为有明显的"强迫"性质，造成了一种不给人留余地的感觉，而恰恰西方人最重视的就是自由，有更多的选择余地。②

同样，在建议和劝告言语行为当中，中国人过分的热情和具体而微的关心以及出于良好愿望的苦口婆心，同样让西方人难以消受，因为在西方即便是向别人提供善意的帮助和建议，也要征求别人的同意让对方不会感到有"强迫"的感觉。（May/can I help you? 我可以/能帮助你吗?）这种情况在餐桌上的"劝酒""劝菜"甚至"夹菜"中表现得淋漓尽致。但作为外国学生，要努力适应中国人的习惯，要理解中国人这么做不是强迫他们，不是不给他们留下选择的余地，而是表达一种良好的愿望和关心。但也没有必要一味地遵循"一致准则"，对于超出范围的请求和建议，可以进行拒绝。比如对某种食物过敏，一定要事先说明。

其次，外国学生有时难以理解中国人征求意见与发表见解言语行为。中国人在征求别人/对方意见时，尤其是吃什么、喝什么、做一个什么决定的时候，中国人总是尽量给别人最好的或者最合适的（有时候这种"最好的"往往是他们自己认为的），以尽地主之谊。可是有的美国朋友却不领情，他说了要点红酒时，主人还是给他点了中国最有名的白酒。（例43）事实上中国人是在用自己最好的东西招待他们。在跨文化交际中，外国留学生要尽量体谅和理解中国人的好意是非常重要的，需要放下个人的自由和选择，作为客人，应该听从主

---

① 廉洁：《从西方人的"消极面子"看中西文化及其礼貌言语差异》，载《宁波大学学报》（人文版），1996（1）。

② 同上。

人的安排，"客随主便"，这样才符合中国人的文化习惯。这时候，中国人也应该认识到只有适合别人的才是最好的，不要把自己的喜好强加给别人。

在回答别人的询问"吃什么，喝什么"时，中国人也遵循"客随主便"的原则，尽量不给别人添麻烦，这是中国人"克己"和"集体意识"的具体表现。所以"随便"是我们最常听到的回答，让主人来决定，可是对外国学生来说，他们宁愿听到最真实的回答。

中国人发表见解的时候常常先列举一大堆理由，美国人常常不知道中国人在对他们说什么，有时是受限于语言水平，有时是没有足够的耐心听完。有的中国人在发表了见解以后又说："我也说不清楚，我也不知道，你说呢，你自己看吧！"（例44）这也让有的美国学生很头疼，他们总是抱怨中国人神秘莫测、难以捉摸，飘忽不定，不可思议。因为从中国人口中，很难听到具体的答案。在这种情况下，中国人更多地遵循"一致准则"，避免发生对抗，以体现整个团体关系的和谐和统一，体现中国人"集体主义"的价值观。而美国人则喜欢在开头就亮出自己的观点，随后才说明原因和证据。所以，有人戏言中国人学英语的时候往往要看文章的开头几句，而外国人在学习汉语的时候一定要看最后几句。当然，提高语言能力和增加耐心也是外国学生需要训练的方面。

第三种情况是难以理解中国人邀请与拒绝言语行为。在教学过程中，有的学生跟教师抱怨，中国人的邀请总是不兑现，并向教师询问如何知道他们是不是真的邀请，认为中国人总是违反质的准则。（例45）比如中国人总是会客气地说："有空儿/时间来家里玩儿吧！""有时间我们……吧！"这样的邀请只是礼貌性地表达对客人的欢迎和喜欢，但是如果没有具体说明时间地点人数等细节问题，就只是客套话，不必当真。客套寒暄等礼貌手段的识别也是语用知识的一个重要方面，也是需要训练和学习的。

中国人表达拒绝时常用委婉语，而这种语用策略经常令西方人困惑不解。例如，受到邀请时，中国人常说："我尽量吧！""我努力来！"使对方无法确定你是接受还是拒绝。（例46）事实上这近乎一种拒绝，因为中国人不习惯面对面直接拒绝别人，不想伤害对方的消极面子，尽量遵循"一致准则"，而西方人这时候更希望得到真实确定的答案，更希望对方遵循"质的准则"。

第四种情况是外国学生难以理解中国人道别与送别言语行为。汉语中在向别人道别时，说话人会用许多表示道歉的话语或用一些理由说明自己必须走，例如："真对不起，耽误了你们一晚上，我得走了。""明天还要早起，真的要走了。""给你们添麻烦了！""我还有事儿，先走了。"这并不意味着说话人没有度过一个愉快的夜晚，或者感到了许多的麻烦。其真实意思是要感谢别人的辛苦付出，不能只顾自己个人的快乐。而西方人则更倾向于描述或赞美参加活动的心情，表示赞赏和喜爱，如"我很喜欢今天的晚会"，给对方一个积极面子，遵循"一致准则"。

中国人在送客人的时候，常说："慢走！""路上小心！""早点休息。"而不是选择"再见"或者祝福性的语言"晚安""做个好梦"等，这还是体现了中国人对别人的关心和尊重，而且要关心得具体才能显得更真诚。有时候提醒注意交通安全，但又不直接提及安全、事故这样不吉利的话，所以选择了上述"慢走！""路上小心！"例如，有的外国学生在听到老师这样的送别时，开玩笑说："我可以快走吗？"（例 47）很有意思。实际上，这与走得快慢没有关系，只是中国人表示关心和尊重的送别方式。

三、肢体语言语用失误

语言可以"行事"，可以表达语言之外的含义。广义的语言还包括肢体语言，如面部表情、头部动作、手势和体态、服装仪表以及交际双方的身体距离、进行交流的时间和交流过程中所出现的沉默等，同样都可以隐含丰富的语用含义。这些交际方式表现力极强，但又容易被忽略，不同文化之间这方面的差异也很大，因此极易产生语用行为失误，从而形成交流障碍、造成交流者之间的误解。

（一）目光与表情

笔者在美国工作时常听美国同事说，和中国人说话的时候，有的人不敢看着他的眼睛，让他感到中国人不够热情友好。（例 48）其实，中国人往往是以眼睛向下看、不直接正视对方来表示"谦虚""礼貌"和"害羞"，尤其是面对身份地位比自己高或者不熟悉的人。因此这不但不是不友好，反而是一种礼貌和谦虚的行为方式。而美国人认为一个人如果不敢正视你，那他就是不可信不可靠的。

另一方面，很多美国人到中国以后，很不习惯周围不认识的中国人看他们的目光（例49），因为中国人常常用瞪大眼睛、盯视、直视来表示好奇、惊讶，而这会让美国人感到不舒服、不自在，认为这是一种很不礼貌的行为举止。

微笑是一种很好的语言，可是微笑也会引起语用失误。例如，有一次上课的时候，一位学生的发音很奇怪，老师纠正他，同时微笑一下以表示安慰，学生却认为老师在嘲笑他，误解了老师的善意。（例50）

（二）手势与动作

中国人一般初次见面的时候以握手表示友好，不习惯于身体的直接接触，如拥抱和亲吻，如果女性不愿意握手，也是正常的。这样的肢体语言习惯应该让外国学生有所了解。

中国人竖起大拇指表示赞扬，竖起小拇指表示鄙视。会指着自己的鼻子表示自己，在饭后拍/搓肚子来表示吃饱了。

一群人在谈话时，中国人一般坐着的人为尊，有话语的主动权，处于支配地位。而西方人一般会认为站者位尊职长，拥有谈话的主动权。（邱文生，1994）中国人以"站"为谦虚有礼的表现。

同样，如例36所述，中国人同性之间拉手、跳舞、勾肩搭背也不是什么同性恋，而是亲密无间的表示。不同的手势与肢体动作所表示的语用含义，会因文化的不同而出现很大的差异，在不同的国家和地区应该区别对待，才不会贻笑大方。

（三）空间距离

中国人口众多，空间拥挤，所以交谈双方的距离相对狭小一些，而这样常常让英美留学生感到不舒服，感觉领域受到侵犯。例如有学生向老师抱怨说，在和有的中国人交流的时候，觉得中国人离得太近，不得不向后退，但对方觉得距离远又向前走近，学生只能一退再退。（例51）实际上这是一种习惯，中国人认为距离的亲近也代表二者之间关系的亲近，不是对他人的有意冒犯。不过随着对外交流的日益发展，中国也开始接受了要保持适当空间距离的观念，例如银行排队时的"一米线"，排队打电话时要尽量保持一定的距离，不要进入或站在两个交谈者之间等。

（四）沉默与无言

这是最让欧美留学生头疼的中国人的表达方式之一，最让他们难以琢磨和不知所措。中国人的沉默在不同场合下表达很多种意思，比如赞同（无声等于默许）、拒绝、中立、不参与（弃权）等多种意思，因此把握好不同的场合和语境是了解沉默与无言所代表的语用含义的关键。比如，在容易产生分歧的时候，中国人会用沉默或无声的方式回避冲突的出现，遵循"一致准则"。在这种情况下，一般是和其他人的意见不同或者不置可否。再如，在一些利益面前，中国人为了表示谦虚和礼貌，不直接表示接受对方的好意，而采取沉默与无言的方法，此时一般表示的是赞同。还有一种情况，就是如果他对所谈论的话题完全不感兴趣，也会用这种方式表达"不参与"和"与我无关"的态度。

四、外国学生语用失误原因分析

（一）业界重视程度方面的原因

长期以来，传统的语言教学基本上是离开语境讲解语法或者语言结构，只强调语法的正确性而忽略了语言的得体性。受这种理念和思想的影响，对外汉语教师、外国学生也对语用学研究、语用教学研究和语用学习不太重视，导致教师缺乏系统语用知识以及语用教学意识，学生缺乏语用学习意识，并由此产生教学输入不足，学生语用知识匮乏等一系列结果，虽然这不是导致语用失误的直接原因，但这是造成外国学生语用失误的最根本原因。

（二）教师与教学方面的原因

首先，许多对外汉语教师本身缺乏系统的语用学知识，因此在教学中只能告诉学生什么是比较合适的说法，但是在这些说法背后隐含的汉语语用规则

（谦虚准则、面子准则、关心尊重准则和质/量准则）以及这些语用规则的使用条件和场合等都很难传授给学生，出现语用失误在所难免。

其次，教师没有明确指出需要注意的语用规则和语用知识，没有进行显性教学并进行强化。例如学习特指问（特殊疑问句）"这是怎么回事儿？"用升调表示疑问，用降调就会表示责备、质问等，用升调的同时，加语气词"呢""啊"，语气就会缓和委婉许多。这些看似简单，本族人也不会出现问题，但是对外国留学生来说，不但要输入和讲解，必要时还要进行强化，否则学生不可能在短时间内习得。如果不告诉美国学生中国人在回应对方的恭维时首先遵循的是谦虚准则，学生复制照搬母语中的一致准则说"谢谢"，因此而出现语用失误就不难理解了。

哪个句类有什么语用含义，哪些词汇有独特的文化语用含义以及各种手势和体态所代表的含义，不同的话语使用的不同场合和所针对的不同对象，不同的言语行为所要遵循的不同语用规则等，这些都需要教师在课堂上明确指出，采取显性教学的方法，这样会有助于学习者缩短自下而上的自己归纳语用规则的时间，提高语用习得效率。否则学生只有在出现了失误之后，才会意识到问题的存在，或是在被母语者宽容之后，总结出错误的语用规则。

第三，在对外汉语教学实践中，教师对汉语语用规则和语用知识的教学，大部分零散地附加在文化教学或者功能点的教学中，缺少对汉语语用规则的宏观系统的教学，难以形成有系统的语用知识的输入，使外国学生受限于贫乏的表达方式，或者不知道使用哪个合适得体的表达，出现如前文例 27、例 28、例 29 中的失误，或者使用母语的语用规则或者用母语直接翻译来替代汉语的表达习惯，出现类似前文例 30、例 31 中的失误。

第四，机械句型操练的教学方法，也会导致学生出现前文例 32 中的语用失误。

（三）汉语本体语用研究方面的原因

要对外国学生进行语用知识的系统教学，需要有对汉语语用规则进行总结的本体研究成果作为教学内容，而汉语语用学研究的著作大部分都是翻译国外的语用学著作，或是对国外的语用学理论进行介绍，更缺少面向汉语第二语言习得以及对外汉语教学的汉语语用规则和语用知识的总结和梳理，因此很大程度上限制了汉语教师向外国学生进行系统的语用教学。

在千变万化的语言交际过程中，使用什么样的语用知识和语用规则非常复杂，因素诸多，很难定性、定量，科学的研究方法比较费时费力，加大了语用研究的难度。加之兼修语用学研究与二语习得的人才比较欠缺，对其进行总结和研究的难度大，使不少人知难而退。

（四）学生方面的原因

首先是学生主观上缺乏主动进行语用学习的意识，不重视语用学习。这会妨碍学生对语用知识的注意和有意识学习，影响学生学习的积极主动性。加上目的语环境的宽容因素（母语者常常因为对方是外国人而忽略、容忍学生的语用失误），使外国学生觉得这方面问题是不需要关注和学习的。

主观上的不重视和客观上的输入不足使得外国学生，尤其是初级汉语水平的学生常常因为尚未学到更礼貌的说法，受词汇、语法等语言知识水平的限制而造成表达不得体的语用失误，而这类语用失误在学生的语用失误中所占比例最高。

外国学生发生语用失误的另一个原因，是只了解表面、肤浅的语言知识，如"哪里，哪里"，但是对这种表达背后所隐含的、深层的、文化的语用规则和语用知识知之甚少，比如中国人的谦虚准则、面子准则、关心尊重准则和质/量准则等宏观原则，如果缺乏这方面的知识，很容易用母语翻译或者套用母语的语用规则，发生母语负迁移，造成语用规则的错配而出现语用失误。

另外，外国学生背诵句型等机械记忆的学习策略，使学生不顾语言环境而说出课文中的句子（如前文例 32 "我是德国人，你呢？"）导致语用失误。

（五）其他方面的原因——目的语环境的宽容与中西文化的趋同

由于发生语用失误的外国学生是非母语者，母语者、对外汉语教师常常会体谅他们，给予他们最大的宽容，这也是外国学生意识不到语用失误并且不能及时改正的原因，有时甚至会因为这种宽容而总结出错误的语用规则，影响其后的语言交际。对于对外汉语教师和外国学生之间的语用失误，教师要采取零容忍的态度，把握这个语用教学的大好时机，及时告诉学生需要注意的语用知识和语用规则，以提高学生的语用意识和语用敏感度。

随着中西方文化的交流，有相当多的中国人接受了西方的一些习惯，如婚姻状况、体重、收入、年龄也成了隐私，不便随便谈及；而另一方面，中国的老人们还在关心别人的婚姻、收入等来表示关心，如果不了解这一点，认为所有的中国人都一样，也会引起前者的不快和反感。因此，了解不同的谈话对象的习惯，根据这些内容确定交谈的话题、内容才不容易出现语用失误。

五、外国学生语用失误解决对策

针对留学生发生语用失误的原因，可以从以下几个方面采取措施来防止语用失误的发生。

（一）业界重视程度方面的对策

与外国学生语用失误发生的原因相对应，语言学界、语言教学界、对外汉语教师、外国学生都要对汉语语用学、语用教学、语用学习的研究和实践活动给予应有的关注和重视。因为只有从主观上意识到语用的重要性，才能在此基础上进行语用学研究、语用教学和语用学习，在此思想指导下，才能在教材编写中加入语用规则和语用知识，才能在实际学过程中有意识地进行语用知识和语用规则的显性教学和输入强化。

（二）教师、教学方面的对策

第一，教师要有语用教学的意识，要在进行语音、词汇、语法教学的同时进行语用教学。例如我们在教给学生疑问句和语气、语调的时候，很少告诉学生降调的疑问句所表示的质问、责问、埋怨等语用含义。要多讲授同义词、相似的句子在不同语境下的选择使用，丰富他们的语言知识，提高他们的语用能力，防止因受语言水平的限制而造成无法进行更礼貌表达的情况发生。

第二，教师要有汉语基本的语用规则知识，并在合适的时机教给学生，这些时机一般是在进行功能和文化教学时、发生语用失误时、学生难以理解某些言语行为的时候。可能每个汉语教师都能告诉学生名词、动词，但不是每个教师都告诉学生"谦虚准则、面子准则、一致准则、质的准则和量的准则"以及汉语在进行哪些言语行为时遵循什么样的语用规则。例如在回应别人的赞赏与恭维时，中国人首先遵循"谦虚准则"，而在同样的交际情况下，西方国家却要遵循的"质、量准则"和"一致准则"。

第三，教师应采取显性教学的方法，缩短学生自己归纳总结语用规则的时间，让语用教学更加可行、高效。教师还可以不断进行输入强化来提升学生语用学习意识，为学生日后自主自觉地学习语用知识和规则打下基础。

第四，教师至少要在课堂上（不一定是公开的交际场合）对学生的语用失误采取"零容忍"的态度，并把握这个语用教学的大好时机，进行语用教学，防止目的语环境对语用失误的宽容态度所带来的负面影响。

第五，要教会学生在不同时间、场合，针对不同对象灵活使用语言，而不是机械地操练或者背诵句型。

第六，教材编写中应适当加入语用规则知识，也可以结合目前教材中已有的功能点和文化点来进行语用教学。

（三）汉语语用本体研究方面的对策

要加强跨文化交际汉语语用规则的本体研究，让对外汉语教师有直接可用的汉语语用学知识作为教学内容。汉语语用学除了介绍和翻译国外的语用学著作外，应该联系汉语实际，总结出能体现中国文化的语用知识和语用规则，尤其是面向汉语第二语言习得与对外汉语教学方面的语用知识，以便于编写进对外汉语教材，便于作为课堂教学的内容进行显性教学，否则只能由汉语教师自行进行零散的非系统的语用教学。由于兼修对外汉语教学和汉语语用学研究的人才缺少，所以笔者强烈呼吁对外汉语教师主动投身到面向汉语第二语言习得的语用研究中，充实这方面研究的队伍。正是鉴于这方面研究的欠缺，才会有笔者下一章从汉语第二语言习得与对外汉语教学角度出发，对汉语语用知识进行的初步总结。

（四）学生方面的对策

首先学生自己也要建立语用意识，提高自己对语用的敏感度，重视语用知识的积累和学习。要知道彻底学会一门语言除了能说出正确的句子外，还要能说得得体、说得合适，还要能"以言行事"。

其次，学生要善于根据不同的语境，选择与之相适应的合适的语言形式。还要有意识地积累和学习不同语境下不同的表达形式，以便在合适的情况下自如选择使用。

再次，学生要学会"入乡随俗"，熟练使用不同言语行为所采用的不同的语用规则，防止因用母语翻译或套用母语语用规则而造成的语用失误。

第四节　外国学生汉语语用要则

这节汉语语用要则是从外国学生的语用失误中总结出来的，是从对外汉语教学和汉语第二语言语用习得角度出发对汉语语用知识进行的总结，以方便外国学生和汉语教师进行汉语语用学习和教学，为他们提供可能的参考和帮助。

一、语言语用知识——语言要素背后的语用知识

（一）语气语调类语用知识

语气语调在语用功能方面具有举足轻重的作用，对说话人的各种思想感情和不同主观态度，如快乐、犹豫、坚决、紧张、坦然、急迫、恐慌、讽刺、赞赏等，具有细致入微的表达作用。表达语气的主要手段是语调和语气词。有时即便学生不知道或者没有学过更礼貌一些的说法，但是只要语气语调显得很谦虚礼貌，能恰当地使用语气词，也不会被听话人认为是一种冒犯。具体来说，语调类语用知识包括停顿、重音、升降调和语气词四个方面的语用知识。

"停顿是句子内部、句子之间声音上的间歇。一段语流在什么地方有停顿

是由表达上的需要决定的"①，但是外国学生在表达时，由于熟练程度和流利程度不够，常常也会因此出现失误。例如，一位韩国学生向老师诉说，她因为打工挣钱耽误了学习，所以"爸爸不让姐姐去了"。（例52）老师觉得奇怪，问道："那你爸爸让你去吗？"学生答："不让我去，让姐姐去了。"这时老师才发现学生的第一个句子应该在"姐姐"的前面有个停顿，"爸爸不让，姐姐去了"才更符合学生想表达的含义。

句子重音也会表达不同的含义，重音不同，强调的意义也不同。如前文的例子"这件衣服看上去很好"，如果重音放在"看上去"上，那么言外之意就是"实际上并不怎么样"，引起听话人的不快。此时，重音应该落在"很好"上，才不会引起误解。与此类似，"听起来（重音）这个主意不错"和"听起来这个主意不错（重音）"（例53），也会因为重音的不同而产生不同的语用含义，前者可能是讽刺，后者是赞赏。在这样的情况下，可以巧用语气词来避免类似语用失误的出现。例如"这件衣服看上去很好哇"，"听起来这个主意不错嘛"，用语气词把句子的重音拉到后面的词语上，避免因句子重音的不同位置而出现语用误解。

"全句声音的高低升降是语调的主干，它最能表达出说话人的态度和感情。句调基本上分为降调和升调两种。"② 一般情况下，在表示疑问时，不管是哪种类型的疑问句，用升调来表示疑问更礼貌和委婉，如果能加上合适的语气词，就可能避免因使用降调而产生的反问、质问、责难的语气而产生的语用误解和语用失误。对比以下几个句子，其语气和态度上的差别显而易见。

（1）是非问：你忘了吗？（升调，表示善意地询问与提醒）

你忘了吗？（降调，表示谴责，不应该忘）

（2）特指问：谁说的（呀）？（升调，表示普通地询问）

谁说的？（降调，表示不同意，胡说）

---

① 北京大学中文系现代汉语教研室：《现代汉语》，131页，北京，商务印书馆，1993。
② 同上。

（3）选择问：你到底吃不吃（呀）？（升调，表示询问）

你到底吃不吃？（降调，态度上比较着急和不耐烦）

（4）正反问：今天你没去学校，是不是？（升调，表示询问、确认）

今天你没去学校，是不是？（降调，质问、责问、批评）

因此，如果外国学生掌握了这方面的知识，在使用语调时，使用比较有把握的升调，并加上合适的语气词，比如在表示疑问、请求、劝阻、命令的时候，加上语气词"吧""呢""啊""呀"会让语气显得更加缓和，这会在一定程度上帮助避免语用失误的出现。例如前文例 1 中的"什么意思？"（降调）改为"什么意思呀？"（升调，并加上语气词）就不会出现误解与交际失误。例 2 中的"请您跟我联络！"改为"请老师跟我联络吧！"老师心里也会舒服许多。

（二）词汇语义类语用知识

词汇语用知识包含两个方面的内容。一种是指词汇本身含有文化内涵，如成语、俗语、惯用语，以及一些表示颜色的词、动物名称所代表的深层文化含义。如前文例 14 中"吃豆腐"一词在中韩两国文化中的不同含义，例 15 中外国学生对"狗"的表述以及中国人对狗的理解，以及例 16 中"狗"在家庭中地位的不同，都是因为这些词语中所蕴含的文化含义不同造成的。另外一种词汇语用类知识是在使用词汇时需要注意的一些语用问题。如要了解同义词在不同场合和不同情况下的不同说法，像"牺牲""死""去世""没了""过世"，"女人""女的""女孩儿""女生"（如前文例 17、例 18）等。还有不理解某些代词"我们""咱们""人家"会因为不同语境、不同说话者而表达不同的意思（前文例 7、例 8、例 9、例 10），这类词汇语义类语言语用知识都需要老师的讲解和学生平时的积累。再如，在实际语言交往中，语言除了字面意思外，在具体语言环境下使用时，往往能还具有"言外之意"，能"以言行事"，学生应该提高理解目的语这类间接言语行为的能力，以防止前文例 4、例 5、例 6 中出现的外国学生不理解言外之意和所表达的间接言语行为的语用失误。

（三）句型语法类语用知识

句子可根据语气的不同分为陈述句、疑问句、祈使句和感叹句几种类型。

不同的句类可以表示不同的语用含义，如陈述句常常不仅表示一种表述，在一定的语境下，可能表示一种间接请求的言语行为。如"刮风了"是一种陈述，但是实际意思可能是想让你帮忙关上窗户。祈使句一般情况下用降调，但是加上"吧"等语气词，语气会显得更加缓和，例如："快走！"语气强烈，不是很有礼貌，显得比较生硬；"快走吧！"语气就要婉转得多。感叹句在一定的语境下也能表达一种愿望或者建议，比如"天气真热呀！"可能表示希望买一个冰激凌。疑问句用升调，可以表示疑问，用降调就可能表示抱怨，如"这是谁的电话呀？"表示"怎么这么晚打电话啊？"有抱怨和谴责的含义。因此外国学生在使用疑问句时，一定要注意语调，尤其要谨慎使用降调，避免出现语用失误。外国学生需要表达请求、建议、商量的语气时，如果先用一个陈述句，然后再加"是不是""好不好""行不行"（升调）这样的正反问句，会显得更加有礼貌。例如前文中的例21和例22，把"我们不做"改为"我们不做行不行？""不参加学分考试不行吗？"改为"不参加学分考试行不行？"把前一句中生硬的语气和后一句中质问的语气改为商量、请求的语气，更为得体，更有礼貌。

（四）语体风格类语用知识

如果简单地分，语体可以分为书面和口语两种语体。如果细分，语体还可以细分为礼仪语体、正式语体、商议语体、随便语体、亲切语体五种①，礼仪语体用在典礼上，如开幕词。正式语体，用在正式场合，具有书面语的特点。商议语体，比较正式，用于官方场合的正式交谈。随便语体，用于同学、朋友、熟人之间，不太正式，比较简略。亲切语体用于有亲密关系的人之间，高度简略，会夹杂俚语。目前在我们的对外汉语教学实践中，只做到了口语和书面语两种语体的区分，实际上这对于复杂的交际情况来说，是远远不够的，如果能分为五种不同的语体，可能更有利于学生的学习。比如，第一节开始时提到的高年级外国留学生用从出租车司机那里学来的话和自己的老师打招呼，这种随便语体只适合地位相同的同学、朋友之间，不适合师生之间。再如前文中

---

① 朱志平：《汉语第二语言教学理论概要》，83页，北京，北京大学出版社，2007。

例 35，学生跟自己的老师打招呼说"哥们儿，你还没死呢!"也是同样的问题。在外国留学生最常遇到的师生之间交流场合下，不太适合随便语体和亲切语体，比较常用的是正式语体和商议语体。这一点需要引起外国学生的注意。至于书面语和口语的区分，在汉语课堂中的讲解生词环节，老师一般都会告诉学生，但偶尔也会出现问题，最常见的失误是在书面语中混杂口语，如前文中例 24 和例 26 中的"不像话"和"媳妇"。

二、社交语用知识

社交语用知识包括两个方面的内容，一是要在交际时考虑到交际的时间、地点、场合、对象等微观背景因素；另一个是考虑到交际双方社会文化因素方面的差异，如文化传统、风俗习惯、时代特点等言语交际的宏观背景因素。也可以把它们分别称为"微观语境"和"宏观语境"。

（一）语用微观背景因素

微观背景因素除了交际时的时间、地点、场合、对象等因素外，交际双方的身份地位、思想性格、职业修养甚至是交际时的处境、心情等也是需要考虑到的微观背景因素。如果错误地判断了这些因素或者忽视了这些因素，就可能造成语言表达不得体，造成社交语用失误的发生，这就需要说话人具有一定的"审时度势，察言观色"的交际能力。

（二）宏观文化背景因素

宏观文化背景因素包括中国文化与汉语的语用规则两个方面：中国文化知识包括中国的文化传统、思想观念、风俗习惯、时代特点等，这方面涵盖中国文化、哲学、历史等各方面，限于篇幅，不在此详述；汉语的语用规则将从规则本身以及语用规则与语用失误的关系两个方面来进行阐述。

1. 汉语的语用规则——谦虚准则、面子准则、关心与尊重准则、一致准则、质的准则与量的准则

汉语的语用规则是与古老的中国文化一脉相承的，语言是文化的载体之一，因此，中国的文化观念在汉语的语用中表现得最为突出。本节根据格莱斯

(H. P. Grice) 提出的四条合作准则 (Cooperative Principle，简称 CP)，利奇 (Leech) 提出的六条"礼貌准则"，布朗和莱文森 (Brown & Levinson) 提出的"面子策略"① 和顾曰国 (1992) 提出的中国文化的五条准则，结合上一节所讨论的语用偏误和跨文化交际中容易发生冲突的语用原则，以及这些交际原则在汉语文化中的重要程度，最终确定汉语交际的五个语用规则。

格莱斯认为人们在谈话中遵守的合作原则包括四个范畴，每个范畴又各包括一条准则和一些次准则：

(1) 量的准则 (Quantity Maxim)：①所说的话应该满足交际所需的信息量；②所说的话不应超出交际所需的信息量。

(2) 质的准则 (Quality Maxim)：①不要说自知是虚假的话；②不要说缺乏足够证据的话。

(3) 关系准则 (Relevant Maxim)：说话要有关联。

(4) 方式准则 (Manner Maxim)：说话要清楚、明了。①避免晦涩；②避免歧义；③简练；④井井有条。

20 世纪 80 年代，英国语言学家利奇从修辞学、语体学的角度出发，提出了六条礼貌准则：

(1) 得体准则 (tact maxim)：尽量减少表达有损于他人的观点；尽量少让别人吃亏，尽量多使别人得益。

(2) 慷慨准则 (generosity maxim)：尽量少使自己得益；尽量多让自己吃亏。

(3) 赞誉准则 (approbation maxim)：尽量少贬低别人；尽量多赞誉别人。

(4) 谦虚准则 (modesty maxim)：尽量少赞誉自己；尽量多贬低自己。

(5) 一致准则 (agreement maxim)：尽量减少双方的分歧；尽量增加双方一致。

---

① 何自然、陈新仁：《当代语用学》，32～49 页，北京，外语教学与研究出版社，2004。

(6) 同情准则（sympathy maxim）：尽量减少双方的反感；尽量增加双方的同情。

利奇的这些准则是以英语国家或以西方国家为背景的，然而各国各民族文化背景各不相同，礼貌准则在不同的文化中有着不同的表现形式和思维方式。

布朗和莱文森区分了正面面子（positive face）和负面面子（negative face）。负面面子是指社会成员希望其行为不被人干涉，即具有行动的自由和自主决定的自由。以下行为是威胁负面面子的行为：

（1）让听话人做某事或不做某事的行为。如命令、请求、建议、威胁、警告、激将等行为。

（2）让听话人接受或者拒绝的行为。如提供（说话人为受话人提供，可能使受话人产生心理负担）、许诺。

正面面子是指每个社会成员希望他的愿望受人顺应、他的自我形象被人欣赏和赞许。以下行为是威胁听话人的正面面子：

（1）做负面评价的话语行为。包括指责、批评、轻视、讥笑、侮辱和不满等。

（2）体现不关心或者漠视受话人正面面子的话语行为。如表达强烈、失控的情绪（让听话人窘迫或者恐惧）；不尊敬、提及禁忌话题及在语境中不适宜的东西；带来有关受话人的坏消息或者关于说话人的好消息；提起带有危险情绪或者有分歧的话题（政治、宗教、种族）；行为上明显的不合作，如打断谈话、做无关的评述或者该注意的不注意；初次相遇时使用了不合适的称呼或标志身份的东西。

顾曰国根据汉语言文化的有关礼貌的渊源提出了汉语言文化的四个方面的礼貌特征：尊重、谦逊、态度热情、文雅，同时还总结出了汉语言文化的五条准则①：

（1）贬己尊人准则：谈及自己或与自己相关的事物时要贬、谦；谈及听者

---

① 顾曰国：《礼貌、语用与文化》，载《外语教学与研究》，1992（4）。

或与听者有关联的事物要抬、尊。

（2）称呼准则：汉语中的亲属称谓有泛化使用的倾向，常用于非亲属之间，拟亲属称谓是中国人独特而常用的社交称呼。讲究上下有义、贵贱有分、长幼有序等。

（3）文雅准则：出言高雅，文质彬彬，运用雅言，用温和、委婉的语言表达，避免直接提及使人不愉快或难堪的事。

（4）求同准则：尽量减少与对方观点、情感上的不一致。"恭敬不如从命"，以取得和谐一致的效果。

（5）德言行准则：多为别人着想。在行为上减少别人的代价，增大对别人的益处，而在言语上尽量夸大别人给自己的好处，缩小自己付出的代价。有德者必有言。

在以上的这些语用规则中，外国学生最容易产生失误的地方是他们放在首位的质、量准则与中国人放在首位的谦虚准则发生矛盾，据此我们选择了其中三个，即"质的准则""量的准则""谦虚准则"；利奇的"一致准则"与顾曰国的"求同准则"实际内容一样，可以合并成为一个准则，即"一致准则"；此外，根据中国人在人际交往中要处处"要面子"和体现对别人的关心和尊重这一特点，增加了汉语交际的"面子准则""关心与尊重准则"，最后按照这五个准则在汉语交际中的重要程度，排列如下：（1）谦虚准则；（2）面子准则；（3）关心与尊重准则；（4）一致准则；（5）质、量的准则。

这五个语用规则，位置越靠前，其重要程度越高。几个语用规则之间也不是平等的关系，在具体的交际环境和不同的情况下，某个规则会起主导作用，其他几个规则就不会显得那么重要了。比如说，在拒绝的时候，中国人遵循"一致准则"，不直接拒绝。而西方人则更希望遵循"质的准则"，希望得到真实的信息，等等。下面逐一分析这五个语用规则：

（1）谦虚准则

在汉语中，谦虚礼貌这两个词经常会放在一起，因为中国人认为谦虚就是礼貌，就是美德。所以这条礼貌原则可以说是中国人语用原则中最重要的准则。很多在外国人看来的一些语用行为，比如不惜违反客观事实地贬低自己、抬高别人，而违反质的准则、量的准则，都是为了表达中国人的谦虚。而西方人认为过分的谦虚是虚伪无礼的表现。汉语中，这一准则反映在称呼（谦称"鄙人""在下"）、询问（"贵姓?"）、回应恭维（"哪里哪里"）等言语行为中。因此，一定要让外国学生把握好汉语中的谦虚准则，要"入乡随俗"，理解中国人的谦虚。利奇曾指出中国文化偏向于谦虚准则，而英语文化则首先考虑一致准则。这可以看出谦虚准则在汉语语用规则中的首要地位。

（2）面子准则

中国人好面子，因此在交际场合中顾及保全对方的面子也是非常重要的一条准则。这具体表现在以下几个方面：在表达个人意见时，不要当面表示不同意见，有些事明明不对，可因碍于脸面，不可公开制止和挑明，否则会威胁到对方的面子；不要要求犯错误的人认错，因为认错也是伤害面子的行为；不要当面说别人的缺点，不要当面直接拒绝别人等。如前文例41中学生关于当老师不好的言语，显然威胁到了老师的面子，属于语用失误。例46中国人不直接当面拒绝别人也是由于要遵循面子准则的原因。

（3）关心与尊重准则

这一准则体现在中国人的问候、道别、建议等言语行为中。要理解中国人对别人的关心和尊重，不要误解为刺探和干涉别人的隐私。中国人的问候具体而微，中国人认为这样才能显示真正的关心，而非敷衍了事、例行公事。中国人招待客人的时候，热情过度，劝酒夹菜，完全不考虑客人的真实感受，而这些都是他们热情和关心客人的表现。这时候要外国学生把握一条"客随主便""入乡随俗"的原则，要理解中国人这样做的原因和好意。但也不可一贯"随俗"，要有一定的限度，如果对某种食物（酒精、花生、虾等）过敏，一定要事先说明。

（4）一致准则

这一准则主要体现在中国人回应邀请（如例46）、拒绝、表达不同意见（如例44）等言语行为中。中国人注重人际关系的和谐，强调集体主义原则，事事都以大局为重。因此中国人常常会用"太极拳"的方法"避其锋芒、藏而不露"来避免直接对抗，如前文例40。也会求同存异，不直接表达自己的想法，所以有时候会"口是心非、模棱两可、难以捉摸"。这都是因为中国人不习惯直接表达个人的意见，而是要顾及整个集体的合作与一致。

(5) 质、量准则

中国人会因为顾及前面四个准则，而忽略这一准则，有时候是为了表示谦虚，有时是为了避免冲突，有时候是为了顾及他人的心理感受，保持和谐的人际关系。所以，这两个准则在中国的语用规则中是最不具有重要性的。而这两个准则却是西方文化中最重要的两个准则。汉语的质、量准则在表示对某种事物的称赞、赞美和恭维时有所体现，如前文中例38，"你的围巾真漂亮"，从客观实际的角度出发赞美，此时，遵循质量准则，而非西方从自己角度出发，主观地进行赞美"我太喜欢你的围巾了"。中国人在请求帮助的言语行为中，为了让对方了解帮助的确切内容，也会使用质、量准则进行直截了当的表达。但在相同情况下，西方人则要遵循面子准则。

2. 语用规则与语用失误

通过本章第三节语用失误原因的分析，以及对汉语语用规则的总结，我们对语用失误与语用规则的关系进行如下总结：

(1) 不同语言中语用规则的重要性和排序各有不同，这会导致语用失误的发生。

例如在英语国家中，更倾向于最先遵守"质的准则"和"量的准则"，而在汉语中，更倾向于首先遵守"谦虚准则"，因此美国人常常觉得中国人谦虚过度，不按照客观事实说话，而中国人觉得美国人不谦虚，很骄傲。这在英语和汉语回应恭维和赞美时表现得非常突出。

(2) 对不同的言语行为所采用的语用规则错位或者不同而造成失误。

同样是面子准则，中国人在拒绝别人邀请时，为了维护对方的消极面子而遵守一致准则，而美国人则为了获得确切的信息而更倾向于遵循质的准则。在请求别人帮助的言语行为中，中国人为了能表达需要获得什么样的帮助而遵循质的准则来直接表示，西方人则遵循面子准则而采取更加委婉和间接的请求方式。这种不同言语行为在不同语言中所需要遵循的不同语用规则，是造成失误的原因之一。最根本的解决方法就是采用目的语的语用规则，而不是母语中的语用规则。

（三）汉语言语行为中的语用规则

1. 称谓与称呼言语行为中的语用规则

称呼言语行为中体现的是关心与尊重准则和谦虚准则。中国人称呼的总原则是"上下有义，贵贱有分，长幼有序"。按照身份地位年龄等的等级关系来称呼，以显示对不同人的尊重和礼貌。在工作场合就以职位或者职业来称呼，如"李主任""王科长""赵局长""钟校长""李老师"等。在生活场合可以根据性别年龄，往往是用比较高的辈分或者比较大的年龄来称呼，如"哥哥""姐姐"。另外，中国直接称呼人的姓名也是要谨慎的，否则就会显得失礼，违反礼貌原则。中国人对地位高、年龄大、有身份的人是不能直呼其名的，在中国古代，孩子甚至不能叫父母的名字，老百姓也不能叫皇帝的名字。许多欧美学生喜欢只称呼中国人的姓，这也是很不礼貌的，表示你不太喜欢这个人。直接称呼名是可以的，但一定是身份地位高对身份地位低的人或者二者身份地位对等的情况下，这样可以表示喜爱和亲热。

2. 赞美与恭维言语行为中的语用规则

在回应对方的赞美与恭维时，中国人首先遵循谦虚准则，甚至有时候违背客观事实来"贬己尊人"。而西方人则首先遵守"质量准则"和"一致准则"。如果交际双方都站在母语语用规则的立场上，那么中国人会觉得西方人"一点儿也不懂谦虚"，西方人会觉得中国人虚伪、不客观，误会和不解由此产生。实际上是二者使用的语用规则不相同而造成的。因此，外国学生在学习汉语时，一定要清楚哪种言语行为应该使用哪条语用规则，套用母语的语用规则很可能会出现语用失误。

3. 问候与寒暄言语行为中的语用规则

中国人陌生人之间是不问候的，很多外国留学生对此很不习惯。熟人之间的问候则要体现下文中的"关心和尊重"准则，问候要具体而微，才显出真正的关心。

外国学生也学会了"去哪儿""吃了吗"这样的句子，但是如果在不看时间和场合的情况下，说出这样的句子也不合适，重要的是外国学生要领会中国人要处处显示出对别人的关心和为此所采取的一种"就事问事"的问候规则。比如，看到别人在路上走，可以问"去哪儿"；到了差不多吃饭的时候，可以问"吃了吗"；看到别人很忙碌，可以问"忙什么呢"。

4. 请求与建议言语行为中的语用规则

一般外国留学生认为中国人委婉、温和，但是在表达请求的时候，倾向于使用直接的请求方式，遵循"质的准则和量的准则"，以便对方明白具体需要帮助的内容，而美国人的"请求言语行为"倾向于间接的请求方式，更注重得体准则和面子准则。

在表示建议和劝告言语行为时，中国人直接甚至近乎强迫的"劝酒""劝菜"甚至"夹菜"，不是干涉客人的自由，而是表达一种关心和热情，遵循关心与尊重原则。

5. 征求与发表意见言语行为中的语用规则

中国人在征求别人意见的时候，有时是一种客套，可能常常不考虑别人的意见，而是给你他们认为最好的选择，因为他们希望你"客随主便"，遵循"一致准则"。在被征求意见的时候，不遵循"质的准则和量的准则"，遵循"一致准则"。因为作为客人，他们会"客随主便"，尽量不给别人添麻烦，需要通过"克己"来体现"集体意识"。而美国人则更注重个性，重视个人选择的自由和空间。

6. 邀请与拒绝言语行为中的语用规则

中国人的邀请有时候仅仅是出于一种良好愿望的表达，只要交际双方没有具体约定时间地点，就只是一种客套话，不必当真。

中国人在接受邀请，尤其是拒绝邀请时，常常使用委婉语，采取间接表达的方式，遵循一致准则，比如用"我尽量""我努力来"这样的表达方式，尽量避免直接拒绝别人，以免伤害对方的消极面子，遵循面子准则，而西方人则更希望对方遵循质的准则。

在言语行为中，上述五个语用规则是贯穿始终的，可以说是汉语深层文化观念在汉语语用规则上的映射，把握这些最根本的语用规则，就不难理解中国人的言语行为及其所表达的语用含义了。

本章参考文献

北京大学中文系现代汉语教研室．现代汉语．北京：商务印书馆，1993.

丁安琪．欧美留学生实施"建议"言语行为模式分析．语言教学与研究，2001（1）.

顾曰国．礼貌、语用与文化．外语教学与研究，1992（4）.

何兆熊．新编语用学概要．上海：上海外语教育出版社，2000.

何自然．什么是语际语用学．国外语言学，1996（1）.

何自然．新编语用学概论．北京：北京大学出版社，2009.

何自然．语用学与外语教学．外语教学，1988（2）.

何自然．语用学与英语学习．上海：上海外语教育出版社，1997.

何自然，陈新仁．当代语用学．北京：外语教学与研究出版社，2004.

何自然，冉永平．新编语用学概论．北京：北京大学出版社，2009.

何自然，阎庄．中国学生在英语交际中的语用失误——汉英语用差异调查．外语教学与研究，1986（3）.

胡庚申．国际交流语用学——从实践到理论．北京：清华大学出版社，2004.

胡金，周华娟．浅析外国留学生在跨文化交际中的语用失误．考试周刊，2009（51）.

姬小玲．从语言顺应论看二语习得中语法能力和语用能力发展的关系．山西农业大学学报，2006（1）.

李怀奎，李怀宏．国内外语语用习得实证研究的数据收集工具的质量评估．广西师大学报，2007（6）.

李军.汉语使役言语行为的语用分析.广州：广东外语外贸大学博士论文，1998.

李蜜蜜."最近发展区"理论视野中的二语语用发展探讨.成都教育学院学报，2006（9）.

李炜.留学生汉语语用失误的客观成因探析.现代语文，2009（3）.

李月侠.泰国学生习得汉语过程中的语用失误分析.湖南医科大学学报，2009（2）.

廉洁.从西方人的"消极面子"看中西文化及其礼貌言语差异.宁波大学学报（人文版），1996（1）.

刘润清，刘思.语用习得的认知特性和影响因素述评.外语教学与研究，2005（3）.

吕必松.对外汉语教学概论讲义（内部资料）.国家教委对外汉语教师资格审查委员会办公室，1996.

钱冠连.汉语文化语用学.北京：清华大学出版社，1997.

邱文生.非言语行为在跨文化交际中的意义及色彩上的差异.外语学刊（黑龙江大学学报），1994（4）.

冉永平.语用学：现象与分析.北京：北京大学出版社，2006.

施家炜.国内汉语第二语言习得研究二十年.语言教学与研究，2006（1）.

孙德华.留学生汉语语用能力调查研究.http://www.docin.com/p－174114213.html.

孙德华.留学生汉语语用失误的归类分析.现代语文，2006（3）.

唐玲.汉语拒绝言语行为及东南亚华裔留学生习得情况分析.暨南大学华文学院学报，2004（2）.

唐素华.从语言顺应论语用能力的培养.科技信息，2008（3）.

滕延江.联结主义与第二语言习得研究.烟台师范学院学报，2006（3）.

王芙蓉，刘振平.欧美留学生汉语拒绝言语行为习得研究.现代语文（语言研究），2006（4）.

王霞．语用失误与英语教学．广西师范大学学报（社会科学版），2002（2）．

王雪梅．EFL 学习者语言能力、语用能力性别差异研究及其教学启示．外国语言文学，2006（1）．

朱志平．汉语第二语言教学理论概要．北京：北京大学出版社，2007．

语用失误及其原因．http://www.docin.com/p－19391067.html.

语用能力．http://www.docin.com/p－18573992.html.

语用学．http://www.docin.com/p－21516829.html.

Brown，P. & S. Levinson. Universals in Language Usage：Politeness Phenomena // E. N. Goody（ed）. Questions and Politeness：Strategies in Social Interaction. Cambridge：CUP，1978.

Carrell，P. Indirect Speech Acts in ESL：Indirect Answers // C. Yorio，K. Perkins and J. Schachter（eds）. On TESOL '79：The Learner in Focus. Washington，D. C.：TESOL，1979.

Corder，S. P. The Significance of Learners' Errors. International Review of Applied Linguistics，1967(5).

Ellis，R. Learning to Communicate in the Classroom：A Study of Two Learners' Requests. Studies in Second Language Acquisition，1992(14).

Gabriele Kasper and Kenneth R. Rose. Pragmatic Development in a Second Language. Oxford：Blackwell Publishing，2002.

Gabriele Kasper & Shoshana Blum-Kulka. Interlanguage Pragmatics. New York，Oxford：Oxford University Press，1993.

Hui-Ching Chang. Clever，Creative，Modest：The Chinese Language Practice. 上海：上海外语教育出版社，2010.

Hymes，D. On Communicative Competence // Pride，J. B. and Holmes，J. (eds) Sociolinguistics. Harmondsworth：Penguin，1972.

Jenny Thomas. Cross-Cultural Pragmatic Failure. Applied Linguistics，1983 (2).

Kenneth R. Rose and Gabriele Kasper. Pragmatics in Language Teaching (陈新仁导读). 北京：世界图书出版公司；Cambridge：剑桥大学出版社，2006.

Ninio，A. & C. Snow. Pragmatic Development. Boulder：Westview Press，1996.

Olshtain，E. Sociocultural Competence and Language Transfer：The Case of Apology // S. Gass & L. Selinker（eds）. Language Transfer in Language Learning. Rowley，M. A. ：Newbury House，1983.

Rintell，E. Getting Your Speech Act Together：The Pragmatic Ability of Second Language Learners. Working Papers on Bilingualism，1979(17).

Scarcella，R. Discourse Accent in Second Language Performance // S. M. Gass & L. Selinker(eds). Language Transfer in Language Learning. Rowley，M. A. ：Newbury House，1983.

Scarcella，R. On Speaking Politely in a Second Language // C. A. Yorio，K. Peters & J. Schachter(eds). On TESOL '79：The Learner in Focus. Washington，D. C. ：Teachers of English to Speakers of Other Languages，1979.

Schmidt，R. Interaction. Acculturation and the Acquisition of Communicative Competence // N. Wolfson & E. Judd(eds). Sociolinguistics and Second Language Acquisition. Rowley，M. A. ：Newbury House，1983.

Walters，J. The Perception of Politeness in English and Spanish // C. Yorio，K. Perkins & J. Schachter(eds). On TESOL '79：The Learner in Focus. Washington，D. C. ：TESOL，1979.

Wildner-Bassett，M. Improving Pragmatic Aspects of Learners' // Interlanguage. TŸbingen：Narr，1984.

第六章　社会文化因素在汉语习得中的作用

　　"文化"是进入 21 世纪以来一个使用较为广泛的词。一个民族要推出"民族文化遗产",一个企业要推广"企业文化",卖酒的重视"酒文化",喝茶的讨论"茶文化"。这种对文化的推广与宣传表明,文化是有个性的。这种个性使不同的文化具有各自的特点,所以人们往往要通过推广自己的个性文化,使他人了解并熟悉自己,以达到进一步的沟通。这既说明在世界经济全球化、人类社会信息化的今天,各民族各地区各行业对自身宣传的重视,也说明对文化的认识和重视是与不同文化背景的人交流的结果。与此相对的是,文化的个性又是在不同文化同现的条件下显示出来的,换句话说,有不同文化之间的对比才能显现某种文化的特点。

　　然而,从另一方面看,文化又是有共性的,它是全人类的共同财富。张岱年、程宜山指出:"文化是人类在处理人和世界关系中所采取的精神活动与实践活动的方式及其创造出来的物质和精神成果的总和。"① 由于这个方面的特点,某种文化又能为不同文化背景的人群所共享,否则,跨文化交际就不会成为可能。所以,文化的个性使得不同文化的人在相互的沟通过程中需要推广自身文化并学习他人的文化,而文化的共性又使得不同文化的人得以接受并分享他人的文化。显然,跨文化交际的成功,在一定程度上有赖于对文化个性与共性的共同关注。

　　语言是文化的载体,说一种语言的人,必然持有这种语言所承载的文化。学一种语言的人也不可避免地要接触并学习这种语言所携带的文化。从人类对

---

①　张岱年、程宜山:《中国文化论争》,2 页,北京,中国人民大学出版社,2006。

语言的认知与习得来看这个问题，学习一种语言当然也同时是在学习这种语言所承载的文化。而且，文化既然包含了人类的"精神活动与实践活动的方式"，它也必然包含了持有这种文化的人对事物的认知及其认知方式，第二语言学习者如果了解了这种认知方式，也就易于习得这种语言。另外，由于学习者本身就已经携带母语文化，第二语言学习的过程自然也就成为一个跨文化的过程。由此看来，第二语言的教与学就是一个不同文化的交流过程，是一种跨文化的活动。而且，第二语言教学的课堂本身就是一个跨文化交际的场所，也是习得研究和跨文化交际研究应当共同关注的领域。

对文化的理解与重视既是跨文化交际的结果，也是第二语言习得研究要从"教者"和"学习者"两个方面关注的。从教语言的角度说，第二语言教学要培养学习者跨文化交际的能力，习得研究就必须关注怎样帮助学习者在习得目的语的同时也习得这种语言承载的文化。在第二语言教学的课堂上，有两方面的文化需要重视，一方面是人们日常生活和交际活动中表现出来的文化，另一方面是语言的要素中涵盖的文化。前一方面的文化与课堂教学活动关系密切，后一方面文化则更多地体现在教学内容中。显然，前一种文化的研究要纳入课堂条件下第二语言习得研究的范畴。

从学语言的角度讲，语言及其文化的学习有两种环境，一种是非目的语环境，一种是目的语环境。在非目的语环境中，第二语言教学主要涉及两种文化，一种是目的语文化，一种是学习者母语文化。这时候，第二语言的学习过程也是两种文化相互撞击的过程。[①] 学习者在习得目的语及其文化以后也就将其与自身文化融合在一起了。在目的语环境下，两种文化相互撞击依旧存在，但是其双方实力多寡与前者不同，更重要的是，由于学习者来自不同文化，一个语言教学的班级里就会出现多元文化并存的局面。如何使多元文化并存的课堂语言教学中不同文化顺利地形成交流，是语言教学是否得以顺利进行的重要保证之一，也是本章讨论关注的主要问题。

---

① 朱志平：《汉语第二语言教学理论概要》，404 页，北京，北京大学出版社，2008。

作为习得研究专著的最后一部分，本章将在前面各章有关第二语言学习者汉语习得研究的基础上讨论以下三个问题：第一，社会文化因素与第二语言习得的相关性；第二，有关社会文化因素与第二语言习得关系的研究现状；第三，多元文化并存的目的语课堂与第二语言学习者汉语习得的关系。

第一节　社会文化因素与第二语言习得的相关性

语言跟文化的关系密切，这已经为很多学者所认同，教语言也要教文化，以此促进目的语语言能力的快速提高，也使学习者得以尽快熟悉目的语社会，这也为不少学者所关注。但是，目的语文化与学习者母语文化对第二语言的习得产生多大影响，怎样度量这些影响，这个问题过去讨论得并不多，特别是学习者母语文化对目的语习得的影响，不同母语文化的学习者之间各自文化相互影响与目的语习得的关系，以及他们在同一环境中对目的语习得的情况，这些问题以往关注尤少。这种研究现状与三个定位有关，一个是文化教学在第二语言教学中的定位，一个是语言与文化的关系在第二语言教学中的定位，还有一个是第二语言教学中教与学关系的定位。

有关文化在第二语言教学中的定位问题，要追溯到第二语言教学法发展的早期。20 世纪 20 年代，当直接教学法在语音研究成就①的支持下脱颖而出，与传统的语法翻译法形成对峙的时候，正值结构主义语言学的影响蒸蒸日上之时。② 因此，当时的第二语言教学更为关注的是语言本体本身，文化对语言的影响并没有受到更多的重视，这种局面一直持续到 50 年代末。尽管在拉多（Robert Lado）的《语言与文化》（*Linguistics Across Cultures*，The University of Michigan

---

①　1886 年国际语音学会（The International Phonetic Association）成立，制定了国际音标（International Phonetic Alphabet）。国际音标使语言教师得以向学习者描述目的语语音，学习者得以准确模仿并掌握目的语语音。这向直接法提供了可以应用的语音理论。

②　朱志平：《汉语第二语言教学理论概要》，338～345 页，北京，北京大学出版社，2008。

Press，1957）一书中对文化教学有所强调①，文化也逐渐被吸纳到语言教学的课程中来，但文化课与语言课并列开设的事实在客观上表明，文化教学在定位上依旧游离于语言教学之外。

文化教学的定位自然也影响到语言与文化的关系在语言教学中的定位，这就是：语言与文化是相互影响，互不分离；还是二者只是相关，以语言为主，以文化为辅。且不说在许多语言课堂中几乎毫不考虑所涉及的文化因素，两种课程的并列开设，实际上已经说明了后一种选择是一个既成的事实。

第二语言教学在方法上的论争从20世纪二三十年代开始一直持续到80年代，持续了半个多世纪，这期间产生了大量的形形色色的第二语言教学法。如听说法、交际法、全身反应法、自然教学法，等等。这些教学法从教学理念的差异看可以分为两个阵营：一个倾向于关注"怎么教"，一个倾向于关注"怎么学"。这种差异在课堂教学中涉及一个问题，就是第二语言教学过程中是应当以教师为中心，还是应当以学生为中心。这种争论最终以后者胜出为终结。交际教学法和自然教学法成为集大成者。② 尽管如此，文化在教与学问题上却因为前两个定位的影响而被搁置在一边。也就是说，是只关注目的语（教师所教语言）的文化，还是同时也应当关注学习者自身的文化，在这个问题上，第二语言教学界事实上依然是选择了前者，这主要表现在"对外汉语教学"的课堂上。

由于以上三个定位的不同，尽管习得研究自20世纪60年代以后就发展起来，但是有关社会文化因素对目的语习得的影响在第二语言教学中依旧是一个处于边缘的研究领域，没有受到足够的重视。社会文化因素主要有哪些跟语言及语言学习密切相关？在第二语言习得过程中，哪些社会文化因素会介入？这是研究这个问题首先要讨论的。

讨论这个问题要从中外学者对文化因素的划分入手。一般来讲，不少中国

---

① 拉多在书中专门讨论了怎样对目的语文化和学习者母语文化加以对比的问题。
② 朱志平：《汉语第二语言教学理论概要》，338～345页，北京，北京大学出版社，2008。

学者都主张将文化作为一个汇集人类创造的物质与精神财富的体系，并且把这个体系分为三层，简言之即：思想观念、文化实物、文化制度。① 但是在这三层的顺序上，不同学者观点不一，如上文所引，张、程二人所主张的是：思想观念第一层、文化实物第二层、文化制度第三层；另有一些学者主张：思想观念第一层、文化制度第二层、文化实物第三层（胡文仲引自于靖 1987、1999）。差别主要在第二、三层的顺序上。

　　克鲁伯（A. Kroeber）和克拉孔（Kluckhohn）从文化定义方式的角度来对自 1871 年以来学者们对文化解释进行分类，一共划分了六类定义。② 如果不看他们的分类，单看他们所列举的例子，对照中国学者的观点，我们可以把国外学者的观点分为以下几种：第一，文化是人类创造财富的总和，是一个不可划分的整体；第二，文化主要包括思想观念和文化制度；第三，文化既包括思想观念和文化制度，也包括文化实物。在文化体系层次的划分上，国外的一些学者采用一个反向的比喻，他们把文化比作一座海上漂浮的冰山，这座"文化冰山"的绝大部分潜藏在海面下，只有少部分是人们可以直接在"海面"看到的。结合中外学者的观点，我们对文化体系及其层次做一个更为细致的描写。下面采用胡文仲（1999）的说法，把与第二语言习得相关的文化分成三层，并图示如下：

第一层——思想、意识、观念

↓ ↑

↓ ↑

第二层——制度、风格

↓ ↑

↓ ↑

第三层——文化 实物

图 6-1

---

① 张岱年、程宜山：《中国文化论争》，4 页，北京，中国人民大学出版社，2006。

② 转引自胡文仲：《跨文化交际学概论》，30～33 页，北京，外语教学与研究出版社，1999。

图 6-1 所示是一种文化的三个层面，上下箭头表示各个层面相互影响的关系。第一层是思想意识观念方面的文化，它是潜在的，在一定条件下会通过持有某种文化的人的行为和言语表现出来。因此，如果不与持有某种文化的人交往或交谈，这个层面的文化是很难为第二语言学习者所了解到的。很显然，这个层面的文化大量存在于目的语语言中，它会表现为语言所表达的内容，以及人们对语言的使用。比如，某公司经理刚愎自用，行事霸道，有的职员可能会对公司的人际关系局面加以评价，说出"大家都噤若寒蝉"这句话。这句话中的汉语成语"噤若寒蝉"既反映了古代中国人对秋天到来时蝉鸣这一现象的观察，同时又是古代文人对高压政治下自身命运的一种联想和比况。它从某一侧面表现了古代中国人的思想观念和社会生活，学习者只有通过中国人今天对这个成语的使用（包括查检成语辞典）才有可能在一定程度上了解它的含义。第二层是制度、风格方面的文化，它表现为某种文化所存在的社会对持有这种文化的人的行为的约束作用和导向作用。某事能不能做，应该这样做还是那样做，等等。类似这样的对某人或某类人行为的约束在某一文化的社会中是随处可见的。比如，过春节要全家团圆，年幼者要向年长者拜年，这是中华民族特别是汉族人社会固有的行为规范，如果有人故意违反这种规范，虽然不会受到法律的制裁，却会受到舆论的谴责。这一层文化的信息在某种文化存在的社会中可以通过人们的活动来了解，在第二语言教学中，学习者可以通过目的语环境的生活或课堂教学获得。第三层是文化实物，体现在一个民族的服饰、建筑、生活用品等具有民族特征的事物上。很显然，这类文化是最直观的，学习者甚至不必通过目的语语言，只需通过观看电视电影或旅行等活动就可以直接了解到。所以，第一层是隐性的，第二层从社会规约、社会风俗等人类行为隐约可见，第三层则往往具有直观可视性。

从社会文化的形成来看这三层各自的关系，第一层是驱动第二、三层形成、发展的动因，第二、三层又是第一层在原有状态下不断更新的基础。三者互相影响，贯穿整个社会，也贯穿在一个人的生活、行为和思想观念中。一个在某社会中成长起来的人，第一层会影响这个人对行为方式或生活物品的选择——比如，穿什么样式的衣服，吃什么饭，怎么吃，甚至于如何会客，怎样处理人际关系，等等。对第二语言学习者来讲，第三层文化直观可见，当然也就最容易被认知。第一层藏在母语者的观念中，因此最难被学习者认知。第二层居中，可以通过对目的语社会人群的活动察觉并了解。所以，第二语言学习者需要通过说母语者语言沟通及行为表现来了解对方的第一、二层文化，这也就是为什么一些学者将这部分文化喻为"海平面下的冰山"。

那么，反过来说，在习得一种语言的过程中，上述三层文化哪些与目的语习得更为相关呢？上面的分析表明，在上述的三层文化中，第一层显然是最为相关的。由于持有某种文化的人其思想、意识、观念得以显露或了解往往要通过语言的交流，那么，目的语作为目的语文化的载体其所携带的观念文化也是最多的。因此，第二语言学习者在学习目的语的过程中同时也要学习目的语持有者的观念文化，这样对目的语的理解才能较为透彻，也才能在使用目的语进行交际时达到较好效果。一位英国学者曾接待了一位英语说得极好的外国人，由于对方英语说得极好，这位学者暂时忘记了对方与自己在文化上的差异：客人进了房间，一阵寒暄之后，主人说"让我来把门关上（I'll just shut the door）"，但是客人却说了句"干吗那么麻烦（Why bother）"，这让主人心里很不舒服，心想"我在我自己的房间里关门关你什么事"，但是，在一阵不愉快之后，作者想到了对方依旧是个外国人，最终释然了。① 在这个例子里，客人对主人产生的"一阵不愉快"可能丝毫没有察觉，从这个角度去衡量，这个"客人"作为第二语言学习者对目的语的观念文化掌握水平依旧有待提高。

笔者本人作为第二语言教师也经历过若干类似的例子。笔者曾经住在美国某个大学的"中文之家"中。"中文之家"的建设目的是为了给学习中文的该校美国学生创造说汉语的环境，因此，除了一位汉语老师以外，同在"中文之家"居住的还有六七个美国学生，要求学生在"家"中只说汉语，而且住在中

---

① Alan Davies. *Native Speaker in Applied Linguistics*. Edinburgh：Edinburgh University Press，1991：102.

文之家的人要经常一起做中国饭、吃中国饭。自然，这个"家"里也就有若干中国人日常生活使用的器皿，其中有一只中国人吃饭用的小瓷碗，极其精致。颇有意思的是，第一学期在此居住的多是不具备汉语背景的学生，在这段时间里，这只小瓷碗一直静静地躺在碗橱的最里面，始终没有人去碰它。第二学期，住进来一些华裔学生，其中有几个是上小学以后才随父母从中国移民美国的，于是，这只瓷碗的"命运"很快就有了巨大改变，它不但被拿到碗橱外，而且被反复使用，只要它在碗橱里，很快就消失了，然后可以看到，它被使用以后洗干净放到了晾碗架上，而且，很快它又不见了（有人拿去用了）。一个中国式瓷碗受到"冷落"或受到"青睐"，本身是一件极微不足道的小事，但是，从文化观念来看这个变化，它反映出持有或不持有或少持有中国文化的人对待食具在观念上的差异。这种差异是通过这些持有不同文化的人的行为反映出来的。我们把这类文化称之为"观念文化"。

上述第二个例子也说明，第二层文化——制度文化、风俗文化与第二语言习得较为相关，读者也许会觉得，笔者大可不必在用不用一个碗上大做文章，但事实是，使用这只碗的人，下意识地受到某种文化制度的规约——这是用来吃饭的正式的碗——尽管碗柜里有很多其他的碗，但它们多半在中国人的社会生活中用作他途，比如，盛汤、盛放其他食品，等等，而不是用来吃饭的。没有去关注并使用这只碗的人，显然并不具备这种观念。

当我们谈到文化制度所形成的社会规约时，还有一个更好的例子来自语言学大师罗常培，他指出，在中国人的旧礼节中，"外国人顶不习惯的是跪拜礼"，清嘉庆二十一年（1816）英国人罗德·阿姆伯斯特（Lord Amberst）奉使来华，因为不肯在觐见时遵行跪拜礼，与其两名副使一起假称有病，不能行跪拜礼，被清仁宗皇帝勒令回国。① 与之相关的是，《牛津字典》居然将"kowtow（叩头）"解释为"中国人必需的经常性行为"。② 这个真实的历史事

---

① 罗常培：《语言与文化》（大家小书），58~60 页，北京，北京出版社，2004。
② 罗氏在书中主要讨论了汉语"叩头"一词在《牛津字典》中错误的解释，并以此说明说英语者对汉语"叩头"这一礼节的错误认识。

件既表明在一定文化的社会中人们由于习其规约而不察其独特性，也表明该社会之外的人要进入这个社会就必须在一定程度上遵循其社会规约，否则寸步难行。

当然，"叩头"是个旧礼节，而今的中国人也极少再施行这样的礼节。但是一定的行为规约依旧存在。比如男人是否戴绿色的帽子。由于汉语里把妻子出轨的男人说成是"戴了绿帽子"，因此，在中国社会里一般成年男性都会避免买一顶绿色的帽子来戴在头上。有趣的是，有一次笔者在与研究生讨论颜色词在汉语中的文化含义时，正好谈到中国男性对绿颜色的忌讳。恰在此时，一名外国留学生来找笔者，这位男生头上正好戴了一顶鲜艳翠绿的帽子，把几个在场的中国女生笑得前仰后合，而他本人却始终不知这些中国人在笑什么，一脸茫然地看着她们。显然，这个外国留学生并未认识到汉语社会对帽子颜色选择的行为规约。他当然也不会自觉接受这种约束，但是，从另一方面讲，作为第二语言学习者他显然也还尚未习得这类文化，而这显然也会给他进入汉语社会带来一定的阻碍。更重要的是，由于这个学生在中国学习汉语已经是第三年，却依然由于这个简单的穿戴行为而受到讪笑，从语言教师讲，包括笔者在内的第二语言教师是应当引咎的，因为教师居然没有把该教给学生的这类中国文化教给他们。我们把这类文化称为"制度文化"。

那么，相比之下，第三层文化就由于它们在形态上的鲜明特性而变得比较容易习得了。比如，一幢中式建筑较之于其他民族的建筑，其特点是非常鲜明的，如中国古代的皇家建筑，像北京的天安门、故宫；中国古代陵墓造型，像十三陵、明孝陵、清东陵等；中国名胜古迹地区的建筑，像湖北的黄鹤楼、湖南的岳阳楼、云南的大观楼等。来自其他文化的人可以直接从这些建筑的可视形态去分析其中的中国文化元素，那么，一个以汉语为目的语的学习者自然就更容易了解到，进一步说，这些建筑有可能就是某个第二语言学习者选择学习汉语的目的之一。再比如，中国的古今民族服饰，像旗袍，以及苗族、白族、彝族等民族服饰等；中国的音乐及乐器，乃至于中国人日常生活中的各种器物、食物，等等。这些文化物品所携带的文化元素都同样容易通过对其形态的分析直接了解到。再比如，一位海外的中文教师在展示她的教学特色时，上了一堂文化课，这堂课就是给学生讲"饺子"。她用幻灯片把饺子的种类（水饺、蒸饺、锅贴）以及制作这些饺子的方法和吃饺子的意义讲给学生，既直观又有趣，被众多教师赞誉为最好的一堂汉语课。这类跟某个民族的日常衣食住行相关而又直观可视的文化我们称之为"实物文化"。

至此，我们可以初步得出结论：跟第二语言习得相关的社会文化因素可以分为三层，它们分别是：观念文化、制度文化、实物文化。在这三者之中，由于文化的形态特点，它们与第二语言习得的关系又有远近之分，观念文化最为相关，制度文化次之，实物文化最次。回溯到我们前面讨论过的"三个定位"的问题，我们不难看到，以往我们给第二语言学习者开一门与语言课并行的诸如"中国历史""中国社会风俗"之类的课，这些课程主要还停留在实物文化上①，这显然是有点避重就轻，在一定程度上忽略了更为重要的制度文化和观念文化。而后两者正好跟我们在本章引言中谈到的课堂教学会涉及的两个方面的文化相关，前者多半通过人们日常生活和交际活动中表现出来，后者多半潜藏在目的语的语言要素中。

当我们把整个社会文化分为三层时，社会文化因素跟第二语言习得的相关性就变得容易阐释了，我们可以从这三层文化各自与语言的关系来讨论这种相关性。从上文的分析可以看到，第一层文化是隐性的，第二、三层逐渐明晰，它们使第一层的内容逐渐凸现出来，从隐晦过渡到清晰。所以，这三层其实又是一个民族文化体系连续系统上的三个节点，事实上，人们很难截然把一种文化分成界限清晰的三个部分。因此，换一个角度看问题，从第二语言教学这个角度，我们实际上可以从两个方面来看学习者即将习得的目的语文化：一个方面是说目的语的人日常生活和交际活动中表现出来的，另一方面是目的语的各个语言要素及语言表达中表现出来的。这两方面的文化应当是第二语言习得研

---

① 当然，如果用学习者母语开设一门文化课程，比如"跨文化交际"，也可能会较多涉及制度文化或者观念文化，但是这在多种学习者母语并存的课堂上往往难以实现。

究的重点。

与本章的研究重点关联起来看，目的语环境下的汉语教学文化习得的研究应当关注课堂教学条件下，文化多元的学习者与教师之间的跨文化交际及学习者之间的跨文化交际对第二语言习得的影响。确切地说，当我们把汉语第二语言课堂看作一个跨文化交际的场所，在这个场所中讨论来自不同国家的学习者与教师之间的跨文化交际以及他们各自之间的跨文化交际对他们习得汉语的影响。因此，我们要集中讨论两个问题：一个是第二语言学习者的文化背景与目的语习得的关系，一个是第二语言课堂教学中的文化碰撞对学习者汉语习得的影响。

第二节　有关社会文化因素与第二语言习得关系的研究

与本节讨论相关的研究可以从几个视角来看，第一个是语言习得研究领域的视角，这个视角主要关注第二语言习得研究的成果；第二是与"社会文化理论"相关的视角，这个理论主张关注交流过程中的心理活动，并认为交流主要是通过词语来完成的；第三个是"语言国情学"的视角，该理论主张把文化作为第二语言教学的基本要素；第四个是跨文化交际学的视角，这个视角主要关注跨文化交际研究中与第二语言习得有关的方面。

二、国外传统的语言习得领域的研究

以往人们对第二语言习得的关注更多的是从第一个视角，这主要与我们在本章第一节谈到的"三个定位"有关，由于文化教学在第二语言教学中曾一直处在"游离"于日常语言教学之外的状态，人们对有关习得语言本体以外的问题关注甚少；由于在语言与文化的关系问题上人们一直"以文化为辅"，讨论文化习得的问题岂非"本末倒置"？而长时间的"以教师为中心"事实上又导致了对学习者文化关注不够。再加上在目的语环境下第二语言教学学习者的组成相对复杂，也使得学习者文化对目的语习得影响的研究不易展开……这些都是导致上述这种视角形成的重要原因。

第一个视角的研究又可以从两方面看，一方面是自第二语言习得研究兴起以来，国外形成的有关第二语言习得的研究理论；另一方面是 20 世纪 80 年代以来，汉语作为第二语言的教学研究在借鉴国外理论的基础上，结合汉语教学的实际所做的研究及其成果。前一个方面的理论始于 20 世纪六七十年代，一般研究第二语言习得的人都以塞林克（L. Selinker）提出的"中介语"术语及其理论为标志，因此不少研究者都不把"对比分析理论"作为习得理论之一。① 由于"对比分析理论"所提出的"迁移理论"一直被作为习得研究的基础理论，我们还是主张把它纳入第二语言习得的研究视野。② 这里也要谈到"对比分析理论"，是因为它的提出者拉多（Robert Lado）最早讨论了目的语文化跟学习者母语文化的对比。

拉多在他的《语言与文化》（*Linguistics Across Cultures*）一书里专门讨论了"怎样对比两种文化"（How to Compare Two Cultures），这应该算是较早的对文化因素影响第二语言学习的一种关注。拉多在这本书里提出了三个问题：我们给学生展示什么？我们告诉学生什么？我们怎么知道要展示并告知这些内容？③ 前两个问题表明了拉多的基本立场，他对文化在语言教学中的定位还是以语言为主、以目的语为主的，因为他更关心在上文化课的时候应当把目的语文化的哪些方面告知学习者。不过第三个问题也说明，他已经开始关注学习者文化与目的语文化的对应关系。

拉多提出文化的三个要素：形式、意义、分布。他认为任何一种文化都是由这三个要素组成的，因此文化与文化之间的对比可以通过这三个要素的对比

---

① 比如在 Barry McLaughlin（1987）的 *Theories of Second Language Learning* 一书中就完全没有提及该理论。

② 参见朱志平：《应用语言学——汉语第二语言教学理论概要》，267～273 页，北京，北京大学出版社，2008。

③ Robert Lado. *Linguistics Across Cultures*（语言与文化）. Ann Arbor：The University of Michigan Press，1957：110.

来进行。他所说的"形式"指持有某种文化的人社会生活的各个方面，比如餐饮的行为习惯，这是每个民族都有的；"意义"则是指某个民族的这些行为对持有这种文化的人意味着什么，比如餐饮行为习惯所含有的意义；"分布"是指这些含有不同意义的文化形式存在于某个民族文化中的方式。比如一日吃三餐或两餐，甚至一餐，这是任何一个民族都有的行为文化的形式，而这些餐饮的时间安排（什么时候吃好，什么时候吃不好）、宗教意义（比如，基督教饭前要感谢上帝的赐予）、健康标准等，对每个民族来说不是完全相同的，拉多认为，这些属于文化的意义；至于一顿早餐，在美国人的餐饮习俗中意味着吃麦片、咸肉、鸡蛋，喝咖啡，而在别的民俗中则不一定是由这些食品组成，这些则是餐饮内容的分布。尽管拉多并不认为在文化中"形式""意义""分布"之间有严格的区别，但是他认为可以依据三者来进行两种文化之间的对比并由此提出"文化迁移"的概念。他认为不同文化之间可能会"形式"一致而"意义"不同——比如西班牙人和美国人观看斗牛时，前者可能更多感受到的是运动、娱乐和勇气，而后者感到的可能是斗牛士用斗篷对公牛的欺骗；不同文化之间也可能形式和意义都相同，可是分布不一样——比如拉美人和北美人都抱怨对方在饮食中用糖过多，但是前者往往抱怨对方喝咖啡放糖太多，后者则抱怨对方喝牛奶放糖。可见他们喝饮料的"形式"以及对饮料要放糖才好喝（或有益于健康）这个"意义"是认同的，但是在哪种饮料中放糖却不互相认同，因为北美人喝牛奶是在吃晚饭的时候，此时只喝淡奶。

拉多的主张最主要的理论基础还是美国的结构主义语言学，并在一定程度上吸收了萨丕尔（Edward Sapir）的语言文化理论。而且，从他所列举的例子来看，他所关注的文化主要还仅限于日常生活中的行为文化，与今天文化研究的丰富内涵相比还有很大的局限性。但是，他所讨论的"文化三要素"和"文化迁移"有一点是值得我们关注的，那就是在多元文化的课堂中学习者很可能会因为不认同目的语文化中的某些方面而影响其对目的语及其文化的习得，而且学习者也可能由于不认同其他学习者文化中的某些方面而导致同学关系失和，从而最终导致课堂语言习得的滞后。

在拉多之后，在乔姆斯基语言与心理关系理论①的影响下产生了一系列的习得理论，比如中介语理论、语言共性理论、认知理论、文化融合与语言混合化理论，等等。其中我们关注两个方面，一个是各种习得理论中有关学习者个人因素的部分，另一个是"文化融合与语言混合化理论"中对影响目的语习得的文化因素的分析。前者是某些群体在第二语言学习方面所具有的一些共性，通常称为"学习者个体差异"。这里的"个体差异"其实并不限于某个个人，而是某一类人。所以，从跨文化交际的角度看，不同类别的人也有文化上的差异，他们之间的交流也会产生跨文化的障碍。只是这种"文化"与我们通常所说的某个社会或某个民族的文化概念有所不同，它们不属于某个社会或某个民族，而是属于某个人群罢了。这些人群所持有的文化，一般被称为"群体文化"。②

习得研究所关注的学习者个体差异主要有以下几个：学习者的年龄、学习风格、学习态度、学习动机以及学习者个性（Rod Ellis，1985）③。比如"学习者的年龄"，当我们在习得领域论及这个概念的时候，我们主要指一定的年龄阶段的人群的共同特点，通常人们会将儿童（青少年）跟成年人对立起来讨论这个概念；当人们论及"学习风格"的时候，指的主要是通常采用某些方式去学习的人群，有时候它会涉及不同民族文化背景的学习者，比如欧美学习者跟日韩学习者在学习风格上的差异；学习态度指的是主动与被动的两类学习者；学习动机指的是学习者选择目的语的目的明确与否，而个性也通常分为"外向"和"内向"两类性格不同的人群。因此，上述这些"学习者个体差异"的

---

① 乔姆斯基（Norm Chomsky）1968 年出版了《语言与心理》（*Language and Mind*）一书，讨论语言学对心理学的贡献，引发了心理学界对行为主义心理学的重新审视，推动了认知心理学的发展，后者是二语习得研究的理论基础。详参朱志平《应用语言学——汉语第二语言教学理论概要》，183～208 页。

② 胡文仲：《跨文化交际学概论》，7 页，北京，外语教学与研究出版社，1999。

③ 20 世纪 90 年代以后，"学习策略"也受到较多关注，鉴于"学习策略"在过去几十年里概念的内涵和外延一直不统一，既涉及学习方法，又涉及学习风格，而且也具有与"学习态度""学习动机"等类似的不稳定性，这里暂不纳入讨论，将在汉语第二语言习得部分结合汉语的研究具体讨论。

表现应当也属于"群体文化"所讨论的范围。不过，在这里我们主要关注其中的"学习者年龄"与"学习风格"。这是由于"学习态度""学习动机""学习者个性"这些因素具有较大的可变性与不稳定性，它们会因学习个体的思想、情感而发生变化，尽管它们会在一些人身上表现出群体共性，但是很难在任何一个范围中圈定这样的人群。我们很难说某个班级的学生学习态度都很好或者都不好，学习动机都很明确或者都不明确，性格都很外向或者都很内向，等等。所以这类因素只有当它们跟一些具体的条件（比如针对某个目的语、针对某些确定的人群所做的具体的实验研究）结合起来。所以，我们将它们纳入汉语作为第二语言的习得研究去综述。

艾利斯（Rod Ellis，1985）认为学习者个体差异对第二语言习得的影响主要是：习得顺序、习得速度和最终可能达到的水平。而且，有的研究者认为"习得顺序"跟学习者年龄、学习风格等关系尤其密切。[①] 但是，由于"习得顺序"一直是一个颇多争议的问题，由于多数研究仅限于实验和某一两种语言，研究者在第二语言学习者是否存在一致的"习得顺序"这个问题上始终没有达成共识。

"学习者年龄"之所以被作为"个体差异"的一个参数，主要是因为"关键期"或"临界期"（critical period）假说，该假说认为，人类儿童2～13岁这段时间是大脑发育成熟的主要时期，也是语言发展的主要时期，这个时期人类大脑有很大的可塑性，学习语言容易成功，而在这之后，人进入青春期，大脑的可塑性逐渐丧失，语言学习成功的可能性也因此下降，比如"狼孩"。因此，研究者把这个时期称之为"语言习得的关键期"。[②] 这些研究结论也主要是针对第一语言习得做出的。第二语言习得针对学习者年龄的研究主要关注艾利斯说的三个方面问题，多数讨论集中在这样几个方面：第一，学习第二语言的年

---

① Rod Ellis：*Understanding Second Language Acquisition*，99 页，上海，上海外语教育出版社，1985。

② 转引自刘颂浩：《第二语言习得导论——对外汉语教学视角》，50 页，北京，世界图书出版公司，2007。

龄差异是否是第二语言学习的障碍；第二，学习第二语言的年龄差异是否导致某些语言要素（如语音、语法、词汇）的习得水平差异；第三，学习第二语言的年龄差异是否导致第二语言学习的最终水平差异。总的来说，人们更多关注的是年龄差异给学习者带来的第二语言习得的顺序、速度和水平的影响，而有关学习者因年龄差异形成的人群在文化上的差异并没有引起更多的重视。事实上，青少年作为一个第二语言学习者人群，由于他们在文化上与成年人的差异，他们在第二语言习得上与成年人会有不同的特点，这才是从文化角度对第二语言习得应有的研究。这个问题会在第三节做进一步讨论。

"学习风格"这个因素的研究目前还存在两个问题，一个是研究者对其内涵的解释长期以来没有取得共识，有的人认为"学习风格"是"学习者特有的认知、情感和生理行为"构成的学习方式（Keefe，1979）；有的人则认为是"学习者持续一贯的带有个性特征的学习方式，是学习策略和学习倾向的总和"（谭顶良，1995），等等。另一个问题跟"学习风格"的定义相关，就是学习者的哪些表现属于"学习风格"。由于这两个问题在结论上的不确定性，也导致了"学习风格"的研究进展较慢，而且各说不一。我们认为，在文化因素对第二语言习得影响的层面上讨论"学习风格"，在一定程度上是跟学习者民族文化传统关联在一起的，特别是在多元文化并存的"对外汉语教学"课堂上，来自一定民族文化传统的学习者总是会表现出与同民族学习者一致而与不同民族者有差异的学习方式。关于这一点我们会在第三节做进一步讨论。

习得理论中我们关注的另一个方面是来自"文化融合与语言混合化理论"对影响目的语习得的文化因素的分析。"文化融合与语言混合化理论"形成于不同学者的研究，主要有来自四个方面的研究和观点：（1）舒曼（J. Schumann）提出的第二语言学习者与目的语的社会、心理距离；（2）安德森（J. Andersen）提出的有关第二语言的"本土化"与"适应化"过程；（3）海德堡"皮钦德语"项目的研究（Heidelberg Research Project for Pidgin Germen）；（4）梅塞

(J. Meisel) 的第二语言学习的"隔离态度"和"融入态度"。① 在四者之中，我们主要关注，因为安德森有关第二语言"本土化"与"适应化"过程的研究，主要的关注在环境合适与否时第二语言学习者目的语水平的变化，而有关环境因素的分析却很有限，可以说，他的研究并没有提供更多我们所需要的信息。

舒曼的观点来自于他对哥斯达黎加（Costa Rica）移民阿尔伯特（Alberto）的一项纵向调查。这项调查持续了 9 个月，在这期间，他发现阿尔伯特几乎不与说英语的人群来往，在交际取向和交往倾向上都表现出与英语社会有较大的距离。阿尔伯特从事的是体力劳动，他经常上夜班，白天仅有的同伴是几个说西班牙语的朋友，所以在 9 个月的英语学习中，阿尔伯特进步很慢。舒曼认为这是由于阿尔伯特几乎不接受目的语文化导致的结果。由此，舒曼提出，在学习第二语言的早期阶段，如果学习者与目的语社会或者人群之间社会的或者心理的距离过大时，学习者的目的语水平会呈现出"化石化"的特点。② 舒曼由此提出了产生或消除"社会距离"和"心理距离"的若干因素。③

在"社会距离"方面，舒曼认为，当学习者所在的语言社团与目的语语言社团之间存在如下的正面或负面因素时，学习者目的语的进步会随之加快或者减慢：（1）两个语言社团之间*是否平等*；（2）两个语言社团*是否期望文化相互融合*；（3）第二语言社团很小而且松散或者很大而且紧密；（4）两个语言社团*在文化上是否相适应*；（5）两个语言社团*彼此间是否持积极的态度*；（6）两个社团是否期望第二语言社团能够分享其资源；（7）第二语言社团是否希望长期呆在目的语地区。在"心理距离"方面，舒曼指出，当学习者对目的语存在如下的正面或负面因素时，学习者目的语的进步会随之加快或者减慢：（1）是否

---

① Barry McLaughlin. *Theories of Second Language Learning*. London：Edward Arnold，1987：110—115.

② Ibid.

③ 详见朱志平：《应用语言学——汉语第二语言教学理论概要》，298 页，北京，北京大学出版社，2008。

有语言休克；（2）是否有文化休克；（3）学习动机强与否；（4）是否自我封闭。

从本节的讨论视角出发，我们认为，舒曼所提出的产生或消除"社会距离"的因素偏于强调两个语言社团之间的关系。事实上，结合他所调查的案例来看，更值得关注的是第二语言学习者自身对目的语社团的文化态度，上述的（1）（2）（5）（5）（7）五条都可以从学习者的文化态度来解释：如果学习者自身能够与目的语社团的人平等交友；如果他（她）期望融入目的语社团，且能适应之；如果他（她）对目的语社团持积极态度，且希望在目的语地区带较长时间，等等。那么，他（她）的相应心理距离也会自然缩小或者消弭。

海德堡"皮钦德语"（HRPPG）项目的目的是研究意大利、西班牙移民德语第二语言习得的情况。该调查设立了若干社会因素作为研究参数，比如进入德国的年龄，日常生活或者工作中是否与德国人交友并接触，受教育的程度，等等。调查结果发现"日常生活或者工作中是否与德国人交友并接触"这一项参数跟学习者德语进步的关系最为密切。这项调查从德语作为第二语言的角度进一步证实了舒曼的观点。

与之相关的另一项德语第二语言习得研究是"Zweitspracherwerb italienischer und Spanisher Arbeiter"，简称"ZISA"。该项目的研究者之一梅塞根据调查结果提出，第二语言学习者与目的语的距离可以用两个尺度来衡量，一个是学习阶段，一个是社会心理倾向。而在一定学习阶段，目的语的进步是受社会心理倾向影响的。当学习者对目的语及其社会持"融入态度"时，就推动目的语习得；当学习者对目的语及其社会持"隔离态度"时，目的语习得就停滞不前。可以清楚地看到，与德语第二语言习得有关的这两项研究，都在舒曼的理论框架上有所拓展，前者在"社会距离"的问题上进一步证实了学习者对目的语社团持积极态度时对语言习得的积极影响，后者则从学习者的态度进一步说明了"心理距离"的影响。可以说，这两项研究拓展了舒曼原有的研究框架，证实了舒曼提出的有关社会、心理距离的一些假说。同时，由于二者都是对德语第二语言习得所做的研究，相对于舒曼的英语第二语言习得研究，这是从另一角度对该理论的补充。

上述这些研究在一定程度上指出了文化对第二语言习得的影响，主要是学习者对目的语文化的态度对目的语习得的进步速度与程度的影响。基本结论可以归纳为，当学习者对目的语文化持积极态度时，目的语学习速度就快，学习者就可能在较短时间内达到较高水平，反之则停滞不前。这些研究也引发了一些争论，比如是否应该使用"acculturation"（同化）来说明这一第二语言习得现象，有关社会距离和心理距离的描写和表述是否恰当，等等。总的说来，这些研究还是在语言为主、文化为辅的定位前提下展开的，对文化方面的因素分析相对简单粗疏，而且，比较遗憾的是，我们在此后没有看到类似的研究持续、深入或展开。

二、汉语作为第二语言习得的有关研究

20 世纪 80 年代以来，汉语作为第二语言的教学有了较大发展，在借鉴国外第二语言习得理论的基础上，结合汉语教学的实际产生了一些研究成果。总体看可以分为两个阶段，前一个阶段截至 20 世纪末，以王建勤主编的《汉语作为第二语言的习得研究》（对外汉语教学研究丛书，1997）为标志，这本书总结了近二十年来汉语作为第二语言的习得研究，总体上分为四个方面：偏误分析、中介语研究、习得过程研究、语言能力研究。后一个阶段包含此后的十年，也可以以王建勤主编的三本书《汉语作为第二语言的学习者习得过程研究》《汉语作为第二语言的学习者语言系统研究》《汉语作为第二语言的学习者与汉语认知研究》（汉语教学研究专题书系，2006）为标志。① 从后三本书的书名已经可以很清楚地看出，后十年的研究主要在前二十年的基础上展开，"学习者语言系统"的研究是"偏误分析"与"中介语研究"深入发展的结果与成果，其中"汉语语篇偏误分析"和"汉字偏误分析"是结合汉语研究的产

---

① 这先后两个书系遴选了近 20 年来汉语作为第二语言教学研究中较为重要的有代表性的论文，因此，直接参考它们有助于我们准确概括并评价该领域的研究成果。

物，超出了国外习得理论的框架。此外，有关"汉语认知"的研究也明显吸收了后十年国外心理语言学的研究成果。从文化因素对目的语习得影响这个角度来衡量，这方面没有明显的突破，与文化相关的研究基本上一如其旧，除了汉字方面，基本上遵循国外习得研究的路子，仅在"学习者个体差异因素"这个领域对文化的影响作用略有涉及。

从研究范围来讲，"学习策略"当属"学习者个体差异因素"之一。因为在"学习者个体差异因素"的研究里，人们往往很难把"学习策略"干干净净地择出去。比如，在曹贤文、吴淮南"留学生的几项个体差异变量与学习成就的相关分析"［《暨南大学华文学院学报》，2000（3）］的研究中就重点讨论了"学习成就"跟"学习策略""学习动机""学习态度"等各个因素的关系。不过，《汉语作为第二语言的学习者与汉语认知研究》一书却将其单列为一章。我们揣测编者的心理，一则"学习策略"在语言学习研究历史上有一定的延续性，早在20世纪60年代就开始了，最早是从"学习方法"切入的——把"学习策略"看成一种学习方法。二则是随着认知心理学的发展，一些研究者开始把"学习策略"看成是内隐的学习心理规则系统，逐渐将它纳入习得研究的范围。但是也还有不少研究者继续认为"学习策略"是一种外显的行为手段。这些对"学习策略"不同的定义和解释，把这个研究推向一个方向——"学习策略"有可能为不同的学习者所共享。在这个认识中，"学习策略"的个性特征淡化了，共性特征增强了。三则是与前两个原因相关的现实，在有关"学习者个体差异因素"这个领域有比较多的研究者关注"学习策略"。

鉴于上述理由，本文在这里仍将"学习策略"纳入"学习者个体差异因素"，按照汉语第二语言习得研究兴趣依序讨论，将关注多的因素放在最后。在诸多学习者个体差异因素中，下述几个因素受到较多关注，它们是：语言能力倾向、学习焦虑、学习动机、学习策略。严格地说，"语言能力倾向"研究对文化因素并不关注，这主要是由于，"语言能力倾向"研究的语言基础和心理学基础是结构主义语言学，二者在功能语言学和认知心理学兴起以后都受到了挑战，进入20世纪70年代以后，人们开始讨论，在"学习态度"

(Attitude) 和 "学习能力" （Aptitude） 之间语言教学究竟应该更关注谁的问题①，对语言能力倾向的研究兴趣有所下降。②

"焦虑"是一种个人情感，也常常跟性格这个因素有关，一般来讲性格外向的人很少焦虑，而性格内向的人往往容易产生焦虑的情绪。"学习焦虑"也是第二语言习得中学习者个体差异方面的情感因素。不过，从已有的对"学习焦虑"的研究来看，"学习焦虑"在一定程度上与文化相关，这是对比不同国家学生的"学习焦虑"得出的结果。根据钱旭菁对北京大学 95 名留学生的调查③，"外语学习焦虑存在着明显的国别差异"，比如，日本学生的平均焦虑值明显高于美国学生，这跟美国人与日本人文化心理的差异有关，日本人比较在意别人对自己的看法和评价，担心外语说不好丢面子，所以日本学生学习外语时的自信就不如美国学生。（钱旭菁，1999）这样的结论对多元文化并存的汉语课堂教学很有启发意义，教师在课堂上需要更多地鼓励日本学生，同时还可以利用美国学生学习汉语的自信活跃课堂气氛。这是一个有应用价值的结论。

"学习动机"和"学习焦虑"同属于学习者个体差异的情感因素。当我们面对来自不同文化背景的学习者时，还是会有一些跟文化有关的特点显示出来。一个是学习动机对学习策略的影响。前述曹、吴二人针对 65 名参加 HSK 考试考生的研究，结果发现，好的学习动机可以支配学习策略的选择，最终帮助学习者获得学习成就。（曹贤文、吴淮南，2002）这个研究及其结论从一个侧面表明：学习态度、动机对学习策略的选择或发展有较大影响，而学习态度和学习动机属于跟文化有关系的变量，因为对目的语及其文化的态度也包括在"学习态度"或"学习动机"中，这样一个结论跟前述舒曼、梅塞等人的研究是相关联的。

---

① Stephen D. Krashen & Tracy D. Terrell. *The Natural Approach*. London：Phoenix ELT，1995：39—41.

② 应当指出，这里"语言能力倾向"中的"语言能力"跟乔姆斯基提出来的"语言能力"不同，后者指人类普遍具有的获得语言的能力。（朱志平，2008：183—211）

③ 这项调查涉及的学生中有美国人 30 名，日本人 31 名，这两个数字比较接近，明显可以作为两个对照组，其结论在文化因素方面更具有可分析的价值。

有关学习动机的研究，值得一提的是"对东西方学生学习动机及相关因素的调查和分析"（陈郁，2000），这样一项研究也使得"学习动机"这个可变性较强的因素相对稳定而且产生了一定的文化差异。作者调查了北京语言文化大学的三类学生：124 名韩国学生、132 名欧美学生、108 名中国学生。作者主要调查了学习者两个方面的因素，一个是跟学习动机有关的因素，一个是跟学习策略有关的因素。结果发现以美国学生为代表的西方学生，以中韩学生为代表的东方学生具有学习动机的差异，西方学生的学习动机主要是内因性动机，学习动机多出自本人内在的兴趣；而东方学生则以外因性动机为主，学习动机多与社会、家庭的要求相关，有外来压力。与之相关的学习策略和方法也就有一定的差异，美国学生注重课堂的多样性、灵活性和趣味性，而中韩学生则更喜欢循规蹈矩，遵照教材，不喜欢变动较大的课堂教学设计。① 我们认为，这项研究的价值在于通过对东西方学生学习动机和学习策略关系的调查向我们展示了"学习动机"的文化背景因素。既然"学习动机"与"学习策略"紧密相关，我们下面就来专门讨论跟"学习策略"有关的研究。

在有关"学习者个体差异因素"中汉语作为第二语言习得研究关注最多的还是"学习策略"。有这样几方面的研究：一个是对国内外"学习策略"研究综述、阶段划分，一个是针对汉语学习者或者成功的韩语学习者进行的实验、调查与分析，一个是对某些策略的单项研究，比如汉字学习策略、母语借用策略、回避策略等。在研究方法上有两个特点，一个是沿用国外的理论和量表进行汉语领域的实验、调查，一个是从教学实际中归纳参数，进行调查，有一定的汉语特点。从研究目的看，更多的研究者还是希望通过研究探索找到学习者可以共同分享的成功"学习策略"。这样的研究目的和研究方法使得这些研究成果在两个方面与文化因素分析相关：一个是东西方学习者在"学习策略"上的差异，特别是表现在汉字学习上，比如亚洲学生比欧美学生更常用"情感策

① 这里还有教育背景因素，两类学生所受教育来自完全不同的文化传统，所受教育理念的影响也不相同，这对学习策略的采用也有很大影响。

略"（江新，2000），而欧美学生在学习汉字的时候更倾向"整体字形记忆"（江新、赵果，2001），等等。

　　综上所述，不论是关于"学习焦虑""学习动机"还是关于"学习策略"的研究，三者中明显与文化因素有关的主要集中在东西方不同文化背景学习者差异上。这种差异与我们在前文讨论过的学习者对目的语社会的态度关系不大，但是与学习者所生长的社会背景有很大关系。也就是说，汉语中的研究基本上沿袭了国外第二语言习得研究中有关"学习者个体差异因素"的研究，而且研究基本上集中在"学习焦虑""学习动机""学习策略"这三个次级领域。而对有关"文化融合与语言混合化理论"的研究基本上未加关注。

　　这一研究趋向显然也跟我们在第一节讨论过的有关文化教学的定位有一定关系。同时也与这些研究基于多元文化并存的语言课堂有关，当多元文化并存于一个教学场所时，最明显的文化差异莫过于东西方的差异了。而且，在多元文化并存的条件下研究者也会更加注意学习者的共性，这样容易展开研究，只可惜它不能为我们提供更多的信息。

三、关注文化的研究视角

　　从文化看第二语言习得还有三个方面：社会文化理论、语言国情学、跨文化交际学。这些理论更多地与文化相关，对我们思考文化对汉语第二语言习得影响的问题会有帮助。进入 21 世纪以来，第二语言习得研究开始出现"认知和社会文化二分的路径"（王立非，2006：书序），其中的"社会文化"趋向被认为是受到了"社会文化理论"的影响。

　　"社会文化理论"最早由苏联心理学家维果斯基（Lev Vygotsky，1896－1934）提出。王立非把维果斯基的主张概括为三点：（1）一切复杂的心理活动都是在交流过程中形成的；（2）心理机能最初存在于人际间，随后逐渐成为内部的心理机能；（3）心理发展最重要的因素是掌握凭借词语传递的全人类经验。（David Singleton，2006：世图版序）因此，维果斯基主张人类心理机能的研究要结合社会文化历史的研究来进行，而且由于人类使用工具与符号的能力会影响心理机能的发展，所以符号特别是人类的语言文字对社会活动和文化活动的内化都会起到至关重要的作用。（刘颂浩，2007）

维果斯基的研究当初主要是针对儿童心理发展和儿童教育，他的研究属于苏维埃政权建立初期苏联学者致力于在学术上与西方学术界抗衡的努力之一。由于苏联政治上的原因，维果斯基的观点曾一度沉寂，20 世纪 60 年代以后重又引起重视。在他之后，比较多的学者在各自的领域里拓展了维果斯基的研究框架，比如，另一位教育心理学家列昂节夫（1903～1979）也是维果斯基观点的支持者，他提出的"活动理论"成为苏联外语教学改革的理论依据，在此基础上形成了苏联著名的"自觉实践法"。

韦列夏金（Е. М. Верещагин）和科斯托马罗夫（В. Г. Костомаров）20 世纪 70 年代在俄语作为第二语言的教学方面提出的"语言国情学"（лингвострановедение）则是维果斯基的观点的延续，该理论认为任何语言中的词语都携带有一定的民族文化成分，语言单位的意义中包含着一个民族代代相传并记录下来的内容，这些内容跟该民族生活的自然环境、地理条件、经济发展情况以及国家的社会制度、文学艺术，乃至日常生活、风俗习惯都密切相关，因此，某种特定语言中的各个要素（包括语音、语法等）均有一定的文化特征。第二语言教学必须关注这些文化特征。（朱志平等，2011）

维果斯基的观点 20 世纪 80 年代以后也逐渐受到西方学者的关注，并与西方其他一些学者的研究形成呼应。比如"语言社会化学说""对话理论""批评理论"等。（David Singleton，2006：世界图书出版公司版序言）它们在 21 世纪形成一种影响：应当将"社会文化"纳入第二语言习得研究的框架。关注"社会文化"的习得研究实际上并不直接研究社会文化，而是主张在交际过程中观察目的语习得。其中维果斯基的"最近发展区（潜在发展水平与实际发展水平之差）"理论被认为可以应用到第二语言习得方面，让学习者通过与母语者的互动实现自我调节。

跨文化交际学作为一门学科始于 20 世纪 60 年代，到 80 年代已经发展比较成熟。（胡文仲，1999）在欧美国家，跨文化交际学主要集中讨论跨文化交际中交际双方的文化背景对交际过程的影响，较多涉及我们在第一节讨论的第一层文化对第二层文化的影响，而且主要关注点是语言交际之外的文化冲突。但是，跨文化交际研究的案例却是可以将第二语言习得者包括在内的。也就是说，第二语言习得过程中出现的跨文化现象并未超出该理论的研究范围。

综上所述，我们认为在考虑文化因素对第二语言习得影响的时候，有两个方面是要关注的：第一，目的语本身所携带的文化学习者是否已经习得，其习得过程如何（是否发生文化冲突）？这是社会文化理论与国情语言学给我们的启示。第二，第二语言学习者在目的语交流过程中有哪些文化因素介入？它们怎样影响二语习得？这是社会文化理论与跨文化交际学给我们的启示，也是我们前面对国外传统二语习得研究和汉语二语习得研究分析所得出的结论。由于我们在本书的第二章、第三章有关词语习得部分已经讨论了前一个问题，下面在第三节将着重讨论第二个问题。

第三节　多元文化并存的目的语课堂与学习者汉语习得的关系

从 20 世纪已有的第二语言习得研究看文化跟第二语言习得的关系，研究局限是很明显的。首先是语言系统观、静态观的影响，当人们把语言看成一个系统研究的时候，在理念上对习得研究的影响就是关注学习者对目的语系统的习得过程，在这种关注下，中介语系统、习得顺序、母语干扰等就成为第二语言习得研究的主要领域。其次是心理学的行为主义和认知观的影响，人们把第二语言习得看作单纯的学习行为或心理认知过程，忽略社会环境对第二语言习得的影响。再次就是对语言和文化关系在教学上的定位偏移的影响，把文化看成是外在的，与内在语言系统和心理过程无关的因素，目的语文化也顶多是附加因素，遑论学习者母语因素。其结果是缺乏至少两个方面的研究，一个是对目的语作为文化载体与所载文化关系的关注不足，从而未能从对比的角度看到目的语习得中的文化障碍；另一个是对学习者母语文化与目的语文化之间在交流过程中的互动研究不足，从而忽略了由此产生的目的语习得问题。

限于篇幅和研究目的，这里主要集中谈后一个问题，而且集中讨论母语文化与目的语文化交流过程中的一个侧面。这里的"多元文化并存的目的语课堂"主要指不同母语学习者同在一个课堂学习，教师与学习者的母语也不相同。"对外汉语教学"的课堂多半是这种教学环境，因为大多数对外汉语教学机构的教学方式是按照学习者水平编班，而同一水平的学习者可能来自不同母语文化背景。因此，课堂的文化环境往往是多元的。根据本章第一节的讨论"多元文化并存的目的语课堂"中所产生的文化冲突有可能更多是"观念文化"和"制度文化"，而且由于"观念文化"往往通过文化携带者的行为表现出来，所以，"制度文化"及其相关的行为文化就是我们在多元文化课堂上关注的重点。

在多元文化并存的汉语课堂上，可能出现两种文化冲突，一种是目的语文化和学习者母语文化之间的文化冲突，一种是不同学习者母语文化之间的冲突。（朱志平，2008）前一种往往出现在教师、教材与学习者之间，后一种往往出现在学习者之间。两种冲突都有可能导致"情感过滤"，减慢汉语习得速度和习得质量。前一种冲突的缓解或避免，其主动权更多地掌控在教师手中，也就是说，教师是否善于及时发现问题，调节自己跟学习者的关系，课堂气氛会因此有很大的不同。后一种冲突的产生或消减的因素很多：教师、学生座位摆放方式、学生文化背景组成、学生所坐位置与周边就座的其他学生的关系等，都有可能产生影响。由于上述这些因素有可能通过教师的安排产生变化，所以，缓解或避免冲突，教师还可以占据相对主动的地位。前一种冲突我们已经讨论过①，后一种冲突虽然也有论及但主要是从学习者文化背景与文化冲突关系的角度进行讨论，还缺乏从汉语习得角度的课堂实证研究，这里集中讨论后者。

---

① 参见朱志平：《应用语言学——汉语第二语言教学理论概要》，406～409页，北京，北京大学出版社，2008。

一、研究背景

如上所述，在多元文化并存的第二语言课堂里学习者之间文化冲突的产生与消减涉及因素很多，具体都有哪些因素，有经验的教师也许可以一一列举，但是这只是一种经验性的估计。为了清楚地了解哪些因素介入了冲突，我们采用课堂观察笔记的方式做了一个系列调查①，根据调查获得的资料进行案例分析。调查分别在秋季和春季两个学期进行，我们选定了 3 名有经验的汉语教师的课堂，这三名教师均有六年以上从事对外汉语初级阶段汉语教学的经验，虽然有个人风格上的差异（下面的案例分析中会根据课堂观察笔记提到），但都是非常受学生欢迎的教师，期末学生给出的教学评估平均分都在 90 分以上，所以，我们在这里基本上忽略对教师本人的评价，侧重讨论课堂上产生的各种情况，包括教师的处理办法对消弭文化冲突、促进跨文化交流以及营造课堂学习气氛的影响。为了尊重各位教师，这里隐去了三位教师的姓名，仅以教师 A、教师 B、教师 C 代称。

为了保证资料收集的完整性，研究者先后在两个学期里观察了三位教师的课堂，每个学期观察两到三次。这三位教师在两个学期里先后各教两批学生，分属春季和秋季学期入学，所以课堂观察笔记一共记录了六个班的课堂情况。这六个班均为零起点水平（调查时间是入学后 1～2 个月，这时学生相互之间已经熟悉）。② 下面分别介绍每位教师两个班的课堂（称为课堂 1 和课堂 2），以突出对比。调查前已知基本信息与所确定的基本方法如下：

---

① 课堂观察记录者：陈晨，北京师范大学汉语文化学院 2009 级对外汉语教学专业硕士生。导师朱志平。课堂观察笔记由陈晨做第一次整理，由朱志平做第二次整理、转述与分析。

② 这样安排调查的目的有两个：一个是保证被调查班级的教师不是没有能力控制课堂的新手，一个是保证学习者是第一次走进多元文化并存的汉语课堂，以便观察多元文化的融合过程，以此减少分析过程的变量。

材料来源：课堂观察笔记

调查方法：课堂实录与课堂观察分析

学生水平：零起点～初级

课型：初级读写

调查时间分布：两个学期，每个学期开学后 1～2 个月，每个班的课堂调查两到三次，每次 45～90 分钟。以保证观察的情况相对真实、稳定。

课堂记录原则与材料整理方法：（1）完全忠实记录一堂课上发生的每个细节，包括学生座位分布，口语表达反应的时间；（2）对实录材料进行两次整理，提炼与文化冲突相关的细节；（3）三次课（或两次课）调查结果相差不大，如无特殊情况则将三次课（或两次课）的情况合为一个案例，以突出其典型性。

二、研究过程

（一）教师 A 课堂实录与分析

课堂 1

课堂实录时间：2009 年 12 月 3 日、23 日、24 日上午共计 5 个 45 分钟。（三次课共计 225 分钟合并叙述）

出席学生人数：额定 18 人，三次调查到课的人数分别为 15 人、16 人、17 人。

学生文化背景：泰国 7 人，印尼 6 人，日本 2 人，韩国 1 人，共来自 4 个国家。

学生性别组成：男生 5 人，女生 11 人。

学生座位分布：教师讲台左前 4 人，教师讲台正前 7 人，教师讲台右前 5 人。①

---

① 三次课分布差别不大，合为一次叙述。

活跃学生分布①：教师讲台左前 2 人，教师讲台正前 2 人，教师讲台右前 2 人。

师生交流反应时：1～3 秒。（最快的学生用 1 秒回答，多数学生用 2～3 秒）

教师主导特点：关注全班交流，不依据座位顺序提问，引导不同方位的学生互动；鼓励学生主动回答问题。

课堂或课间特点：学生互相开玩笑，比如使用"让"这个词练习，有的学生会说"我让他大便"，然后引来全班大笑；学生之间常常互相提示交际内容；课间学生互赠圣诞礼物。②

课堂情况说明：（1）5 名男生中有 3 名比较活跃，10 名女生有 3 名比较活跃，他们分别坐在教师左前、右前和正前，使课堂交际分布比较均匀，对周边的学生有带动作用，整个课堂都比较活跃；（2）母语相同的学生相邻而坐，但活跃的学生不一定相互紧挨着坐，班里唯一的韩国学生坐在离教师讲台和其他学生最远的角落；（3）这个班的学生都是亚洲学生，东南亚学生 13 人，日韩学生 3 人，泰国男生 1 人、印尼男生 1 人和日本男生 1 人都很活跃，泰国女生 3 人、印尼女生 2 人、日本女生 1 人相对活跃，仅唯一的韩国女生比较沉默；（4）16 个人中 6 人活跃，占三分之一。

课堂情况分析：（1）活跃的学生会带动周围其他学生，使课堂气氛随时间推移逐渐活跃起来，形成交际活跃区；（2）母语文化单一的学习者可能在课堂上自我孤立，这个课堂上比较沉默的是韩国学生；（3）东南亚和东亚也有可能形成亚文化差异区；（4）三分之一学生活跃可以提升整个课堂气氛；（5）母语相同的学生坐在一起不完全是因为志趣相投，主要是为了交流方便，可以用母语互相帮助；（6）教师的鼓励与活跃学生的带动使整个课堂气氛轻松。

课堂 2

课堂实录时间：2010 年 3 月 9 日、16 日上午共计 4 个 45 分钟。（两次课共

---

① 45 分钟之内主动发言两次或以上者，或三次课均主动发言者为表现活跃，余仿此。

② 最后一次调查时间是 12 月 24 日，为平安夜。

计180分钟合并叙述）

出席学生人数：额定17人，第一次调查13人，第二次调查16人。

学生文化背景：泰国4人，印尼8人，日本2人，韩国2人，美国1人，共来自5个国家。

学生性别组成：男生4名，女生13名。

学生座位分布1：教师讲台左前2人，教师讲台正前8人，教师讲台右前3人。

学生座位分布2：教师讲台左前5人，教师讲台正前7人，教师讲台右前4人。

活跃学生分布1：教师讲台左前2人，教师讲台正前0人，教师讲台右前3人。

活跃学生分布2：教师讲台左前0人，教师讲台正前4人，教师讲台右前1人。

师生交流反应时：1～3秒。（最快的学生用1秒回答，多数学生用2～3秒）

教师主导特点：分层次练习，从齐读到分读到互读（一人读一人听），连续提问，对课堂交际主导性较强。

课堂或课间特点：学生之间有交流，谈及有意思的事时大家一起笑；学生之间常常互相提示交际内容。

课堂情况说明：（1）4名男生中有3名比较活跃，13名女生有5名比较活跃，他们集中坐在教师讲台左前和正前，使这两个区域成为课堂交际中心区；（2）16人中8人活跃，占全班总数一半；（3）母语相同的学生相邻而坐，比较集中，比如印尼学生都坐在中间，但活跃的学生不一定相互紧挨着坐；（4）这个班以亚洲学生为主，多数是东南亚学生，仅有一名美国学生。

课堂情况分析：（1）活跃的学生会带动周围其他学生，使课堂气氛随时间推移逐渐活跃起来，形成交际活跃区；（2）母语文化单一的学习者可能在课堂上自我孤立，这个课堂上美国学生相对沉默一些；（3）亚文化差异不明显；（4）一半学生活跃可以提升整个课堂气氛；（5）母语相同的学生坐在一起有文化因素，也不排除是为了交流方便，用母语互相帮助。

教师 A 课堂 1 与课堂 2 综合对比分析：

（1）在两个班的课堂上同一个教师采用的主导方式并不相同，在课堂 1，教师比较鼓励学生主动发言，形成自主互动，在课堂 2，教师则更多地控制整个课堂。这与学生的实际情况有关系，课堂 1 学生活跃区分布较为均匀，活跃学生对其他学生带动作用较强，课堂 2 有两名学生尤其活跃，活跃区分布不均匀，文化背景也比较复杂，涉及五个国家学生（课堂 1 仅四个国家）。这一方面说明有经验教师会根据课堂情况来调整教师主导方式；另一方面也表明学生文化背景对课堂气氛的形成有明显影响，来自不同文化的学生如果不能形成文化群（仅有一人），在零起点或者初级阶段的班级课堂中有可能形成"文化孤岛"（在课堂 1 是韩国学生，课堂 2 是美国学生），从而使文化差异或者亚文化差异凸显出来。

（2）性格活跃的学生均匀分布在教师讲台的不同位置，比如在课堂 1 是两两分别分布在教师的三个位置，有助于整个课堂气氛的营造与烘托。

（3）男生与女生的比例在课堂 1 和课堂 2 之间没有很大差别，两个班分别是 5：11 与 4：12，大致可以看得出来，在女生占优势的这两个课堂里，男生是否活跃对课堂气氛的营造有很大影响。

（4）同母语或同文化学生集中坐，在人数较少的情况下并不对课堂气氛形成影响（比如课堂 1 的两三个人坐在一起），一般情况下有助于学习者用母语交流达到互相帮助共同进步的目的，不过当人数较多时（比如课堂 2 的 7～8 人坐在一起）就有可能形成较大文化群，导致产生不同文化之间的隔阂，最终影响课堂气氛的营造。

（5）课堂 1 和课堂 2 在入学时间上有一定差异，课堂 1 是入学两个月以后（9 月中旬开始上课，10 月初放假一周，12 月初开始观察课堂），课堂 2 是入学后一个月内。因此，课堂 2 产生的不活跃性、文化互融度低等因素应当跟学生相互熟悉程度有关。

（二）教师 B 课堂实录与分析

课堂 1

课堂实录时间：2009 年 12 月 1 日、25 日、31 日上午共计 6 个 45 分钟。

（三次课共计 270 分钟合并叙述）

出席学生人数：额定 16 人，三次调查人数分别为 15 人、6 人①、14 人。

学生文化背景：泰国 3 人，印尼 3 人，越南 2 人，俄罗斯 2 人，德国 1 人，澳大利亚 1 人，英国 1 人，美国 1 人，马达加斯加 1 人，印度 1 人，共来自 10 个国家。

学生性别组成：男生 10 人，女生 6 人。

学生座位分布 1：教师讲台左前 3 人，教师讲台正前 8 人，教师讲台右前 4 人。

学生座位分布 2：教师讲台左前 2 人，教师讲台正前 4 人，教师讲台右前 0 人。②

学生座位分布 3：教师讲台左前 5 人，教师讲台正前 6 人，教师讲台右前 3 人。③

活跃学生分布：教师讲台左前 2 人，教师讲台正前 6 人，教师讲台右前 1 人。④

师生交流反应时：1～3 秒。（最快的学生用 1 秒回答，多数学生用 2～3 秒，少数学生要用 6～10 秒）

教师主导特点：分层次练习，从带读到分读，提问，教师对课堂交际主导性较强。

课堂或课间特点：学生之间有一定交流；学生之间常常互相提示交际内容。

课堂情况说明：（1）10 名男生中有 4 人（来自越南、俄罗斯和印尼）比较活跃，5 名女生中有 3 人（来自澳大利亚、印尼和泰国）比较活跃，他们集中

---

① 这一天正好是 12 月 25 日，学校允许笃信基督教或本国有庆祝圣诞节风俗的学生自行休假，但班级课程照常进行。

② 第二次课圣诞节，6 人到课。

③ 第三次课 14 人到课。

④ 虽然三次课学生人数不同，但学生就座位置没有变化。

坐在教师正前，使这个区域成为课堂交际中心区，尽管教师左前和右前也有一两名活跃的学生，但是并未对周边其他人产生影响；（2）16 人中 9 人活跃，占全班总数三分之二；（3）母语相同的学生并不相邻而坐，但活跃的学生坐得比较集中；（4）这个班的学生来源复杂，除泰国、印尼各有 3 人，越南、俄罗斯各有 2 人以外，其余 6 个国家每个国家一人。

课堂情况分析：（1）几个活跃的学生会带动周围其他学生，使课堂气氛随时间推移逐渐活跃起来，形成交际活跃区，但一两个活跃学生并不形成活跃中心区，这个情况有两个可能，一个是班级水平不平均，越南、印尼、泰国学生水平略高，二是文化背景繁多，学生之间沟通不畅；（2）水平差的学习者可能在课堂上相对孤立，因为他们反应速度慢；（3）亚文化差异不明显；（4）水平与文化差异使活跃学生对班级影响有限；（5）男生居多且文化不一的班级里难以形成较为集中的活跃中心。

课堂 2

课堂实录时间：2009 年 3 月 9 日、15 日下午共计 4 个 45 分钟。（两次课共计 180 分钟合并叙述）

出席学生人数：额定 18 人，两次调查人数均为 16 人。

学生文化背景：印尼 9 人，美国 2 人，日本 2 人，泰国 1 人，印度 1 人，菲律宾 1 人，共来自 6 个国家。

学生性别组成：男生 7 人，女生 9 人。

学生座位分布：教师讲台左前 2 人，教师讲台正前 9 人，教师讲台右前 5 人。

活跃学生分布：教师讲台正前 9 人，除 2 人外，7 人均为印尼学生。

师生交流反应时：（未记录）

教师主导特点：用 PPT 导读并且练习，教师对课堂交际主导性较强。

课堂或课间特点：学生之间有一定交流，课上交流主要集中在教师正前方；学生之间常常互相提示交际内容。

课堂情况说明：（1）16 名学生中印尼学生比较活跃，坐在讲台正前方，加上两名泰国、菲律宾学生，形成一个东南亚文化活跃区，与左右两侧学生的沉默形成鲜明对照；（2）16人中9人活跃，占全班总数三分之二；（3）母语相同的学生并不一定相邻而坐（比如两名日本学生，一男一女），但活跃的学生坐得比较集中；（4）水平高的学生坐得比较集中，左右两侧也有印尼学生，但不与坐在正前活跃区的学生形成呼应。讲台正前方与讲台左右两侧形成水平高低和活跃与否的鲜明对照。

课堂情况分析：（1）虽然有一批学生比较活跃，但是并没有带动周边学生，而是形成一个"活跃岛"。（2）"活跃岛"应该跟两个因素有关，一个是文化差异，坐在两侧不活跃的学生主要是美国、日本、印度以及生长在澳大利亚的印尼学生，从文化背景看，这些学生跟印尼、泰国、菲律宾形成亚欧文化或东亚/东南亚文化差异；另一个因素是学习者水平，从课堂笔记看，两侧不活跃的学生口语、听力或阅读能力都比中间的学生，课堂反应比较慢，无法实现课堂自然交际与沟通。（3）文化差异与水平差异明显。（4）水平与文化差异使活跃学生对班级影响有限。（5）男女生比例对课堂气氛是否活跃不成为影响因素。

教师B课堂1与课堂2综合对比分析：

（1）在两个班的课堂上同一个教师采用的主导方式基本相同，这应该既跟该教师的教学风格有关系，也跟这两个班级的课堂特点有关，课堂1的基本特点是"文化多元"，16个学生来自10个国家，而且缺乏引领不同文化的"文化中心"，学习者文化相互融合程度比较浅；课堂2包含的文化元少于课堂1，但也有6个国家，不过，由于印尼学生占大多数，团结较紧密，也形成一个以印尼文化为核心的东南亚文化"活跃岛"，客观上将其他文化的学生排挤在外，从而使文化差异凸显出来。

（2）课堂1和课堂2的共同特点是活跃学生坐得比较集中，但是对周边其他学生不形成带动性影响，而且活跃学生与水平高的学生基本上是同一人群，他们在课堂上形成另一种"文化岛"——汉语水平差异文化岛。

（3）男生与女生的比例在课堂1和课堂2之间没有很大差别，课堂1的特点是男生占优势（10∶5）；课堂 2 的特点是女生占优势（9∶7），课堂 1 的男生或女生并不产生任何性别引领作用，课堂 2 的男生在小范围内，即在东南亚学生中对活跃中心的形成有一定影响。

（4）不是所有同母语的学生都集中就座，这跟学生的人数、性格、性别都有关系，比如课堂 1 的印尼学生（3 人）、泰国学生（2 人）、俄罗斯学生（2 人）、越南学生（2 人）都是前后坐或者分坐在课堂两个角落，没有并排坐；课堂 2 的大部分印尼学生集中坐在一起，但是日本学生分坐在教室两个角落。从这两个课堂看，同母语坐在一起主要是形成一种课堂优势，而不主要是互相帮助。

（5）教师 B 的课堂 1 和课堂 2 在调查与入学时间的时段上跟教师 A 相同。

（三）教师 C 课堂实录与分析

课堂 1

课堂实录时间：2009 年 12 月 4 日、25 日、30 日上午共计 6 个 45 分钟。（三次课共计 270 分钟合并叙述）

出席学生人数：额定 18 人，三次调查到课的人数为 16 人、11 人、12 人，以 16 人计算。

学生文化背景：泰国 3 人，印尼 7 人，日本 3 人，韩国 2 人，加拿大 1 人，墨西哥 1 人，哈萨克斯坦 1 人，共来自 7 个国家。

学生性别组成：男生 8 人，女生 10 人。

学生座位分布：教师讲台左前 3 人，教师讲台正前 7 人，教师讲台右前 6 人。

活跃学生分布：教师讲台左前 3 人，教师讲台正前左侧 2 人，教师讲台正前右后 2 人，教师讲台右前 1 人，教师讲台正前右侧 1 人。

师生交流反应时：1～3 秒。（最快的学生用 1 秒回答，多数学生用 2～3 秒，少数学生用 4～6 秒）

教师主导特点：师生互动比较频繁，但是生生互动相对较少；教师对课堂的主导性较强。

课堂或课间特点：学生之间常常互相提示交际内容；同学之间有课间交流。

课堂情况说明：（1）相较之下，女生比较活跃，10 名女生中 6 人比较活跃，分坐在教师讲台左侧和正前左侧、正前最后一排、右侧三个位置；8 名男生有 4 人比较活跃，分坐在教师左前最后一排、正前左第二三排、正前右侧一排，与女生形成互补；整个课堂从左到右活跃区可以分成三块：课堂左侧、课堂后面、课堂右侧。但是，活跃学生对周边其他学生的影响因人而异，比如左侧后面有两名学生，最后一排的加拿大男生逐渐融入前排日本、泰国女生、印尼男生的互动，但左侧中间一排的韩国男生始终无动于衷。（2）印尼学生、日本学生相邻、前后就座，但活跃的学生并不对同母语其他学生产生带动作用，活跃学生形成的"活跃岛"文化是多元的，比如来自印尼、泰国、日本这三个国家的女生坐在讲台左侧第一排，另一位泰国男生坐在左侧第二排（日本女生后面），班里唯一的加拿大男生、墨西哥男生坐在左侧第三排，他们六人形成一个"活跃岛"，最后一排的这两位男生是第二、三次课堂观察才显出活跃来的。（3）这个班的学生主要来自亚洲，以东南亚为主，只有两名来自美洲，但是并没有明显的由于文化差异形成的"活跃岛"，相反，这个课堂上的"活跃岛"是由多元文化形成的。（4）16 个人中 10 人活跃，占三分之二。

课堂情况分析：（1）活跃的学生会带动周围一些学生，使课堂气氛随时间推移逐渐活跃起来，形成交际活跃区，但前提是被带动学生的汉语水平能跟上带动者；（2）母语文化单一的学习者可能在课堂上自我孤立，也可能摆脱孤立，这个课堂上有三个男生分别来自加拿大、墨西哥和哈萨克斯坦，但前两人在课程后期都摆脱了孤立，从这一点上讲，教师有比较大的主导空间；（3）这个课堂上的亚文化差异主要是汉语水平，不排除个性；（4）三分之二的学生活跃总体上提升了课堂气氛，但还是有一些"死角"，这说明活跃学生的带动作用有大有小，应该跟班级同学关系以及学生个性有关；（5）母语相同的学生坐在一起既可能有助于互相帮助，也会导致文化群体内部相互牵制，这个课堂的右侧角落有四位印尼学生，但是只有靠教室中间的一位相对活跃，讲台正前中间有三位日本学生，只有一排左侧的一位比较活跃。

课堂 2

课堂实录时间：2010 年 3 月 4 日、11 日上午共计 4 个 45 分钟。（两次课共计 180 分钟合并叙述）

出席学生人数：额定 13 人，两次调查均为 13 人，以 13 人计算。

学生文化背景：泰国 2 人，印尼 3 人，日本 2 人，韩国 2 人，美国 2 人，西班牙 1 人，荷兰 1 人，共来自 7 个国家。

学生性别组成：男生 6 名，女生 7 名。

学生座位分布 1：教师讲台左前 2 人，教师讲台正前 5 人，教师讲台右前 3 人。

学生座位分布 2：教师讲台左前 3 人，教师讲台正前 7 人，教师讲台右前 3 人。

活跃学生分布 1：教师讲台正前左侧 3 人，右后侧 3 人，教师讲台右前 3 人。

活跃学生分布 2：教师讲台左前 1 人，教师讲台正前 4 人，教师讲台右前后排 1 人。①

师生交流反应时：（未记录）

教师主导特点：提问频繁，连续提问，对课堂交际主导性较强。

课堂或课间特点：有学生迟到，多达 13 分钟；学生与教师配合较好，反应积极。

课堂情况说明：（1）6 名男生中有 4 名比较活跃，7 名女生有 4 名比较活跃，他们有 6 人在教室讲台正前分坐在左侧、后排正前右侧，呈 U 字形，有 3 人坐在教室讲台右侧，形成两个活跃区域；（2）13 人中 8 人活跃，占全班总数大半；（3）母语相同的学生不一定相邻而坐，但是水平相近、活跃度相当的学生坐在一起；（4）这个班亚洲学生居多，占三分之二。

课堂情况分析：（1）活跃的学生对周围其他学生有一定带动作用，但不明显，活跃区会随着学生移位发生转移；（2）母语文化单一的学习者在这个课堂上由于学生本人活跃度高并不孤立，相应的一些听说能力差的学生会表现出孤立或沉默，比如这个课堂上的两名日本学生；（3）文化差异不明显；（4）大半

---

① 由于活跃学生移位形成分布变化。

学生活跃使整个课堂气氛有所提升；（5）母语相同的学生做得比较靠近，有文化因素，也不排除是为了交流方便，用母语互相帮助。

教师 C 课堂 1 与课堂 2 综合对比分析：

（1）在两个班的课堂上同一个教师采用的主导方式基本相同，主要是师生互动，生生互动相对较少。这可能跟教师的个人教学风格以及班级学生的情况有关系，从学生来看，这两个班的文化背景组成比例接近，男女生比例也相当，因此，没有因为文化人数多寡比例悬殊而形成文化聚集区或者文化孤岛，课堂 1 虽然有 7 名印尼学生，且坐得比较近，但没有形成文化聚集区，这些学生中的三个分别于其他文化的学生形成"活跃岛"，在这两个课堂中都表现出一种"水平效应"，即水平高的学生聚在一起。

（2）活跃学生的分布对课堂气氛的带动会有影响，比如在课堂 1 教师讲台左侧前排活跃的学生对后排的学生有带动作用，另外，活跃学生的自主位移会造成"活跃岛"位移，比如课堂 2。

（3）男生与女生的比例在课堂 1 和课堂 2 之间没有很大差别，两个班分别是 8：10 与 6：7，课堂 1 女生产生较大影响，课堂 2 则不明显。

（4）同母语的学生就近坐既有好处也有问题，好处是可以互相帮助，问题是形成文化聚集区，不与其他文化的学生产生交流，或者交流较少。

（5）课堂 1 和课堂 2 在入学时间上的差异与教师 A 的一致。

三、讨论

回到第二语言习得理论，携带不同母语文化的学习者相互之间是否产生文化冲突，这在一定程度上既跟舒曼等人提出的"社会距离""心理距离"等理论（Barry McLaughlin，1987）相关，也跟克拉申等人提出的"情感过滤"（Stephen D. Krashen & Tracy D. Terrell，1995）假设有关。因为这涉及携带一定文化的学习者对其他文化的态度，当然也跟"学习者个体差异"的诸多因素有关，因为涉及不同的学习风格、学习动机或学习策略，等等。这些冲突如果处理不当，就会在课堂上产生"情感过滤"，但克拉申仅仅谈到了"情感过滤"

作为一种促进习得或阻碍习得的条件或表现，但却没有具体分析"情感过滤"的原因，我们认为，"情感过滤"产生的因素很多，其中一部分来自文化，要从文化上找原因。

以上整理分析了三位教师 6 个课堂，共 15 次课的课堂实录。上面的因素分析略去了语言学习或教学内容，集中讨论多元文化的课堂里学习者文化对课堂氛围营造的影响。主要关注课堂活跃气氛产生的一些基本条件。当整个课堂的气氛都很轻松时，学习者感到这一点，他们对课堂环境的紧张、倦怠、敌意、抵制等就会渐渐消融，他们的情感过滤自然就会下降，课堂就有可能成为目的语自然习得的场所。这正是大多数教师致力追求的境界。

从上面的分析来看，有几个因素是值得重视的：第一，学习者的人数，有多少人上课对课堂活跃的气氛营造是有关系的，在三位教师 15 次课堂中，人数最少的一次是 6 人，最多的一次 17 人。

表 6-1

教师 课堂	A1	A1	A1	A2	A2	B1	B1	B1	B2	B2	C1	C1	C1	C2	C2
课次	1	2	3	4	5	1	2	3	4	5	1	2	3	4	5
人数	15	16	17	13	16	15	6	14	16	16	16	11	12	13	13
课堂 气氛①	好	好	一般	好	较好	好	差	好	较好	较好	较好	好	好	好	好

表 6-1 显示，当课堂人数只有 6 人时，课堂气氛是比较差的，10 人以上的课堂气氛都不错，而当课堂人数达到 17 人时，也出现气氛不佳的状态，主要是教师对课堂气氛的控制力减弱，会产生顾此失彼的现象。事实上，从课堂观察实情看，当课堂人数达到 16 人时，已经开始有乱的迹象，只是由于这里调查的三位教师都非常有经验，对课堂控制能力较强。所以，上面几个 16 人的课堂基本情况都不错。根据以上调查，我们初步得出的结论是，比较理想的课

---

① 这里用"好""较好""一般""差""很差"来对课堂气氛做一个粗略的评价。

堂人数应当是10～15人，这时容易形成良好课堂气氛。

　　第二，学生性别组成以及男女生比例，特别是男生的活跃程度，也在一定程度上影响课堂气氛。本次调查的课堂都是男女生混合编班的，只是每个班男女生比例不同。我们发现，当课堂上男生较少，而女生较多时，男生的活跃程度对整个班级气氛有较大影响，在以亚洲学习者为主的班级里，这个现象比较突出，比如 A1、A2 这两个课堂，男生人数都只占班级人数三分之一，几个活跃的男生形成了以他们为中心的"活跃岛"，由于分布均匀，整个课堂气氛都不错；相比较之下，B1 课堂气氛虽然不错，但却是一个多中心的状态，活跃气氛不均匀，有一部分人游离在外。基本数据集中表述如下。

表 6-2

教师课堂	A1	A2	B1	B2	C1	C2
男生人数①	5	4	10	7	8	6
女生人数	11	13	6	9	10	7

　　根据这些数据并且观察到的上述 6 个课堂的课堂效果，我们初步认为，语言课堂气氛的营造需要男女声混合编班，当课堂上男女生比例为 1：3，且男生又比较活跃时，往往会形成互动良好的课堂。

　　第三，课堂座位安排与活跃学生分布，这也是关乎课堂气氛的一个重要因素。由于 A、B、C 三位教师有的课次学生座位发生变化，有的时候活跃学生座位也发生变化，我们将发生变化的列出来，比如教师 A 的课堂 2 有两个课次学生座位发生变化，我们标为 A2－1、A2－2，表 6-3 是调查所得数据。

表 6-3

教师课堂	A1	A2－1	A2－2	B1－1	B1－2	B1－3	B2	C1	C2－1	C2－2
学生在讲台左前	4人	2人	5人	3人	2人	5人	2人	3人	2人	3人
其中活跃学生②	2人	2人	0人	2人	2人	2人	0人	3人	0人	1人
学生在讲台正前	7人	8人	7人	8人	4人	6人	9人	7人	5人	7人

① 这里的男女生比例主要依照额定人数或者几次调查折中人数。
② 45分钟之内主动发言两次或以上者，或三次课均主动发言者为表现活跃，余仿此。

续表

教师课堂	A1	A2－1	A2－2	B1－1	B1－2	B1－3	B2	C1	C2－1	C2－2
其中活跃学生	2人	0人	4人	6人	6人	6人	9人	5人①	6人②	4人
学生在讲台右前	5人	3人	4人	4人	0人	3人	5人	6人	3人	3人
其中活跃学生	2人	3人	1人	1人	1人	1人	0人	1人	3人	1人

　　结合课堂观察笔记分析表6-3可以了解到，A1课堂最为理想，学生较为均匀地分布在讲台三面，每个方向都有两名活跃的学生，事实上，也正是他们使课堂形成了三个"活跃岛"，而这三个"活跃岛"又在教师的努力下融为一体。B2课堂最不理想，讲台正前方9个学生都非常活跃，而左右两侧则成为交际互动的死角。

　　第四，学生文化组成、学习者的文化种类、文化群的大小，也是在多元文化的课堂上应当重视的因素，它们对课堂良好气氛的营造起到非常重要的作用。

表 6-4

教师课堂	班级学生文化来源、人数、国家数量
A1	泰国7、印尼6、日本2、韩国1 4国
A2	泰国4、印尼8、日本2、韩国2、美国1 5国
B1	泰国3、印尼3、越南2、印度1、俄罗斯2、德国1、英国1、美国1、澳大利亚1、马达加斯加1 10国
B2	泰国1、印尼9、菲律宾1、日本2、美国2、印度1 6国
C1	泰国3、印尼7、日本3、韩国2、加拿大1、墨西哥1、哈萨克斯坦1 7国
C2	泰国2、印尼3、日本2、韩国2、美国2、西班牙1、荷兰1 7国

---

①　这5个人分别坐在：教师讲台正前左侧2人，正前右后2人，正前右侧1人。

②　这6个人分别坐在：教师讲台正前左侧3人、右后侧3人。

在上述六个课堂中，A1 文化来源最为单一，学生都来自亚洲，主要是东南亚，其次是东亚。实际调查表明，这个课堂是以东南亚学生为主导的，这跟东南亚学生人数居多有很大关系，唯一的一个韩国学生在课堂上比较孤立，形成唯一的课堂交流死角。B1 文化来源最为丰富，东南亚、南亚、欧洲、美洲、大洋洲、非洲都有，课堂观察发现，活跃的学生一般都有一个或一个以上同一文化的伙伴（比如 B1 课堂的越南、印尼、俄罗斯学生），但不是所有单一文化来源的学生都会在课堂上自我孤立（比如来自澳大利亚的学生在这个课堂只有一名，也很活跃），这个课堂是以汉语水平差距形成活跃区和非活跃区的。B2 课堂学生来源的文化种类不多也不少，来自 6 个国家，但是有一点特别，就是 16 个学生中印尼有 9 人，由于他们集中就座，且又很活跃，使得课堂气氛很不均匀。

结合课堂观察与学生文化组成、学习者的文化种类、文化群的大小的数据对比分析，我们初步认为，多元文化的课堂有利于促进学习者采用目的语交流，但是有一些因素是需要考虑的：（1）单一文化来源的学习者容易在课堂上自我孤立，特别是亚洲学生；（2）同一文化的学生在课堂上人数过多会形成某一文化的较大文化群，不利于课堂互动展开；（3）当文化多元时，目的语水平有助于不同文化的融合。

第五，教师是主导因素，教师有可能在教学开始的最初几周内努力营造课堂气氛，帮助学生克服上述因素的负面影响。比如调整学生人数、男女生比例、座位、文化来源分布等都有可能极大地发挥多元文化在课堂教学中的积极影响。

以上是我们根据课堂观察笔记所做的分析，通过几个课堂"和谐互动"情况的对比，来讨论多元文化并存课堂的和谐性与汉语第二语言习得的关系。这个讨论是以"情感过滤"与"社会、心理距离"理论为前提的，我们认为，当课堂气氛良好，课堂互动充分，目的语习得就应当处在最佳状态。

在文化这个问题上，我们这里采用的是跨文化交际理论中对"文化"的宽泛理解，即将不同人群之间的文化也纳入到我们讨论的范围，所以男女生比例、座位、文化来源分布等都成为我们考察课堂互动情况的参数。由于集中讨论课堂文化互融与课堂气氛营造，这里忽略了其他一些影响课堂的因素，比如学习者年龄，由于被调查者都是大学生，年龄相近，所以忽略了这个因素。有关语言教学过程的一些参数在这里也没有加入讨论，比如：教师提问次数、学生回答次数（谁回答）、反应时间、学生提问次数、课堂信息量（单位时间内有多少信息交流，哪些是新的，哪些是旧的等），等等。可以说，与目的语习得相关的因素在一堂语言课上还有很多可以纳入讨论。限于篇幅，这里只是集中讨论了不同文化对课堂教学的调节作用。

综上所述，讨论文化与习得的关系，我们认为，要使学习者易于习得目的语，语言教学要关注两点：（1）文化的共通性。这包括两个方面，一方面是人类共通的文化要素，另一方面是学习者熟悉的文化条件。后者又可以分为三个层次，一是生活环境，比如天气、温度、植被，等等；二是生活水平，生活水平相当，则容易习得；三是生活人群，这些人在风俗习惯上相近，当风俗习惯相近时，目的语也易于习得。（2）文化的亲和作用。人类文化中有一些现象。表现为人类要想与自然或与其他民族亲近从而缩小双方的距离。比如，俄罗斯人以兽为名，家人给初生婴儿取名字时选择某种野兽名，目的是让野兽感到跟这个小孩亲近，从而不伤害孩子，这是一种文化亲和思想的反映。（刘光准、黄苏华，1999）中国人给孩子取名叫"石头""铁柱"，目的是希望孩子身体健康结实，也表现为一种与自然亲近的文化亲和思想。在人类不同的文化之间，当生活环境中出现一些熟悉的情景时，会使当事人的紧张感和初到异地的焦虑放松。比如，人们在地铁的电梯上靠右站立，这本来是世界某些大城市的惯例，当学习者所到的国家也有这种乘车方式时，学习者就会很熟悉，就会感到如至家乡。在第二语言的课堂中，采取一些策略使学习者感到"宾至如归"，就是对文化共通性的利用。

本章参考文献

曹贤文，吴淮南．留学生的几项个体差异变量与学习成就的相关分析．暨南大学华文学院学报，2002（3）．

陈郁．对东西方学生学习动机及相关因素的调查和分析．语言与文化论丛

（第二辑）．北京：华语教学出版社，2000.

杜学增．中英文化习俗比较．北京：外语教学与研究出版社，1999.

顾明远主编．民族文化传统与教育现代化．北京：北京师范大学出版社，1998.

胡文仲．跨文化交际学概论．北京：外语教学与研究出版社，1999.

江新．第二语言学习的语言能力倾向．世界汉语教学，1999（4）.

江新．汉语作为第二语言学习策略初探．语言教学与研究，2000（1）.

江新，赵果．初级阶段外国留学生汉字学习策略的调查研究．语言教学与研究，2001（4）.

刘光准，黄苏华．俄汉语言文化习俗探讨．北京：外语教学与研究出版社，1999.

刘颂浩．第二语言习得导论——对外汉语教学视角．北京：世界图书出版公司，2007.

罗常培．语言与文化（大家小书）．北京：北京出版社，2004.

罗青松．外国人汉语学习过程中的回避策略分析 // 第六届国际汉语教学讨论会论文选．北京：北京语言大学出版社，1984.

彭增安，张少云．第二语言学习者的交际策略研究．云南师范大学学报，2003（2）.

平洪，张国扬．英语习语与英美文化．北京：外语教学与研究出版社，2000.

钱旭菁．外国留学生学习汉语时的焦虑．语言教学与研究，1999（2）.

钱玉莲．第二语言学习策略研究的现状与前瞻．暨南大学华文学院学报，2004（3）.

孙俊．日本留学生汉语词汇学习过程中借用母语策略研究．北京第二外国语学院学报，2005（2）.

谭顶良．学习风格论．南京：江苏教育出版社，1995.

王建勤．第二语言习得研究．北京：商务印书馆，2009.

王建勤主编．汉语作为第二语言的习得研究．北京：北京语言文化大学出版社，1997.

徐子亮．外国学生汉语学习策略的认知心理分析//第六届国际汉语教学研讨会论文选．北京：北京语言大学出版社，2000.

张岱年，程宜山．中国文化论争．北京：中国人民大学出版社，2006.

朱志平．汉语第二语言教学理论概要．北京：北京大学出版社，2008.

Alan Davies. Native Speaker in Applied Linguistics. Edinburgh：Edinburgh University Press，1991.

Barry McLaughlin. Theories of Second Language Learning. London：Edward Arnold，1987.

Larry A. Samovar，Richard E. Porter and Lisa A. Stefani. Communication Between Cultures(跨文化交际). 北京：外语教学与研究出版社，汤姆森学习出版社(Brooks/Cole/Thomson Learning Asia)，2000.

Norm Chomsky. Language and Mind. Florida：Harcourt Brace & Company，1972.

Robert Lado. Linguistics Across Cultures(语言与文化). Ann Arbor：The University of Michigan Press，1957.

Rod Ellis. Understanding Second Language Acquisition. 上海：上海外语教育出版社，1985.

Stephen D. Krashen and Tracy D. Terrell. The Natural Approach. Hertford：Phoenix ELT，1995.